雲谷
奇門遁甲
운곡
기문
둔갑

초급이론부터
최고급이론기술
윤기용 지음

운곡 기문둔갑 길라잡이

대한운곡기문학회-미래운명연구소(http://cafe.naver.com/48goq)

최고의 운명학! 운곡(雲谷) 기문둔갑(奇門遁甲)

雲谷
奇門遁甲

운곡
기문
둔갑

초급이론부터
최고급이론기술
윤기용 지음

운곡 기문둔갑 길라잡이

진짜 운명학의 정석!
아무도 알지 못했던 독보적 이론의 총체

기존 기문둔갑과
사주명리학을 능가하는
《기문학의 게임 체인저》
운곡 기문둔갑

생각나눔

'길에서 길을 묻는 이에게' 뭐라고 대답하여 줄 것인가?

살면서 누구든 자신의 운명이 궁금하지 않은 사람은 없을 것입니다.

그러나 궁금하기만 한 인생살이에 대하여 시원한 답을 기대하면서도 여기저기 찾아보지만, 그것은 몹시 어려운 일입니다.

평생살이는 그렇다 치더라도 하루하루, 아니 매 순간순간이 궁금하기도 하고 힘들기도 한 것이 인생의 길입니다.

저는 아주 어린 시절부터 제 인생이 궁금해서 한학을 하신 아버님으로부터 간단한 역학을 공부하기도 하고, 대학 시절은 중국의 제자백가와 불교에 심취하며 철학에 몰두하고 살아왔습니다.

전생의 인연이 깊어서 불교에 출가하여 본격적인 수행과 교화를 하다보니 필요한 것이 얼마나 많은지 모르겠습니다. 그 가운데 가장 힘든 것이 수많은 신도들이 정말 다양한 질문을 하고, 저는 그 질문에 대답을 해주어야 하는 입장에 선 것입니다.

길에서 길을 묻는 수많은 이들에게 적절하고, 묻는 이에게 도움이 될 만한 대답을 해주는 것은 쉽지 않은 길입니다. 그렇다고 전혀 대답을 못 해준다거나 엉뚱한 대답을 해주면 그 묻는 이의 인생을 망가뜨릴 수도 있고, 무엇보다 중생교화의 길에서 옳지 않은 것이라고 생각합니다.

　정말 수많은 세월 동안 수행 정진하고 기도하면서 저에게 오는 불자들에게 적절하고도 현실적인 도움이 되는 상담을 해주고 싶었습니다. 인연이 있어서인지 기문둔갑이라는 역학을 만나게 되었고, 오랜 세월 고민하고, 공부하고, 방황하다가 운곡 선생님의 기문둔갑을 만나게 되었습니다.

　인연이 닿는다면 운곡기문을 중생 교화하시는 스님들이나 전문상담사들에게 공부해보라고 적극 추천하고 싶은 역학 상담법입니다. 많은 관련 서적을 보기도 하고, 상담사례집을 보기도 하고, 그 방면의 전문가들과 대화도 해보았습니다. 각자마다 특기와 배울 점은 많이 있습니다. 그러나 전문가가 명쾌하게 대답할 수 있는 방법이 필요하다면 한번 마음 먹고 운곡기문을 공부해볼 만하다고 봅니다.

　방황하는 중생들에게 길을 인도하여 이끌어주고, 도움이 될 수 있다면 대승보살도의 길에서 그렇게 멀고 먼 것은 아니라고 생각합니다. 인생의 길에서 방황은 줄여주고, 내담자들의 성격과 습관과 환경을 개선하는 데 많은 도움이 될 것은 확실합니다. 인생길을 보다 평안하고 즐겁게 살아가는 데 도움이 될 것입니다.

운곡기문은 기존의 명식에 바탕을 두고 있지만, 각종 살성과 합의 작용 등 독특한 해단 방식으로 인한, 여태껏 들어보지 못한 해단 방법들이 거론됨에서 실제 해단에 있어 이론전개는 큰 차이점을 보이는데, 실제 임상을 해보면 확연히 해단의 명정함을 확인할 수가 있습니다. 따라서 임상을 해보면 절묘하게 잘 들어맞는다는 생각을 하게 됩니다. 눈물 젖은 빵을 먹으면서 밤새 인생을 고민한 사람이라면 누구나 익혀서 구세제민 하는 방편으로 사용하시기를 권합니다.

학문에는 왕도가 없습니다. 전문가가 되려면 공부하고 익히는 방법인데, 급한 마음만 가지고는 되지 않습니다. 차분하게 익히시고, 깊이 생각하고, 그리고 임상에 임하시면 내담자들에게 정말 많은 도움이 될 것입니다. 수박 겉핥기식으로 잠깐 들여다본다고 전문가가 되는 것은 아닙니다. 전문가가 되고, 노련한 상담가가 되려면 뼈를 깎고 살을 에는 공부를 하여야 하는 것은 당연한 일입니다. 정말 정통하고 싶다면 그만큼 노력과 정성을 투자해야 한다는 사실입니다.

부디 나도 이롭고 남도 이롭게 살아가는 보리 방편으로 삼는다면 한생에 보람 있으실 것입니다.

무술년 만추지절에
智觀堂에서 안심 법안 삼가 씀

운곡(雲谷) 기문둔갑(奇門遁甲)의 명쾌한 해석(解析)

그 최고급의 원리를 모르고는 '기문둔갑(奇門遁甲) 인사명리(人事命理)
운명학의 고수'를 절대 꿈꾸지도 마시기 바랍니다.
그것이 사실입니다.

아직도 적중률이 낮은 기존 기문둔갑 학설을
기문둔갑의 정석(定石)이라고 알고 계십니까?

NO!
왜 NO라고 단정하는지 직접 이 책과 운곡기문 동영상을 통해
비교하고 확인해 보시기 바랍니다.

해가 뜨면 어둠은 물러간다

현재의 한국 기문둔갑의 인사 명리학자 가운데
견줄 이 없는 최고 운명가(運命家)
운곡(雲谷) 윤기용 선생의 밝혀지지 않은 명쾌한 해석(解析)
이제 세상에 그 비전(秘傳)의 이론을 드러냅니다.

운곡(雲谷) 기문둔갑(奇門遁甲) 시리즈 제1편

반드시 알아야 하는

『최고기문- 운곡 기문둔갑 길라잡이』

운곡기문학회-미래운명연구소(http://cafe.naver.com/48goq)

운곡 기문둔갑은 어떤 이유로
기존 기문둔갑의 인사명리를 능가하는가?
그 명확하고 분명한 증명의 이유를 밝힌다!!!

1. 동처(動處)의 용신(用神)을 넘어선 동처 밖에 진용(眞用)이 있다는 사실을 최초로 밝혀냄으로써 기존 기문술사들이 넘보지 못한 수승(殊勝)함을 증명했다.

   여기서 진용을 모르면 전혀 다른 직업관을 짚어 말하기에 진용을 통해 한 사람의 온전한 천부적 직업관을 바르게 밝힐 수 있으며, 진용을 통해 한 해 신수의 개운(開運)을 논할 수 있음이다.

2. 기존 대운(大運) 보는 법의 실소(失所)를 찾아 바로 잡았다는 점에서 대운 흐름의 차등을 나눌 수 있다.

   기존 대운 보는 법은 45세 전후의 괘문 성장을 동일한 궁을 사용함으로써 천지반의 구분 없음으로 인해 해석(解析)의 오류를 범하지만, 천지반의 구분을 달리함으로써 대운 해단(解斷)시 괘문성장의 바른 해석을 가능케 했다.

3. 기존 기문학이 외면한 각종 살성의 응기와 합의 명정(明正)함을 드러내었다.

   기존 기문학은 삼합(三合), 육합(六合)과 각종 살성(殺星)을 외면함으로써 해단(解斷)이 난잡함과 사답(邪答)을 초래하여 기문학의 명징(明澄)함을 훼손하여 이것을 바로 잡음이니, 합을 통하지 않고는 절대! 명철한 해단의 불가함을 입증했다.

4. 괘상을 통한 궁합(宮合) 보는 법을 찾아내어 잘 맞지 않는 기존 궁합 보는 법을 탈피했다.

기존의 世氣(日干)끼리의 상생(相生), 충극(沖剋)과 합(合) 여부로 보는 궁합법을 탈피한 괘상(卦象)의 이치를 통한 궁합으로, 인연의 길흉을 빠르고 명정하게 밝힘으로써 남녀 간의 궁합만이 아닌, 어떤 상대방과의 궁합의 길흉(吉凶)도 정확히 알 수 있게 하였다.

5. 삼형살(三刑殺)과 삼살(三殺) 그 작용법의 이치를 명확하게 정립했다.

기존의 기문술사는 이를 바르게 이해하지 못한 무지로 막강한 삼살과 삼형살의 작용력을 헤아리지 못한 오류를, 운곡기문은 그 작용력의 다양한 해석을 수립하여 이를 통한 능란한 해단이 가능하게 바로 잡았다.

6. 소운(小運) 보는 법의 경우 홍국수에 따른 지반(地盤)의 순행(巡行)과 천반(天盤)의 역행(逆行)으로 돌려 정확성을 확인할 수 있게 했다.

기존 소운 보는 법은 궁체를 통한 순차에서 천반을 무시한 45세 전이나 후에 천지반을 나누지 않는 돌림에 비해, 운곡소운은 홍국수를 기반으로 지반은 순행, 천반은 역행으로 이치에 맞게 돌림으로써 소운의 정확성을 확보했다.

7. 신수국의 감정을 기존 지반을 토대로 천반을 겸비한 해석에서 해단에 명확성을 확인할 수 있다.

기존 지반을 통한 기문신수에서 운곡기문은 천반을 겸비한 천지반(天地盤)을 동시 해단하기에 地를 명제(命題)하고 天을 용체(用体)로 신수에서의 월운을 정확히 짚을 수 있다.

만일, 천반이 필요치 않는다면 천반의 명식이 있을 이유가 없다. 따라서 천반을 통하지 않고는 해단(解斷)의 오류를 벗어날 수 없으며, 정확한 월운의 흑백을 가릴 수 없기에 신수는 반드시 지반과 천반을 동시 탐방하는 명과 용을 구분한 해단에서 올곧게 해단(解斷)할 수 있는 것이다.

8. 세(世)의 왕쇠(旺衰) 판별은 매우 중요한 것에서 기존 기문학에서 밝히지 못한 왕쇠의 기준법을 매끄럽게 정립했다.

따라서 기존 기문학에서 세(世)의 왕쇠에 다른 용신의 오류를 범하지 않게 했다.

세기의 왕쇠에 따라 직업 판별이 달라지기에 왕쇠의 판별은 너무나 중요하다. 하지만 기존 기문에서 왕쇠 기준에 오류를 찾지 못한 병폐(病弊)를 바로 잡았다.

최고의 운명학

운명학 가운데 최고의 운명학이라는 점에서 원국비기는 운명학의 황제이다.

여타의 어떤 운명학보다 명철하고 논리적인 원국비기는 기존의 기문둔갑을 행하는 술사들은 상상할 수도 없었기에 구사하지도 못했던 운명학의 절대비기이다.

원국비기는 그 해단에 오류가 없고, 명정하고 세밀하며, 원명국만으로 한 인간의 평생운명과 대운은 물론 천부적인 직업관을 정확히 가릴 수 있으며, 모든 해단을 다할 수 있음이니, 평생 운명과 신수(소운小運 아님), 1년 12달의 각 월운, 매달에서의 하루 일진(日辰), 일진에서의 시간별까지, 그리고 문점자가 어떤 건으로 온 것인지 그 결과는 어떤지까지도 알 수 있는, 여타의 어느 운명학은 물론 작금(昨今)에 드러난 한국의 기문술사 가운데 오직 운곡만이 행할 수 있는, 비할 수 없는 명쾌한 최고의 운명학으로 비기 중의 비기이다.

운곡 기문둔갑을 왜 '국내 최고의 운명학'이라 하는가?

① 어떤 운명학보다 한 사람의 운명을 보다 넓고 깊게, 세세히 알 수 있으며, 타고난 직업군을 논증된 공식을 근거로 명확히 찾을 수 있다. 따라서 자신의 향방을 나감에 시간 낭비를 없앨 수 있다.

② 성공과 실패의 시기를 분명히 알 수 있음에서 다양한 흥망을 미리 알아 대처할 수 있는데, 여타의 운명학보다 명확함이 분명하다는 점에서 진용(眞用)을 이용하여 취길피흉(取吉避凶) 할 수 있음이다.

- 이상은 운곡 기문둔갑의 핵심 이론으로, 저작권 등록을 이미 앞선 출판물에서 마쳤으므로 함부로 저자의 승인 없이 운곡 기문둔갑의 이론을 토대로 책을 내거나 무단복제, 강의 등은 지적재산의 강탈로 강화된 저작권법에 따라 형사상 처벌과 민사상 배상이 모두 뒤따른다는 점을 미리 밝힌다.

운곡 기문둔갑은 동양의 그 어떤 운명학보다도
감히 말하건대, 결코 뒤처지지 않는 최고의 운명학으로,

이보다 더 출중한 운명학을 만나기가 쉽지 않을 것이다.

이에 대한민국 운곡 기문둔갑 인사명리 운명학을
세상에 알려
삶의 지침서로 삼는 날이 오기를 바라면서….

달구벌의 운곡기문학연구소에서

저자 雲谷 尹基龍 合掌

운곡(雲谷)기문둔갑(奇門遁甲) 시리즈

제1편

『최고기문- 운곡 기문둔갑 길라잡이』

제2편

실전/중급『합과 살성 그리고 용신』

실전/고급『진용과 신수비기』

제3편

원국비기『운곡 기문둔갑의 정수』

제4편

개운법『양택, 진용간택, 소생 개운법』

제2편~제4편까지는 동영상으로 열람할 수 있습니다.
구입은 카페를 통하거나 아래 연락처 또는 이메일(쪽지)로 주시면
됩니다.

⌂ http://cafe.naver.com/48goq

☎ 010-9392-5222 / 010-4529-2769

✉ q4k4j4@hanmail.net

아국_ 기문둔갑

(我國_ 奇門遁甲)

1. 기문둔갑 개요

奇門遁甲에서 奇는 乙丙丁 三奇를 뜻하고, 門은 生門, 死門, 景門, 休門, 杜門, 開門, 驚門, 傷門으로 八門을 뜻하며, 遁甲은 甲을 숨겨 온갖 방술지략을 자아낸다는 것에서, 갑(甲)은 갑자(甲子), 갑술(甲戌), 갑신(甲申), 갑오(甲午), 갑진(甲辰), 갑인(甲寅)의 六甲이-무(戊), 기(己), 경(庚), 신(辛), 임(壬), 계(癸)로 변하는 것으로, 甲이 은복되는 되는 것에서 둔갑이라고 한다.

아국-기문둔갑은 홍국(洪局)와 연국(烟局)으로 분류하여 홍연국(洪烟局)이라 하는데, 홍국은 홍국수, 팔괘, 일가팔문, 태을구성으로 짜여지고, 연국은 육의삼기, 시가팔문, 천봉구성, 직부팔장으로 짜여지는데, 이 두 가지 작용의 해단에서 운명의 흐름을 예지하는 것이다.

모든 존재는 시간과 공간의 연성작용에 의해 흥망성쇠하는 것에서, 홍국은 시간상에 흐르는 기운을 일간(日干)을 중심으로 자아낸 것에서 홍국(洪局)을 홍기(洪奇)라 하고, 연국은 공간에서 일어난 기운을 시간(時干)을 중심으로 자아낸 것에서 연국(烟局)이라 한다.

기문둔갑은 좌도기문과 운명을 파헤치는 우도기문으로 나뉘며, 우도기문은 홍국洪局과 연국煙局으로(홍국과 연국을 홍연국이라 칭함) 나뉘는 아국기문으로, 여기에 괘문성장과 각 살을 가미하여 타고난 운명의 해단과 시기적 방위의 길흉을 알아 삶을 보다 윤택하게 하고자 하는 것이다.

필자는 홍연진결의 간결한 요점 이면의 학설을 오랜 실증으로 찾아낸 부분과 어렵고 난해한 운기를 쉽고 간편한 논리로서 정립하여, 부족한 부분이 있겠지만 지금까지 드러난 기문학의 기존 학설에 비해 신선한 요결이 될 것이다. 이제 누구나 왕초보에서 전문 역술인에 이르기까지 누구나 독학으로 이론과 동영상을 보고 들으면 이해할 수 있을 것인바, 수개월만 충실히 한다면 역의 고수가 될 수 있을 것인데, 혹 기존 학설과 어느 부분에서는 전혀 다른 방식으로의 해단이지만, 한 인간의 운명의 실증에서 그 정확도는 기존학설을 능가하는 부분이 많음을 확인할 수 있을 것이다.

기문은 점술(占術)과 계책으로 발전된 제왕의 학문으로서 이미 고대(古代) 헌원(軒轅) 황제 시절부터 전해졌다고 한다.

여기서 헌원 황제는 중국의 전설 속 인물 복희씨, 신농씨와 더불어 삼황으로 불리었던 인물로, 우리 민족의 조상인 구려족(九黎族) 치우천왕(蚩尤

天王)과 탁록(濁鹿)에서 일대 접전을 벌였지만 당할 수 없어 스스로 항복하였다고 하는데, 이에 전속 인물인 치우천왕은 나라를 분리하여 다스리게 했다고 한다.- 중국 사서에는 헌원 황제가 치우천왕을 물리치고 나라를 다스렸다고 나와 있지만, 우리 측 사서의 기록은 반대로 나와 있다.

황제는 풍후(風后)에게 명령하여 둔갑 1080국(局)을 정립했고, 주나라에 들어오면서 군사(軍師)인 강태공이 이를 기문 72국으로 축소하고 실전 응용하여 상당한 치적을 올리는 성과를 보였는데, 중국 최초의 통일제국인 진(秦)나라가 망하고 초패왕 항우를 무찌른 유방이 한(漢)나라를 건국한다. 이때 한(漢) 고조(高祖)의 최고 참모였던 장량이 황석공으로부터 전해 받아 기문 18국으로 축소 정립했다고 한다.

위, 오, 촉의 삼국시대에 들어오면서 제갈공명이 이를 실전에 응용하여 많은 전공을 세우게 되는데, 팔진도(八陳圖)가 그것이다. 이후 지속적 응변에 능통한 기문둔갑은 당나라에 들어오면서 황제의 학문으로 정착되어 전국의 모든 기문 관련 서적들을 강제로 끌어모아 왕립도서관에 밀폐시키고 일반인과 관료들이 볼 수 없도록 하였으며, 발각 시에는 무거운 중죄로 다스렸다.

이후로 기문둔갑은 제왕학(帝王學)으로 황제와 그 승계자들에게만 은

밀히 전해지는 학문으로 알려졌다. 원(元)나라 말기, 주원장이 반란을 일으켰는데, 주원장의 참모 가운데 백온(伯溫) 유기(劉基)라는 출중한 병법가가 있었다.

이는 마상(馬上)에서 기문둔갑으로 점술을 펼친 다음 적들이 어디에서 매복해 있는지, 어느 쪽을 공격해야 승리할지를 즉시 알아낼 수 있었다. 이를 이용하여 유리하게 전투를 이끌어 승리함으로써 명나라 초기의 국사(國師)가 된다. 그가 지은 기문둔갑통종대전(奇門遁甲通宗大典), 기문둔갑비급대전(奇門遁甲秘笈大典)이 지금도 전해진다.

또한, 둔갑술(遁甲術)이라고 부르는 좌도 기문둔갑은 병법 술수로 사용되었는데, 이는 하도(河圖)와 낙서(洛書)의 수(數)- 배열원리와 이를 이용한 주역 -건착도(乾鑿度)의 구궁(九宮)의 법이 그 원형이다.
  : 하도(河圖: 주역 팔괘의 근본이 되는 55개 점의 점)·낙서(洛書: 중국 우왕 때 洛水에서 나온 거북의 등에 있었던 9개의 무늬)

하도·낙서는 본래 음양오행설(陰陽五行說)을 적용한 것으로, 음수와 양수의 배열로 되어 있고, 동서남북 및 중앙의 포진법(布陣法)으로 되어 있어서 음양오행의 상생과 화합을 이루도록 만들어져 있다. 후대로 나아감에 여기에 다양한 이론을 더하여 세밀한 은신술(隱身術)로 변형되었다.

전해지는 기문둔갑의 시작 시기는 고금도서집성(古今圖書集成)에 의하면, 헌원황제(軒轅皇帝)가 치우천왕(蚩尤天王)과의 전장에서 고전을 면치 못하고 있을 때 우연히 꿈에 천신(天神)으로부터 부결(符訣)을 받았는데, 이를 풍후(風后)가 명을 받아 문자로 완성한 것이라고 한다.

삼국시대에 와서는 제갈공명(諸葛孔明)이 더욱 발전 승화시켜 병술로 이용하여 크나큰 성과를 거둔 것으로 유명하다. 중국 당(唐)나라 태종 때 이정(李靖)이 기문둔갑을 병법과 정치에 두루 활용하여 당나라를 세우는 데 큰 역할을 하면서부터 정치적 목적의 두려움으로 인해 금서(禁書)로 정해졌다.

삼국사기(三國史記)의 김유신조(金庾信條)에 의하면 김유신의 고손(高孫)인 암(巖)이 당나라에 유학 가서 둔갑입성법(遁甲立成法)을 익힌 뒤 이를 응용한 육진법(六陣法)을 백성들에게 가르쳤다는 기록이 남아 있으며, 조선의 개국공신인 정도전과 율곡 이이, 토정 이지함, 화담 서경덕과 같은 출중한 인물들이 기문둔갑에 능통했다고 알려져 있다.

한편, 인간의 운명을 살피는 우도 기문둔갑은 매우 복잡한 포국의 설정으로 짜여 있는데, 연국의 초석 아래 홍국수와 팔문팔괘, 그리고 복잡한 신살-삼살론의 배합에서 직부-태을-천봉구성 등, 일반 명리학에서는 찾아볼 수 없는 다양한 설정들이 많기에 그 짜임새에서 알 수 있듯이 세부적인 사항은 물론, 타고난 큰 테두리의 운명 곡선을 한눈에 파악할 수 있어 기문학의 적중률과 인간운명의 전체적이고 포괄적인 것은 물론, 신수 12달 각각의 달의 운세는 명리학이 간파할 수 없는 세밀함을 보인다.

그러나 설정된 인간운명의 노선이 참으로 암울한 상담자에게는 희망을 부여하기 위해서 어쩔 수 없는 밝은 미래의 운명을 간혹 제시하지만, 자신의 운명을 바르게 알아 처세해야 하는 것이 운명학 본래의 취지이기에, 자신에게 부여된 운명을 곧게 알아 처신함은 매우 현명하다 할 것이다.

속전속결 간략한 이론
이것만 안다면
이것 필수 최고급
이론만 익힌다면
곧바로

"고수해단의 초석을 놓게 된다."

프/롤/로/그

제1장 I 음양오행 상생상극　　　　　　　　　　　29

제2장 I 사주팔자 기둥 세우기　　　　　　　　　41

제3장 I 홍국수(洪局數)의 성질과 성향　　　　　61

　홍국수로 본 성격·64 / 世궁 천반의 잠재된 의식·70 / 내가 싫

　어하는 기질·73 / 내가 좋아하는 기질·73

제4장 I 육신(六神) 육친(六親)　　　　　　　　75

　육신(六神)/육친(六親)의 의미와 작용·78 / 육친(六親)·92

제5장 I **삼합, 육합, 반합**   97

제6장 I **양살성(殺星)과 형(刑) 충(沖) 파(破) 해(害)**   105

    삼형살(三刑殺)- 寅巳申: 인사신(三二九)·107 / 삼살(三殺)- 칠오
구(七五九): 午(辰戌)申·108 / 천강살, 형옥살, 태백살·110 / 원
진살, 화금상전, 망신살·113 / 겁살, 도화살, 역마살, 천마·118
/ 홍염살, 육해살, 천을귀인·129 / 자묘형살, 자형살·132 / 충,
파, 해·133

제7장 I **방위론**   137

    길흉방·139 / 신수에서 길방·140 / 점포나 사업처소의 길
방·141 / 괘상의 길흉방·142 / 삼살방위- 일반적 삼살 방위는
안 가는 것이 상책임·143 / 팔문 소구방(八門 所求方)·144 / 일진
(택일) 보는 법- (기존 방법)·147 / 생기복덕- 택일표·151

제8장 | 괘문성장(팔문팔괘)   155

　　팔문(日家八門)·157 / 팔괘(八卦)·189 / 태을구성(太乙九星)·201 /
　　직부구성(直符八將)·216 / 천봉구성(天蓬九星)·231

제9장 | 공망(空亡)과 총공(總空)- 거공(居空)   241

　　공망살·243 / 총공·247 / 거공살·247

제10장 | 세기(世氣)의 왕쇠(旺衰)   249

　　世(세)의 왕쇠(旺衰)는 기준·251 / 五十 土의 왕쇠·253 / 세토의
　　간방·255 / 12포태(十二胞胎)·256

제11장 | 심성론   261

　　七火로 보는 심성론(心性論)·263 / 七火의 천반·264

제12장 | 길흉한 태생(띠)   267

　　원명국의 길흉한 태생·269 / 신수국의 길흉한 태생·269

제13장 l 오국五局의 분류　　　271

화국(和局)·273 / 전국(戰局)·273 / 상충국(相沖局)·274 / 원진국(怨嗔局)·275 / 형파국(刑破局)·275 / 복음국(伏吟局)·275 / 반음국(反吟局)·276 / 사묘국(四墓局)·276

제14장 l 질병과 오행의 신체부위　　　279

오행의 장기·281 / 화해살의 오장·283 / 오행의 신체부위 상해·284 / 세궁(世宮)이 좌한 궁의 질병·285

제15장 l 궁합론　　　287

원명국에서 육친의 궁합·289 / 궁합 보는 법·291 / 양성과 음성·298 / 세기와 년지의 괘상으로— 타고난 습생·299 / 대운의 괘상·300 / 신수의 괘상·301 / 신수의 괘상으로 이성을 만나는 띠·302 / 신수의 괘상으로 길흉한 인연의 띠·303 / 괘상으로 육친궁합·303

제16장 I **64괘상(卦象)** 309

64괘상 해석·313

제17장 I **당사주 요약** 345

붙어 있는 해석·353

제18장 I **기문학 명국- 세우기** 373

홍국수 포열(洪局數 布列)·376 / 연국- 육의삼기포열(烟局-六儀
三奇布列)·378 / 초신과 접기(超神과 接氣)·400 / 팔괘(八卦)의 포
국·407 / 팔문(八門)의 포국·413 / 태을구성(太乙九星) 포국
·421 / 직부법(直符法) 구성·425 / 천봉구성법(天蓬九星法)·428

제19장 I **팔십일 연국(八十一 煙局)의 해석** 435

제20장 I **직업-용신** 447

세왕(世旺)에 용신·450 / 세약(世弱)에 육신·453

제21장 ┃ 종합정리   455

제22장 ┃ 실전 풀이 감정   501

제23장 ┃ 초급, 중급, 고급풀이 [예문]   517

에/필/로/그

1편 『운곡 기문둔갑 길라잡이』를 내면서

제1장

음양·오행 상·생상·극

거대한 우주의 순행에서부터 미시세계에 이르기까지 모든 존재는 하나의 살아있는 생명(性)의 실상, 그 일원(一元)인 한마음에서 파생되어 나온 것이다.

마음은 이렇듯 삼라만상의 온갖 이법(異法)을 자아내며 생주이멸(生住異滅) 하고 생로병사(生老病死) 하며 회자정리(會者定離)에서의 우주는 성주괴공(成住壞空)을 보인다.

이 모든 과정은 하나의 살아있는 생명으로의 마음이 또 다른 마음(인연법)을 따라 발현되는 것으로 생명으로서의 순행(연기)하는 법칙인데, 이 모든 실제는 우주가 살아있는 생명으로서의 한마음이기에 그 살아있음을 보이는 것으로 인연법을 보이는 것이다.

이러한 생명으로의 一心이 현상계에 투출될 때 다섯 가지의 기운으로 파생되어 나타나는데, 그것은 생명의 일원(一元)에서 한마음의 현상계에서의 투출은 상생으로의 一身인 다섯 가지 기운인 오행(五行)으로 드러나는데, 오행 스스로의 독립된 존성은 상대적인 것으로부터 존성이 되기에 음양으로 양립되는 것이다. 이것이 곧, 현상계의 불멸하는 다스림으로 음양오행인데, 현상계의 만법은 음양오행을 벗어나 존재할 수 없는 것이다.

한마음에서 파생되어 나온 다섯 가지의 기운인 오행은 서로 간의 의지, 상대적 기운에서 존성하는 것이기에 서로 간의 얽힘은 음양의 상생과 상극에서이다. 이러한 기운을 통칭하여 음양오행이라 하는데, 음양오행은 알고 보면 지극히 객관적인 성향인데, 객관적이라는 것은 근본이 없다는 것으로, 의지해 일어남을 말하는 것으로 음양오행은 한마음(一氣)의 분출이 된다.

이러한 음양오행의 조화(상생)와 불균형(상극)에서 개인과 사회, 국가, 나아가 온 우주에 행복과 기쁨, 그리고 온갖 병폐를 일으키는 것이다.

운명은 이러한 이치에서 한 인간의 태어난 시기적 기운이 대자연과의 인과관계를 통해 운명의 진로와 성향을 읽을 수 있는 것이다.

오행(五行)은 다섯 가지 움직임을 말하는데, 하나의 一性이 현상계에 파생된 목木, 화火, 토土, 금金, 수水 기의 다섯 가지 기운을 뜻한다.

여기에 상대적 형태의 높고 낮음, 크고 작음, 좋고 싫음, 밝고 어둠 등 상반된 개념을 음양이라 하는데, 이것이 음양오행의 상생상극으로 만법이 생멸하는 질서를 보이는데, 음양오행의 섭리는 하늘(天)과 땅(地)에도 고스란히 있음이기에, 하늘은 평온이니 음양의 도수(度數)가 십수가 되어 천간(天干)으로 십간(十干)을 두고, 땅은 혼잡하기에 그 도수(度數)는 자리의 중심에서 동서남북 사방팔방의 陰陽을 논하니 십이지지(十二地支)의 도수가 된다.

이로써 하늘의 10천간과 땅의 12지지가 만나 60갑자를 창출하니, 十

은 완전수이며, 六은 평등과 균등, 투명의 숫자로, 하늘과 땅의 도수가 一身으로 고르게 움직이는 것이다. 이러한 이치에서 한 인간이 태어나는 시점의 년도와 월과 날짜와 시간이 지어지는데, 이가 곧 사주팔자로, 개인마다 다른 운명의 곡선을 그리게 되는 것이다.

그렇다면 하늘은 공정하고 공의공돈한데, 누구는 어떤 원리에 의해 길흉한 사주팔자를 타고나 일생 부귀영화를 누리는가 하면, 누구는 환경과 거처는 물론 일생을 빈곤하고 천하게 살아야 하는가이다.

甲子 갑자	乙丑 을축	丙寅 병인	丁卯 정묘	戊辰 무진	己巳 기사	庚午 경오	辛未 신미	壬申 임신	癸酉 계유	甲戌 갑술	乙亥 을해
丙子 병자	丁丑 정축	戊寅 무인	己卯 기묘	庚辰 경진	辛巳 신사	壬午 임오	癸未 계미	甲申 갑신	乙酉 을유	丙戌 병술	丁亥 정해
戊子 무자	己丑 기축	庚寅 경인	辛卯 신묘	壬辰 임진	癸巳 계사	甲午 갑오	乙未 을미	丙申 병신	丁酉 정유	戊戌 무술	己亥 기해
庚子 경자	辛丑 신축	壬寅 임인	癸卯 계묘	甲辰 갑진	乙巳 을사	丙午 병오	丁未 정미	戊申 무신	己酉 기유	庚戌 경술	辛亥 신해
壬子 임자	癸丑 계축	甲寅 갑인	乙卯 을묘	丙辰 병진	丁巳 정사	戊午 무오	己未 기미	庚申 경신	辛酉 신유	壬戌 임술	癸亥 계해

60갑자 조견표

그것에 대한 명확한 답은 그 어떤 존재의 힘에서도, 신의 선택에서도, 우연에서도 아닌, 이치와 순리에 의한 연기에 의한 운명론인데, 이의 현재는 과거에서의 행업에 의한 숙업에서의 자업자득에 의한 囚에 의한 과보에 의한 것으로, 이 因果 말고는 어디에서도 공정을 찾을 수가 없기 때문이다.

따라서 운명론에 근간한 우리의 인생이 얼마나 놀랍도록 정확한 이치에 맞물려 돌아가는지를 확인할 수 있음에서 나의 사소한 언행이 그대로 업이 되어 삶에 희비 하는지를 알 수 있을 것이다. 그러므로 삶에 악행의 근절에서 선업을 쌓는다면 좀 더 나은 세계에서 복덕을 누릴 수 있을 것이다.

모든 조건이 충족된, 결정된 숙명론이 아닌 것에서 인생은 숙명론이 아닌 운명론이라 하는 것은, 숙명론은 모든 일이 정해진 숙업대로 살아감을 말하지만, 운명론은 운전대의 핸들을 잡을 수밖에 없는 운전자에서 나아갈 방향의 조작은 정해진 것이 아닌, 스스로의 의지에 의해 향방을 자신의 의지대로 움직일 수 있는 것처럼, 운명도 자신의 의지와 지혜로 좀 더 나은 향방으로 꾸밀 수 있다는 점에서 인생은 숙명론이 아닌 운명론에서 지혜롭게 대처할 수 있는 것이다.

· 음(陰)은: 상대적으로- 여자, 작음, 낮음, 냉기, 싸늘, 어둠, 탁함, 집착, 구속….
· 양(陽)은: 상대적으로- 남자, 크다, 높음, 난기, 온화, 밝음, 맑음. 무집착, 자유….

세상은 상대적인 것으로 조합된 존재- 이 상대적인 것을 음양(陰陽)이라 한다.

작은 것에서 큰 것이 되고, 낮은 것에서 높아지며,

약한 것에서 강해지기에 그 시상(始相)을 양음 아닌 음양이라 한다.

이 음양은 목(木나무), 화(火불), 토(土흙), 금(金쇠), 수(水물)의 오행(五行)인 다섯 가지 기운의 상대적 존재를 말함인데,

오행의 다섯 가지의 기운은 공성(空性), 곧 무극(無極)의 바탕에서 심연(心緣)에 의해 현상세계로 파생되어 나온 생명(性: 살아있는 마음)으로의 기운이 다섯 가지로 파생된 것이다.

우주와 세계는 다변화된 음양오행에서의 존성이며, 이 음양오행의 상생과 상극에서 온갖 희로애락을 나열하는 것이다. 이 음양오행이 운행하다 쇠하면 형태만 달리할 뿐 또 다른 형태로의 음양오행으로의 이치를 따라 드러내고 보이는 끝없는 생멸작용을 반복한다.

다만, 그 마음에 따른 음양오행이기에 형태가 다르고 모양이 다르며, 성질이 다르고 성향이 다르며, 법이 다르고 세계가 다름에서 고락(苦樂)도 다른 것이다.

만약 무위자연(無爲自然)인- 함(했다는 마음이) 없는 자연의 성품으로 돌아간다면 무위(無爲)는 할 것 없음이라. 즉, 애착과 집착 없음을 말함에서….

세상의 음양오행 상대적인 것들에 애착과 미움과 증오의 집착조차 없

는 마음이 된다면 그에게 세계의 상대적인 것은 사라짐이라. 그 마음의 세계도 상대적인 것을 벗어나기에 상대 존성, 일체상이 사라진, 지극히 맑고 밝음만 드러남이라. 불가에서의 열반(완전한 행복)에 이르게 된다.

열반은 모든 상대적인 것에서 벗어난 해탈이 되기에

상대적인 것의 사라짐은 지극한 맑음이 되고, 이 지극한 맑음을 인지하는 밝음(光明)이 있음에서 지극한 맑음을 알기에 지극한 맑음에서 밝음만이 가득 찬, 정광명(淨光明)만이 빛나게 되는, 이 자리가 완전한 행복인 지복의 자리로 모든 존재가 마침내 나가야만 하는 본래면목(本來面目)의 마음자리요, 모든 마음(현상계)을 잉태시킨 마음의 고향이 된다.

다시 이어가면,

우리 인간의 체상도 예외 없음이니.

눈目, 귀耳, 코鼻, 혀舌, 몸身, 의意도 음양오행으로 야기된 것이기에-

눈은 火의 기운에서, 귀는 水의 기운에서, 코는 金의 기운에서,

혀는 木의 기운에서, 몸은 土의 기운에서, 의식은 이 모든 것을 포괄하는 끝없는 공간(空間)으로 말미암아 드러난 것이다.

:: **오행에는 상생과 상극이 존재한다.**

{오행은: 목木, 화火, 토土, 금金, 수水의 다섯 가지 기운을 말한다.}

상생(相生)은- 상생은 나를 희생하여 상대를 살리는 생조를 말함인데,

서로 간의 상생인 서로相을 쓰는 것은 상대를 살리는 것의 생으로 나아
가면 곧 나도 결국은 생함을 받기 때문이다. 이는 상대를 이롭게 하는 것
이 곧 나를 이롭게 하는 것이라는 것의 이치를 말함이다.

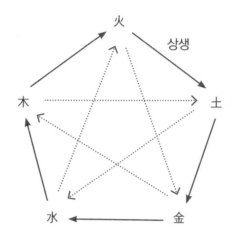

목木인 나무는 화火인 불을 생生하고, 화火인 불은 토土인 흙을 생生
하고, 토土인 흙은 금金인 쇠를 생生하고, 금金인 쇠는 수水인 물을 생生
하고, 수水인 물은 목木인 나무를 생生하는 나와 상대도 이로운 생명의
순행이 된다.

즉, 상생은 상생으로 나아감에서 상생으로 나에게 돌아온다.

나를 희생하여 상대를 살리는 마음에서 마침내 희생은 보은으로, 나
를 살리는 과보로 찾아오기에 남을 살리는 것이 곧, 나를 살리는 이치가
된다.

(상생의 이치를 따라 사는 것은 곧, 자신을 기쁘게 하고 행복하게 만드

는 선과(善果)로 되돌아오는, 뿌린 대로 거두는 인과의 이치를 명심해야

한다.)

상극(相剋)은- {상극은 상대를 제압하는 상극을 말한다.}

　木인 나무는 土인 흙을 剋하고, 土인 흙은 水인 물을 剋하고,

　水인 물은 火인 불을 剋하고, 火인 불은 金인 쇠를 剋하고,

　金인 쇠는 木인 나무를 剋하는 생명의 역행이 된다.

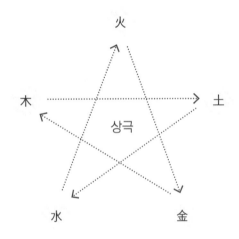

즉, 상극은 상극으로 나아감에서 상극으로 나에게 돌아온다.

나를 드러내어 상대를 극살 하는 마음에서 마침내 극살은 나에게 극살

의 고통으로 되찾아오기에 남을 해함이 곧, 나를 해하는 이치가 된다. (상

극의 이치를 따라 사는 것은 자신을 괴롭게 만들고 불행하게 만드는 악과(惡果)로

찾아온다는 만고의 진리임을 명심해야 한다.)

:: 오행(五行)은

천지간에 깃들어 있는 상대적 음양(陰陽)의 다섯 가지 기운을 말함이니, 곧 하늘의 천간(天干)과 땅의 지지(地支)로 나누어진다.

▶ 천간(天干)의 10간(十干)은-

갑甲 (陽木)	을乙 (陰木)	병丙 (陽火)	정丁 (陰火)	무戊 (陽土)	
기己 (陰土)	경庚 (陽金)	신辛 (陰金)	임壬 (陽水)	계癸 (陰水)	이다.

▶ 지지(地支)의 12지지(十二地支)은-

자子(쥐)	축丑(소)	인寅(범)	묘卯 (토끼)	진辰 (용)	사巳 (뱀)	
오午 (말)	미未 (양)	신申 (원숭이)	유酉 (닭)	술戌 (개)	해亥 (돼지)	이다.

▶ 천간(天干)에는 오행이 10간(干)으로 나타나니:

갑甲 을乙 병丙 정丁 무戊 기己 경庚 신辛 임壬 계癸 가 되고,

목木   화火   토土   금金   수水

▶ 지지(地支)에 오행은 땅의 높고(上) 낮음(下)으로 인해 12지지(地支)로 나타나니:

자子	[축丑:下]	인寅	묘卯	[진辰:上]	사巳	오午	[미未:上]
陽水	陰土	陽木	陰木	陽土	陰火	陽火	陰土

신申	유酉	[술戌:下]	해亥	가 된다.
陽金	陰金	陽土	陰水	

▶ 천간(天干)의 10干을 음양(陰陽)으로 나누면-

갑甲/을乙	병丙/정丁	무戊/기己	경庚/신辛	임壬/계癸
陽木/陰木	陽火/陰火	陽土/陰土	陽金/陰金	陽水/陰水

▶ 지지(地支)의 12지지(地支)를 음양(陰陽)으로 나누면-

寅인/卯묘	巳사/午오
陽木/陰木	陽火/陰火

辰진戌술 / 丑축未미	申신/酉유	子자/亥해	된다.
陽土　　　　陰土	陽金/陰金	陽水/陰水	

제2장

사주팔자 기둥 세우기

사주(四柱)는 사람마다 다르게 태어난 년, 월, 일, 시의 4개의 기둥을 말하고, 팔자(八字)는 4개의 기둥에서 천반 4자와 지반 4자를 각각 합하면 8자가 되기에 사주팔자(四柱八字)라 한다.

태어난 당해를 年柱(년주)라 하고, 태어난 달을 月柱(월주)라 하며, 태어난 일을 日柱(일주)라 하며, 태어난 시를 時柱(시주)라 한다.

천간(天干)은 甲갑 乙을 丙병 丁정 戊무 己기 庚경 辛신 壬임 癸계-를 말하고,
지지(地支)은 子자 丑축 寅인 卯묘 辰진 巳사 午오 未미 申신 酉유 戌술 亥해-를 말한다.

태어난 당해의 지지(地支)는 年支(년지)가 되고, 태어난 달의 지지(地支)는 月支(월지)가 되고, 태어난 일의 지지(地支)는 日支로 곧, 世(세)가 되며, 태어난 시의 지지(地支)는 時支(시지)가 된다. 이를 사지(四支)라 칭하며, 사지(四支)는 운명 해단에 있어 중심 골자로, 이 사지(四支)를 통해 원명국의 평생 운명을 논하고, 신수를 논하고, 달의 운세를 해단한다. 더불어 일간(日干)은 준동으로 작용에서 길흉함을 더한다.

사주를 보기 위해서는 가장 먼저 사주팔자를 세워야 하는데, 사주팔자는 네 개의 기둥이 천반과 지지로 양분되어 있어 칭하는 이름이다.

사주는 사람이 태어난 년월일시를 각각 천간과 지지로 나타낸 것으로, 태어난 해를 년주, 태어난 달을 월주, 태어난 날을 일주, 태어난 시간을 시주로, 네 기둥을 사주라 하고, 이 사주의 천간과 지지의 양분하면 팔자가 되는데, 합하여 사주팔자라 한다.

사주팔자 기둥 세우기는 만세력을 통해서 할 수 있는데, 요즘은 프로그램으로 만들어져 있어 만세력이 갖추어진 사주프로그램이 있다면 굳이 만세력을 펼칠 필요는 없을 것이다. 그러나 어떤 이유로 사주가 세워지는가는 알아야 할 것이기에 사주팔자를 세워 보도록 하자.
여기 예문에서 이해의 난제가 있다면 인터넷에 들어가서 사주 기둥 세우기나 팔자 세우기, 대운 세우기 등을 검색하면 보다 많은 정보를 얻을 수 있어 기타의 의문에서 벗어날 수 있을 것이다. 하지만 여기 예문에서도 충분할 것이기에 집중을 요한다.

1. 년주(年柱) 세우기

년주(年柱)는 사람이 태어난 당해를 뜻한다.
예를 들어, 1965년에 태어났으면 을사(乙巳)가 되고, 2012년에 태어났으면 임진(壬辰)이 되는데, 뒤에 년(年) 자를 붙여서 을사년, 임진년이라고 한다. 을사(乙巳)년에 있어 을은 천간으로 년간(年干)이라고 하고,

밑에 있는 사는 지지가 되어 년지(年支)라 하여 이 간지(干支)를 기둥으로 표하여 년주(年柱)라 한다.

년주(年柱)를 세울 때 주의해야 할 점은 기문학에서 새해가 바뀌는 시점은 동지부터지만, 사주팔자의 기둥을 세우는 년주(年柱)의 시점은 입춘으로 본다는 것이다. 일반적으로 한해의 시작은 1월 1일이지만, 사주팔자를 세우는 해가 바뀌는 기점은 절기로 보아 봄이 들어온다는 입춘(立春)의 기점을 새해의 시작으로 삼는다.

그러나 기문둔갑에서의 음양의 중심축은 동지와 하지를 축으로 돌기에 동지(冬至)를 기준으로 새해의 기운이 감돈다는 점을 이해해야 한다 (사주팔자를 세우는 기준은 입춘이기에 입춘을 기점으로 우리의 현실적인 나이도 바뀐다) .

예를 들어, 12월에 태어난 사람이라도 입춘(立春)의 기점이 지났다면 새해에 태어난 것으로 보고, 반대로 1월에 태어난 사람이라도 아직 입춘(立春)의 기점이 되지 않았다면 전년에 태어난 것으로 본다.

따라서 띠를 구분하는 시점도 매년 1월 1일이 아니라 입춘 절기가 된다 (입춘날이라도 만세력에 표기되어 있는 입춘이 시작되는 시점의 시간의 분부터가 입춘이 됨).

2. 월주(月柱) 세우기

월주(月柱)는 사주의 당사자가 태어난 달을 말한다.

월주를 세울 때는 양력 1일이나 음력 1일을 기준으로 하지 않고 12절기의 절입(節入)일을 기준으로 한다.

즉, 태어난 달과 날짜가 예속된 절기가 달로서의 월건(月建)이 된다.

▶ (음력으로): **태어난 생월에서의 날짜가-**

입춘부터 경칩 전날 사이에 태어났다면-寅月로 1월생이 되고,

경칩부터 청명 전날 사이에 태어났다면-卯月로 2월생이 되고,

청명부터 입하 전날 사이에 태어났다면-辰月로 3월생이 되고,

입하부터 망종 전날 사이에 태어났다면-巳月로 4월생이 되고,

망종부터 소서 전날 사이에 태어났다면-午月로 5월생이 되고,

소서부터 입추 전날 사이에 태어났다면-未月로 6월생이 되고,

입추부터 백로 전날 사이에 태어났다면-申月로 7월생이 되고,

백로부터 한로 전날 사이에 태어났다면-酉月로 8월생이 되고,

한로부터 입동 전날 사이에 태어났다면-戌月로 9월생이 되고,

입동부터 대설 전날 사이에 태어났다면-亥月로 10월생이 되고,

대설부터 소한 전날 사이에 태어났다면-子月로 11월생이 되고,

소한부터 이듬해 입춘 전날 사이에 태어났다면-丑月로 12월생으로의 월건(月建)이 된다.

달은 새로 시작되는 입춘 날부터 1달 후인 경칩 사이는 인월(寅月)이 되고, 경칩부터 청명 사이는 묘월(卯月)이… 됩니다.

태어난 달의 천간은 월간(月干)이라고 하고, 지지는 월지(月支)로, 달의

기둥을 월주(月柱)라 하여 년주(年柱)를 세우고 난 후 찾는다. (만세력으로 태어난 년도를 펼쳐 음력으로 몇 월생 며칠인가를 찾으면 태어난 달에서의 날짜의 월건(月建)이 어디에 예속된 달인가를 알 수 있다.)

예)

1972년 음력 12월 1일이라면,

1972년은 임자(壬子)년인데 음력 12월 1일이 절기가 바뀌는 시점의 날짜이기에 태어난 시간에 따라서 임자(壬子)월도 되고 계축(癸丑) 월도 되는데,

그것은 계축(癸丑)월의 분기점인 시간이 20시 26분이기 때문이다.

만약 20시 25분이면 임자(壬子)월이 월건(月建)이 되고, 20시 26분 이후이면 계축(癸丑)월이 월건(月建)이 된다.

3. 일주(日柱) 세우기

일주(日柱)는 사주의 당사자가 태어난 날의 간지(干支)를 말하며, 달리 일진(日辰)이라고 하는데, 기문에서는 世(또는 日干)가 된다.

일주(日柱)는 출생 연월일시를 사주로 바꿀 때 가장 간단하면서도 중요 하다. 만세력을 보고 태어난 날을 찾아 그대로 기록하면 되므로 가장 간 단하다.

일주(日柱) 중에서도 일간(日干)이 당사자 사주의 중심체로 곧 자신이 되기에, 모든 육신은 이 일간(日干)을 근간으로 월건(月建)과 상관없이 유 출되기에 가장 중요하면서도 간단하다. [기문에서는 世(日支)가 모든 육신

의 근간이 되며 世가 곧 나가 된다.] 일주(日柱)에서 위에 있는 천간을 일간(日干)이라고 하고, 밑에 있는 지지를 일지(日支, 기문학에서는 日支를 世로 표기함)라고 한다. 다만 지역마다 오차가 있지만, 일반적으로 밤 11시 30분이 넘으면 다음 날로 본다는 것에 주의해야 합니다.

예) 1972년 음력 12월 1일이라면, 일주는 이날을 찾아보면 신축(辛丑)일로 표기되어 있다.

4. 시주(時柱) 세우기

시(時)는 일반적으로 두 시간의 간격으로 자(子)시에서~해(亥)시까지로 24시간을 두 시간 단위로 묶어 12시각으로 나눈다.

그 두 시간의 간격이 시간을 단위로 하는 것이 아닌, 대략 30분을 분기점으로 사용해야 한다는 것이다. (일본 동경시를 표준시로 사용함)

5. 시간정위

표준시간의 간격은-

자(子)시= 전일(前日) 23시부터---당일(當日) 01시까지

축(丑)시= 01시부터----03시까지

인(寅)시= 03시부터----05시까지

묘(卯)시= 05시부터----07시까지

진(辰)시= 07시부터----09시까지

사(巳)시= 09시부터----11시까지

오(午)시= 11시부터----13시까지

미(未)시= 13시부터----15시까지

신(申)시= 15시부터----17시까지

유(酉)시= 17시부터----19시까지

술(戌)시= 19시부터----21시까지

해(亥)시= 21시부터----23시까지로 보지만,

지역마다 오차는 있지만, 30분을 단위로 시간을 정해야 하는데 다음과 같다.

자(子)시 = 전일 밤 11시 30분부터 당일 새벽 1시 30분

축(丑)시 = 새벽 1시 30분부터 3시 30분

인(寅)시 = 새벽 3시 30분부터 5시 30분

묘(卯)시 = 아침 5시 30분부터 7시 30분

진(辰)시 = 아침 7시 30분부터 9시 30분

사(巳)시 = 오전 9시 30분부터 11시 30분

오(午)시 = 오전 11시 30분부터 오후 1시 30분

미(未)시 = 오후 1시 30분부터 3시 30분

신(申)시 = 오후 3시 30분부터 5시 30분

유(酉)시 = 오후 5시 30분부터 7시 30분

술(戌)시 = 저녁 7시 30분부터 9시 30분

해(亥)시 = 밤 9시 30분부터 11시 30분

▶ **태어난 지역별 표준시**

- 서울: 32분 05초 부산 23분 48초 대구 25분 32초 광주 32분 17초 대전 30분 19초 인천 33분 32초

- 춘천: 29분 4초 속초 25분 36초 강릉 24분 23초 평택 31분 33초 태백 24분 07초 원주 28분 12초

- 수원: 31분 53초 보령 33분 48초 전주 31분 24초 군산 33분 28초 대덕 30분 32초 서산 34분 10초

- 청주: 30분 03초 충주 28분 20초 천안 31분 24초 소백 26분 12초 남원 30분 28초 목포 34분 26초

- 여수: 29분 00초 정읍 32분 52초 신안군 35분 14초 사천 27분 20초 김천 27분 12초 울진 22분 25초

- 안동: 25분 04초 울산 22분 43초 경주 23분 07초 상주 26분 56초 동해 23분 28초 포항 22분 33초

- 통영: 25분 52초 마산 25분 44초 제주 33분 52초 서귀포 33분 44초 완도 32분 32초 울릉도 16분 25초

- 연평도: 35분 34초 백령도 40분 26초 흑산도 38분 14초 덕적도 35분 34초 홍도 39분 10초 독도 12분 21초

▶ **서머타임**(한 시간 앞당겨진) **기간–'1시간 뺀다.'**

1948년 양력 6월/1일 자정부터~9월/12일 자정까지

1949년 양력 4월/2일 자정부터~9월/10일 자정까지

1950년 양력 4월/1일 자정부터~9월/9일 자정까지

1951년 양력 5월/6일 자정부터~9월/8일 자정까지

1955년 양력 5월/6일 자정부터~9월/7일 자정까지
1956년 양력 5월/20일 자정부터~9월/30일 자정까지
1957년 양력 5월/5일 자정부터~9월/22일 자정까지
1958년 양력 5월/4일 자정부터~9월/21일 자정까지
1959년 양력 5월/3일 자정부터~9월/20일 자정까지
1960년 양력 5월/1일 자정부터~9월/18일 자정까지

· 이상의 서머타임 기간에 출생한 사람은 표준시간에서 '1시간을 제
한다.'

· 서머타임 예외 시간대의 태생은 표준시간의 '두 시간 단위'로 본다.
· 1960년 양력 9월/19일 자정부터~1961년 8월/10일 정오까지 출생자
는 시간 단위의 표준시간의 '두 시간 단위'로 본다.

· 1961년 8월 10일부터 오늘날에 출생한 사람은 '30분을 늦게' 잡는
다(예, 오시: 11시 30분~1시 30분).

▶ **서머타임**(한 시간 앞당겨진) **기간- 다시 '1시간을 뺀다.'**
 · 1987년 양력 5월/10일 02시부터~10월/11일-03시까지
 · 1988년 양력 5월/8일 02시부터~10월 9일-03시까지
 · 87년, 88년 이 사이에 태어난 사람의 시간표:

자시	10시 30분~12시 30분	축시	12시 30분~2시 30분
인시	2시 30분~4시 30분	묘시	4시 30분~6시 30분
진시	6시 30분~8시 30분	사시	8시 30분~10시 30분
오시	10시 30분~12시 30분	미시	12시 30분~2시 30분
신시	2시30분~4시 30분	유시	4시 30분~6시 30분
술시	6시 30분~8시 30분	해시	8시 30분~10시 30분

정리하면:

(1) 서머타임에 해당하는 태생은- 1시간을 빼 계산하면 되는데, 예로 문점자가 서머타임의 태생으로 태어난 시간을 오후 2시로 말하면 미(未)시가 아닌, 1시간을 빼면 오후 1시가 되기에 오(午)시로 보라는 것이다.

(2) 1960년 양력 9월/19일 자정부터~1961년 8월/10일 낮 12시까지 출생자는- 섬머타임이 아니기에 시간 단위의 표준시간의 '두 시간 단위'로 본다.

(3) 1961년 8월 10일 낮 12시 이후 출생자는- 30분만 늦게 계산하면 되는데, 그 예로 태어난 시간이 오전 6시 50분이라면 아침 5시~7시의 태생은 묘(卯)시가 되고, 오전 7시가 넘으면 진(辰)시로 넘어가지만, 61년 8월 10일 낮 12시 이후부터의 태생은 30분을 늦추면 5시 30분~7시 30분까지가 묘(卯)시가 되기에, 6시 50분에서 30분을 더해도 7시 20분으로 진(辰)시 아닌 묘(卯)시가 된다.

(4) 시간 단위의 표준시간-

자시	오후 11시~오후 12시 59분
축시	오전 1시~오전 2시 59분
인시	오전 3시~오전 4시 59분
묘시	오전 5시~오전 6시 59분
진시	오전 7시~오전 8시 59분
사시	오전 9시~오전 10시 59분
오시	오전 11시~오후 12시 59분
미시	오후 1시~오후 2시 59분
신시	오후 3시~오후 4시 59분
유시	오후 5시~오후 6시 59분
술시	오후 7시~오후 8시 59분
해시	오후 9시~오후 10시 59분

· 자(子)시는 사주추명학에서는 야자시(夜子時)와 조자시(朝子時)로
  나뉘는데, 야자시는 오후 11시(11:30분)부터 자정 12시 전(12:30)까
  지를 말하고, 자정 12시 (12:30)부터 다음날 오전 12시 59(새벽 1시
  29분)분까지를 조자시라 하는데 논란의 여지가 많다. 기문학에서는
  야자시와 조자시를 나누지 않는다.

시(時) ---- 日干	子	丑	寅	卯	辰	巳	午	未	申	酉	戌	亥
甲己	甲子	乙丑	丙寅	丁卯	戊辰	己巳	庚午	辛未	壬申	癸酉	甲戌	乙亥
乙庚	丙子	丁丑	戊寅	己卯	庚辰	辛巳	壬午	癸未	甲申	乙酉	丙戌	丁亥
丙辛	戊子	己丑	庚寅	辛卯	壬辰	癸巳	甲午	乙未	丙申	丁酉	戊戌	己亥
丁壬	庚子	辛丑	壬寅	癸卯	甲辰	乙巳	丙午	丁未	戊申	己酉	庚戌	辛亥
戊癸	壬子	癸丑	甲寅	乙卯	丙辰	丁巳	戊午	己未	庚申	辛酉	壬戌	癸亥

시간지 조견표(時干支 早見表)

(5) 사주팔자 세우기- 예)

만세력을 보면 양력은 지면 위쪽에 양월(陽月)이. 1월에서~12월까지 표기되어 있고, 지면 좌측에 아라비아 숫자로 양력(陽曆) 1에서~31까지 있다.

음력은 음력 몇 월생 며칠인가를 보면 절기와 더불어 날을 찾을 수 있는데, 달과 날의 표기는 아라비아 숫자가 아닌 달은 一 二 三 四 五 六 七 八 九 十 十一 十二/ 날은 一~三十, 三一로의 한자로의 수(數)로 되어 있다.

(가) 남자 1972년 음력 3월 27일 午시/ 양력으로는 1972년 5월 10일 午-라면,

壬子년 음력 3월 27일의 달은 입하가 넘었기에 乙巳월 辛丑일로 시는 午시로 시간지 조견표를 보면, 辛-日干에 午시는 甲午시가 된다.

해서, 1972년 음력 3월 27일 오시생의 사주팔자는 임자壬子년 을사乙巳월 신축辛丑일 갑오甲午시이다.

甲	辛	乙	壬
午	丑	巳	子

대운수는: 남명은- 9대운, 여명은-2대운으로, 대운의 흐름은 월주를 중심축으로 흐르는데,

남명은 년간(年干)이 양(陽)이면 월주(月柱)의 흐름은 순행으로 흐르고, 년간(年干)이 음(陰)이면 월주(月柱)의 흐름은 역행으로 흐른다.

여명은 반대로, 년간(年干)이 음(陰)이면 월주(月柱)의 흐름은 순행으로 흐르고, 년간(年干)이 양(陽)이면 월주(月柱)의 흐름은 역행으로 흐른다.

다음은 대운의 흐름과 대운수에 대해 알아본다.

위 사주는 남명으로 임자생이라, 년간(年干)의 壬은 陽水(癸는 陰水)이 기에 陽水의 년간은 陽이다.

따라서 월주(月柱)의 흐름은 순행으로 흐르기에 월주(月柱)-을사乙巳 에서의 乙천간(天干)의 순행은 甲乙丙丁戊己庚辛壬癸의 순행에서 乙 다음은 丙丁戊己庚辛壬癸甲乙丙丁……의 순서로 대운천간이 丙부터 순서

대로 세워지고, 巳지지(地支)의 순행은 子丑寅卯辰巳午未申酉戌亥의 순행에서 巳다음은 午未申酉戌亥子丑寅卯辰巳午未…의 순서로 대운지반이 午부터 순서대로 세워진다.

대운의 흐름을 순행으로 적어보면 丙午 丁未 戊申 己酉 庚戌 辛亥 壬子 癸丑 甲寅 乙卯 丙辰 丁巳 壬午…로 나아가며 아래에 대운수를 붙이면 된다.

丙	乙	甲	癸	壬	辛	庚	己	戊	丁	丙
辰	卯	寅	丑	子	亥	戌	酉	申	未	午
109세	99세	89세	79세	69세	59세	49세	39세	29세	19세	9세

반대로, 위 사주가 여명이라면 임자생이라, 년간(年干)이 壬은 陽水(癸는 陰水)이기에 陽水의 년간은 陽이다.

따라서 월주(月柱)의 흐름은 여명은 역행으로 흐르기에 월주(月柱)-을 사乙巳에서의 乙천간(天干)의 역행은 甲乙丙丁戊己庚辛壬癸의 순행에서 乙 앞은 甲이고 甲 앞은 癸이기에, 역으로 거슬러 가면 甲癸壬辛庚己丁丙乙甲의 순서로 대운천간이 甲부터 순서대로 세워지고, 巳지지(地支)의 순행은 子丑寅卯辰巳午未申酉戌亥의 순행에서 巳 앞은 辰이고 辰 앞은 卯이기에, 역으로 거슬러 가면 辰卯寅丑子亥戌酉申未午巳辰의 순서로 대운지지가 辰부터 순서대로 세워진다.

대운의 흐름을 역행으로 적어보면 甲辰 癸卯 壬寅 辛丑 庚子 己亥 戊戌 丁酉 丙申 乙未 甲午…로 나아가며 아래에 대운수를 붙이면 된다.

甲	乙	丙	丁	戊	己	庚	辛	壬	癸	甲
午	未	申	酉	戌	亥	子	丑	寅	卯	辰
102세	92세	82세	72세	62세	52세	42세	32세	22세	12세	2세

(나) 여자 1982년 양력 2월 4일 12시 46분으로 午시/ 음력으로는
    1982년 1월11일 12시 45분으로 午시—라면,

1982년은 壬戌년으로 양력 2월 4일은 절기상 입춘으로 壬戌년으로 보이지만, 태어난 시간이 12시 45분으로 입춘 절기를 넘는 12시 46분에 1분이 미치지 않는 45분으로 날은 같은 戊午날이지만, 절기는 소한 달로 전년도 음력 12월에 해당한다. 따라서 년도 壬戌년이 아닌 1981년 辛酉년이 되고 달은 소한 달인 辛丑월이 되며 날은 戊午일 시는 午시인데, 午시의 천간은 시간 조견표에서 戊-日干에 午시는 戊午시가 된다.

해서, 1982년 양력 2월 4일 午시생의 사주팔자는 신유辛酉년 신축辛丑월 무오戊午일 무오戊午시이다.

戊	戊	辛	辛
午	午	丑	酉

[만약, 이날의 시간이 46분이면 절기상 입춘이기에 달은 壬寅월이 되고, 따라서 년도 壬戌년이 되어, 壬戌년 壬寅월 戊午일 戊午시가 된다.

戊戊壬壬

午午寅戌]

대운수는: 남명은-10대운, 여명은-0대운으로, 대운의 흐름은 월주를 중심축으로 흐르는데,

남명은 년간(年干)이 양(陽)이면 월주(月柱)의 흐름은 순행으로 흐르고, 년간(年干)이 음(陰)이면 월주(月柱)의 흐름은 역행으로 흐른다.

여명은 반대로 년간(年干)이 음(陰)이면 월주(月柱)의 흐름은 순행으로 흐르고, 년간(年干)이 양(陽)이면 월주(月柱)의 흐름은 역행으로 흐른다.

다음은 대운의 흐름과 대운수에 대해 알아본다.

위 사주는 여명으로 신유생이라 년간(年干)의 辛은 陰金(庚은 陽金)이기에 陰金의 년간은 陰이다.

따라서 월주(月柱)의 흐름은 순행으로 흐르기에 월주(月柱)-辛丑신축에서의 辛천간(天干)의 순행은 甲乙丙丁戊己庚辛壬癸의 순행에서 辛 다음은 壬癸甲乙丙丁戊己庚辛…의 순서로 대운천간이 壬부터 순서대로

세워지고, 丑지지(地支)의 순행은 子丑寅卯辰巳午未申酉戌亥의 순행에서 丑 다음은 寅卯辰巳午未申酉戌亥子丑…의 순서로 대운지반이 寅부터 순서대로 세워진다.

대운의 흐름을 순행으로 적어보면 壬寅 癸卯 甲辰 乙巳 丙午 丁未 戊申 己酉 庚戌 辛亥 戊子 己丑…로 나아가며 아래에 대운수를 붙이면 된다.

己	戊	辛	庚	癸	壬	丁	丙	乙	甲	癸	壬
丑	子	亥	戌	酉	申	未	午	巳	辰	卯	寅
100세	90세	80세	70세	60세	50세	40세	30세	20세	10세	0세	

반대로, 위 사주가 남명이라면 신유생이라 년간(年干)의 辛은 陰金(庚은 陽金)이기에 陰金의 년간은 陰이다.

따라서 월주(月柱)의 흐름은 남명은 역행으로 흐르기에 월주(月柱)-신축辛丑에서의 辛천간(天干)의 역행은 甲乙丙丁戊己庚辛壬癸의 순행에서 辛앞은 庚이고, 庚 앞은 己이기에 역으로 거슬러 가면 庚己戊丁丙乙甲癸壬辛庚의 순서로 대운천간이 庚부터 순서대로 세워지고, 丑지지(地支)의 순행은 子丑寅卯辰巳午未申酉戌亥의 순행에서 丑 앞은 子이고 子 앞은 亥이기에, 역으로 거슬러 가면 丑子亥戌酉申未午巳辰卯寅의 순서로 대운지지가 丑부터 순서대로 세워진다.

대운의 흐름을 역행으로 적어보면 庚子 己亥 戊戌 丁酉 丙申 乙未 甲午 癸巳 壬辰 辛卯…로 나아가며 아래에 대운수를 붙이면 된다.

辛	壬	癸	甲	乙	丙	丁	戊	己	庚
卯	辰	巳	午	未	申	酉	戌	亥	子
100세	90세	80세	70세	60세	50세	40세	30세	20세	10세

제3장

홍국수(洪局數)의
성질과 성향

홍국수는 一에서 十까지의 숫자가 마치 큰물이 요동치듯 하며 연출하는 수(數)에서 홍국수이다.

▶ 홍국수:

一子: 자 二巳: 사 三寅: 인 四酉: 유 五辰: 진/戌: 술

六亥: 해 七午: 오 八卯: 묘 九申: 신 十丑: 축/未: 미

一	二	三	四	五	六	七	八	九	十
陽水	陰火	陽木	陰金	陽土	陰水	陽火	陰木	陽金	陰土
子	巳	寅	酉	辰/戌	亥	午	卯	申	丑未
쥐	뱀	범	닭	용/개	돼지	말	토끼	원숭이	소/양

* 홍국수 一에서~ 十까지의 숫자는 12지지로 나누어진다.

이들의 숫자가 육신으로 드러나고, 상호 간에 합, 형, 충, 파, 해, 화금상쟁, 원진살 등 각종 신살의 작용을 일으켜, 괘문성장과 더불어 운명해단 온갖 것들의 길흉을 자아낸다.

Q 홍국수로 본 성격

'世(본인)와 육친의 성격'을 홍국수의 오행으로 알 수 있다.

▷ 아래 오행이 자신인 世氣나 육친에 해당될 때를 본다 ◁

∷ 一六는 오행으로 水이니, 십이지지로는 子쥐/亥돼지를 말한다.

· 흐르는 물처럼 잘 나돌아 다니거나 분주함을 보인다.

· 학문을 좋아하고, 탐구심과 모험심이 있다.

  그러나 世水는 오행 가운데, 가장 믿지 못할 사람으로 돌변하는 성
  질을 항상 가지고 있음을 상기해야 한다. 하지만 손궁, 곤궁, 건궁,
  간궁의 토궁에 좌하면 신뢰 있는 사람이 된다.

· 世水가 空亡이면-부부간의 이별이나 부부간 정이 없으며, 가정이 허
  하고 화목하지 못하며 때론 남처럼 살아간다.

· **태왕하면**- 정신이 산만하여 사리판단에 어두운 편이고 겁이 많으며,
  사람이 굳건하지 못하다. 酒나 色을 지나치게 좋아한다.

· **태약하면**- 간사한 지혜(奸智)로 잔꾀에 능하다.

一水의 陽水이면-

· 큰물이라 활동력이 왕성하고 지혜(또는 잔꾀)가 있지만, 주색을 주의
  해야 한다.

・一水가 왕성하면 활발하거나 성급한 면이 있고, 사리판단을 잘한다.

六水로 陰水이면 –
・적은 물이라 소극적이고 침착하며 과묵하지만, 말을 하면 잘한다.
・음성적 지혜라 화합은 잘하지만 이중성이 있고, 융통성이 있으며, 기분에 좌우하는 경향이 짙다(재주가 있음): 육수가 진술축미인 土氣의 간궁(間宮)에 좌하면 이중성은 없다.

:: 三八은 오행으로 木이니, 십이지지로는 寅범/卯토끼를 말한다.

사람이 끈기 있게 밀고 나가는 경향이 짙고, 부드럽고 온화한 편이다
선비 같은 기질로 착하고 온화하며, 어진 품성을 가지고 있어 일상에 순종하며, 충돌이 없다. 분위기를 좋게 하여 인기가 있고 지속력이 있으며, 임기응변에 능하고 정이 많다.

그러나 목기가 금좌인 申酉 자리에 있으면, 기회주의적 행동에서의 부드러움이며 드러내려는, 돋보이려는 것에서 베푸는 것이 된다.

・태왕하면 – 목기가 태왕하면 고집(의지력)이 있고 왕고한 기질에 융통성이 없으며, 세궁의 천지반이 三三, 八八이면 성격이 강하거나 거친 면이 있다.
・태약하면 – 자리나 충극 받는 등으로 파괴되어 약하면 반대로 사람이

예민하고, 신경질적이고, 까칠하고 너그럽지 못하고, 충돌적이고 변태적이다.

三木으로 陽木이면-
- 권위적이며 자존심이 강하고 지배력을 가지고 있으며, 독단적인 결정을 잘한다. 야망이 있고 성취욕이 강함에서 때론 목적을 위해 부정한 행동도 서슴지 않는다.

八木으로 陰木이면-
- 사람이 점잖은 듯, 급한 면이 있고, 소심하고 소극적이며, 겁이 많다.
하는 일이 몇 번 바뀌는 곡절을 겪는다.

:: 二七은 오행으로 火이니, 십이지지로는 巳뱀/午말을 말한다.

타오르는 불처럼 맹렬하여 시작은 잘하나 마무리가 약하며,
마음은 밝고 예의는 바름에서 예의 없고 버릇없는 이를 제일 싫어한다.
(二七火는 一六水와 함께 머리가 명철하다.)

왕성하면 체면을 중히 여겨 꾸미고 치장하기 좋아하여 남에게 잘 보이려는 경향이 있고, 잔정이 많다. 그러나 지나치게 왕성하면 구설이나 화란을 자초하여 관재나 싸움이 많다.

- 천지반이 형옥성으로 쌍칠(七七)이면 말조심을 하지 않으면 구설로 인한 화액이 많아 구설 바가지다.
- 천반이 金이면 世의 천지반이 金火 상전이라, 마음이 편협하고 모질다.

- 태왕하면- 화기가 왕성하면 허영심이 많고 명예를 중시하여 체면을 잘 차린다.
- 태약하면- 화기가 태약하면 소심하고 내성적이며 옹졸하다.

七火로 陽火이면-

- 사람이 말이 많고 강렬하며, 능동적이고 적극적(성급), 타인의 눈치를 보지 않는다. 극한 상황에서도 살아남을 수 있다(인내심은 약하다).

二火로 陰火이면-

- 준수한 성격으로 깔끔하고 차분하여 일의 순서를 잘 판단하지만, 건드리면 욱하는 기질을 내보인다. 하지만 건드리지 않는다면 평온한 성품이 된다.

:: 五十은 오행으로 土이니, 십이지지로는 五는(辰용戌개)/十은(丑소未양)를 말한다.

사람이 점잖고 가볍게 처신하지 않고, 믿음이 강하고 신뢰를 주는 사람이다. 태산과 같아 말이 많지 않고 신뢰가 있으며, 상대가 잘못을 인정하면 포용력 또한 크다. 특히, 金宮(坤宮과 胎宮)에 있다면 信(신)과 義(의)를 중히 여기는 전형적인 신의(信義)를 생명으로 여기는 사람이다(금궁은 구궁에서 未申酉자리를 말함).

- 태왕하면– 왕하면 고집이 세고 융통성 없음이 결점이다.
- 태약하면– 토기가 약하거나 천반의 수극을 받는다면 믿음은 파극된 것이라, 신앙심이 없는 사람으로 신뢰를 자기도 모르게 잃는 행동을 한다. 만일 세기나 구궁 가운데 토기가 약하거나 수극인 사람이 신앙을 가진다면 생활도구로의 신앙이다.

十土로 陽土이면서 陰土이면– (十은 丑, 未에서 내궁-丑, 외궁-未,)
: 未는 게으른 듯 밀고 나가는 추진력이 있음에서 고집이 있고, 융통성이 부족하다. 하지만 모든 것을 포용하는 토기에서 아량은 넓다.
: 丑은 남명은 성실하나, 여명은 액난이나 고달이 많다.

五土로 陰土이면서 陽土이면– (五는 辰,戌에서 내궁-辰, 외궁-戌)
: 辰은 의기가 강한 것에서 적극적이고 돌발적인 행동을 보이며 성패를 잘한다. 남명은 성취하는 승부사의 근성이 있고, 여명은 능력은 있으나

인덕이 약하다.

: 戌은 남녀 주색에 자유롭고, 운기 흐름의 폭락이 크다.

∷ 四九는 오행으로 金이니, 십이지지로는 四는 酉닭/九는 申원숭이를 말한다.

인내심이 강하고 의기가 강해 그릇된 것을 바로잡으려는 곧은 성향이 강하다. 특히 四酉金이 그렇다. 반면, 九申金은 모성애가 많고 재주나 기술을 가지고 있다.

인상이 차갑게 보이거나 밝지 않다. 그러나 사람이 의리가 있고 솔직 담백하고 정이 있으며 뒤끝은 없다. 지출은 얇게 하며 알뜰한 편이다.

- 태왕하면- 사람이 자만하고 교만하게 보이며, 의협심은 있지만 진실한 의로움엔 약하며, 자기주장이 강하다(육합이 있다면 유하게 보이지만 욕심은 많다).
- 태약하면- 도사리고 재는 것에서 결정력이 약하여 기회를 놓치기 쉽다.

四金으로 陰金이면-

의기가 강하여 명확하고 분명한 것을 좋아함에서 까다로운 면도 있음이다.

九金으로 陽金이면-

· 목에 힘주는 사람, 잘난 체를 하는 성취하는 사람이다. 하지만 내면
은 외롭고 고독하다.

Q 世궁 천반의 잠재된 의식

▷ **세궁 천반의 육신이 아래에 해당되면** ◁

1. 父이면-

부모에 대한 애정이 깊거나 집, 땅 등의 문서에 대한 소유욕이 있고, 선
생, 교육가에 대한 열망도 있는 편이다. 천반 편인은 건강이나 자녀 재물
에 대한 고충이 있고, 정인은 인덕이 있고 행운이 따라 고비마다 귀인이
돕는다.

2. 官이면-

명예나 관직에 대한 관심이 높거나 자존심이 강하다. 鬼이면 명국이 길
하면 질병, 사고, 우환, 근심거리를 해결하는 일을 하지만, 명국이 흉격이
면 이러한 일을 겪게 된다(中宮도 동일). 女命의 世천반 鬼는 이성에 생각
에 젖어 있거나 이성의 유혹에 약하다. 특히 世나 年支, 中宮에 육합, 도화
기 있다면 매우 짙고, 이때 世水이면 강력하다.

· 세가 약하고 격이 흉할 때 世천반에 官/鬼가 있다면 일생 이루는 일
이 없으며, 질병과 우환이 따른다(鬼가 더 강함). 이때 世가 絕지이면

대운에 나쁜 시기의 나이는 큰 곤궁에 빠진다.

· 世약인데 명국에서 官鬼가 강하고 世천반에 官鬼가 더하여 있다면 단명이나 가난을 면치 못한다. 만약 世가 왕하다면 왕성한 官鬼는 도리어 큰 명성을 말하기에 높은 관직에 오른다.

3. 財이면-

안정된 직장을 원하거나 재물에 대한 애착이 있으며, 세약이면 정재이든, 편재인든 재물에 큰 풍난을 겪는다. 정재는 명국이 흉격이 아니라면 안정된 직장이나 관운에 애착이 있고, 편재이면 효율에 대한 가치를 중시하는 편이고, 흉격이면 금전에 불-소통으로 근심한다.- 부모와 의견충돌. 男命의 世천반 편재는 이성에 생각에 젖어 있거나 이성의 유혹에 약하다. 특히 世나 年支, 中宮에 육합, 도화가 있다면 매우 짙고, 이때 世水이면 강력하다.

· 世약이고 흉격으로 보이더라도 世천반이 財이면 비록 흉운 가운데 에서도 길함이 있어 소망을 이룰 수 있다.

· 世왕에 官이 약하지 않는 가운데 世의 천반은 財성이고, 年支에 日干을 기준으로 한 天乙貴人이 있다면 대귀지명(大貴之命)이다.

· 재성이 왕성한 남명에 세의 천반이 재성이면 처덕을 볼 수 있다.

· 남명의 신수에서 세천반에 재가 힘이 있으면 처나 애인의 일이 있다.

· 남명에서 경문(景門)에 태음(太陰)이 동궁하면 여자에게 인기는 있으나 얻는 것이 없다.

· 남명에서 경문(景門)과 유혼(遊魂)과 乙加辛이 동궁하면 애인을 얻

어 도망간다.

- 世천반에 父가 있다면 공명과 인덕이 있다(편인보다 정인이 길). 이때 父의 오행이 화나 금으로 살성이 되면 도리어 오명과 덕이 없다.
- 세의 천반이 살성 가운데 세를 수생하거나, 명국의 살성 가운데 시지 가 재성이면 승려의 명이다. 또한, 남명에 사진의 육신이 충 또는 삼살 이나 삼형살이 되고, 재성과 손이 약하면 승려의 명이다. 이때 육충과 살성 가운데 火氣가 강하면 불상을 모시거나 구도심이 강한 명이다.

4. 孫이면 -

사업이나 독립적 성향이 짙어 직장을 전전하는 편인데, 특히 女命의 世 천반 상관은 남편을 무시하는 경향이 있거나 못마땅하게 여긴다. 흉격이 면 독신.

5. 兄이면 -

자만한 경향이 있는데, 길격이면 성취하지만 흉격이면 재산을 잃는다. 남녀 모두 흉격이면 배우자와 인연이 박해 떨어져 지내거나 외로움을 겪 는다. 특히 겁재는 강하다.

- 世가 거왕하거나 年支의 충극을 안 받거나 年支나 月支에 財성이나 官이나 父가 있다면 발복에 길하다.
- 신수에서 世가 극을 받는데, 絶體를 앉고 있다면 상복을 입거나 가 족이 다칠 수 있다.

⌕ 내가 싫어하는 기질

자신의 오행인 세기의 특질에서 벗어나는 것을 싫어한다.

- 자신의 世氣 -가

　· 火는 예의 없고 버릇없는 사람을 제일 싫어하고,

　· 土는 신의 없는 믿음을 저버리는 행동을 하는 사람을 제일 싫어하며,

　· 金은 의리 없이 옳은 것에 거슬리는 행동을 하는 사람을 제일 싫어
　　하며,

　· 水는 총명하지 못하고 지혜가 없는 이와 머리 숙일 줄 모르는 사람을
　　제일 싫어하며,

　· 木은 인자하고 자애하지 않는 사람을 제일 싫어한다.

⌕ 내가 좋아하는 기질

자신의 오행과 상반되는 특질의 성향을 가진 이를 좋아한다.

- 자신의 世氣 -가

　· 火이면 화가 극하는 金氣의 기질을 좋아함인데,
　　곧, 의리 있고 약속을 잘 지키는 이를 좋아한다.

　· 土이면 토가 극하는 水氣의 기질을 좋아함인데,
　　곧, 지혜롭고 총명한 이를 좋아하고 생기 있고 발랄한 이를 좋아

한다.

· 金이면 금이 극하는 木氣의 기질을 좋아함인데,

　곧, 어질고 유순하며 자상하고 너그러운 이를 좋아한다.

· 水이면 수가 극하는 火氣의 기질을 좋아함인데,

　곧, 겸손하고 예의가 바르며 밝은이를 좋아한다.

· 木이면 목이 극하는 土氣의 기질을 좋아함인데,

　곧, 믿음과 신뢰를 주고 무게 있고 점잖은 이를 좋아한다.

제4장

육신(六神) 육친(六親)

:: 기문학의 인사명리의 주 해석은 四支(사지)인

年支(년지), 月支(월지), 世(세), 時支(시지)로 하며, 日干(일간)과 더불어 '준동'을 살펴 해단한다.

~준동은 홍국수가 겸왕에 거왕이나 승왕일 때를 말한다.

四支(사지)와 日干(일간), 준동은 운명해단에 있어 평생팔자(元命局)와 신수(身數局)와 달운(月運)에서 動(동)한 것으로 운명해단에 작용력을 행사한다.

世는 나(我)인 구궁(九宮)의 주체로,

모든 육친은 世(나)를 중심으로 모든 육친이 엮어진다. 그리고 중궁은 항상 고정된 체로 작용하며, 그 밖의 년지(年支) 월지(月支) 시지(時支), 日干(일간)과 준동도 사람마다 다르고 해마다 바뀐다.

어떤 경우든 힘의 작용력은 中宮이 으뜸이고, 다음이 년지-월지-시지의 순이나 日干(일간)과 준동에 의해 크게 요동한다.

그러므로 길신이 중궁이나 년지에 있다면 길함이 증장되지만, 반대로 흉신이 중궁이나 년지에 있다면 흉함이 가중되어 흉격이 된다. 중궁을 제외한, 년지(年支) 월지(月支) 시지(時支)가 世 가까이 있음은 대체적으로 이들 육친은 인연이 친근하지만, 멀리 있다면 길함도 가까이 있는 것보다 못하며, 인연도 멀고 박하다.

육신(六神)은-

나(世), 비겁(兄), 인성(父), 관귀(官鬼), 재성(財), 손(孫)을 말한다.

육친(六親)은-

부모, 형제, 처자를 말한다.

🔍 육신(六神)/육친(六親)의 의미와 작용

· 世(나),

· 兄(형제/친구, 친근자),

· 父(부모/문서/공부·시험·자격-면허증),

· 官(본남편/직장/관운/명예) 鬼(재혼남/애인/직장/질병/귀신),

· 財(정재: 본처/바른 재물) 財(편재: 재혼/애인/투기, 투자, 재물: 편재물),

· 孫(자녀/소유물)을 말한다.

· 世는 나로 본인을 말하며, 世를 통해 모든 관계가 성립된다.

　아울러 世가 있는 世宮은 배우자(남명은 재성-여명은 관귀)와

　더불어 가정운기의 길흉을 살핀다.

· 兄는 世와 동일한 오행으로

　음양이 다른 것은 겁재(兄)가 되고,

　음양이 같은 것은 비견(兄)이 된다.

- 비견(兄)에 비해 겁재(兄)는 거칠고, 강하다.-

비견과 겁재 이를 통칭 비겁(比劫)이라 부르는데,

비겁은 형제와 친근자, 동업자, 동료 등을 말함에서

이를 통해 이들의 길흉과 나와 이들과의 길흉을 알 수 있음이다.

삼합세기가 되면 나는 길하고, 삼합비겁이 되면 재물과 배우자는 흉하다.

다만, 삼합비겁이 일간이면 재물 등에는 길함이 된다.

:: 世(나)와 兄(비겁)은

　① 孫(손)을 생하여 도와주고, ② 父(인성)에 생조를 받는다.

　③ 財(재성)을 극하며, ④ 官鬼(관귀)에 극 받는다.

　(1) 孫(손)을 생함에서-

　손을 이롭게 하지만, 世가 왕할 땐 길하지만, 世가 약하면 누설이라 도

리어 손은 흉한 육신이 된다.

　· 孫(손)은 재성을 생하고, 세와 비겁에 생조를 받으며,

　　관귀를 극하며, 인성에 극을 받는다.

(2) 父(인성)에 생 받음에서-

世가 왕할 때도 길하지만, 世가 약할 땐 더욱 인성은 길하다.

· 父(인성)는 세를 생하고, 관귀의 생조를 받으며,

　손을 극하며, 재성에 극을 받는다.

(3) 財(재성)을 극함에서-

재(財)를 취할 수 있음에서 世가 왕할 땐 길하지만, 世가 약할 땐 도리어

흉액이 된다.

· 財(재성)은 관귀를 생하고, 손의 생조를 받으며,

　인성을 극하며, 비겁에 극을 받는다.

(4) 官鬼(관귀)에 극 받음에서-

世가 약할 땐 흉하나 世가 왕할 땐 도리어 관귀는 길하다.

· 官鬼(관귀)는 인성을 생하고, 재성의 생조를 받으며,

　세와 비겁을 극하며, 손에 극을 받는다.

· 父(부모/문서)는 나(世)와 비겁(比劫)을 생해주는 육신으로,

　음양이 다른 것은 정인(父)이 되고,

　음양이 같은 것은 편인(父)이 된다.

- 정인에 비해 편인은 거칠고 편중된다. -

정인과 편인 이를 통칭 인성(印星)이라 부르는데,

인성은 부모, 문서, 공부, 시험, 자격증, 면허증, 옷, 주택 등을 말함에서

이를 통해 이들의 길흉과 나와 이들과의 길흉을 알 수 있음이다.

인성에서 정인은 나를 생하지만, 편인은 겁재를 생하는데, 다만 편인에 일간이 좌하거나 편인에 길문, 길괘가 좌하면 정인작용을 하여 世를 생하고, 편인이라도 삼살로 편인이면 世를 생한다.

또한, 삼합이 인성이 된다면 세를 생함에서 길하고, 인성이 삼합세기가 되어도 길함이다. 그러나 삼합인성이 수극을 받으면 삼합인성은 불성립이지만, 수극이 합되면 수극하지 못함이다.

∷ 인성(父)은

① 나와 비겁을 생하여 도와주고, ② 官鬼(관귀)의 생을 받고,
③ 孫(손)을 극하며, ④ 財(재성)의 극을 받는다.

(1) 世(나)와 兄(비겁)을 생함에서-
나와 비겁을 생하여 이롭게 하지만, 정인은 나를 생하고, 편인은 비겁을 생한다. 다만, 편인이라도 길문길괘을 취했거나 삼살의 생조를 받는 편인이라면 나를 생한다.
· 世(나)와 兄(비겁)은 孫(손)을 생하고, 父(인성)에 생조를 받으며, 財(재성)을 극하고, 官鬼(관귀)에 극 받는다.

(2) 관귀(官鬼)에 생 받음에서 -

세기가 왕할 때도 길하지만, 세기가 약할 땐 더욱 길하다.

· 官鬼(관귀)는 父(인성)을 생하고, 財(재성)에 생조를 받으며,

　世(나)와 兄(비겁)을 극하고, 孫(식상)에 극을 받는다.

(3) 孫(손)을 극함에서 -

손이 흉함이라 자녀와 소유물, 재물 등에 흉액이 된다.

만약 재성이 약하거나 흉한데, 손이 극을 받으면 재물이 흉함이며, 남
명은 재산, 부인(애인)에게 흉함이 된다.

· 孫(손)은 財(재성)을 생하고, 世(나)와 兄(비겁)에 생조를 받으며,

　官鬼(관귀)을 극하고, 父(인성)에 극을 받는다.

(4) 財(재성)에 극 받음에서 -

인성(父)이 약할 땐 부모, 문서, 시험, 집, 계약 등에 대흉하고,

왕할 때에도 소흉이 발생한다.

· 財(재성)은 官鬼(관귀)를 생하고, 孫(손)의 생조를 받으며,

　父(인성)을 극하고, 兄(비겁)에 극을 받는다.

· 官鬼(관귀)는 인성(父)을 생해주는 육신으로,

　음양이 다른 것은 정관(官)이 되고,

　음양이 같은 것은 편관(鬼)이 된다.

－ 정관에 비해 편관은 거칠고 격이 낮다. －

- 정관과 편관, 이를 통칭 官鬼(관귀)라 부르는데 -

· 官(정관)은- 관록, 명예, 직장, 여명은 본남편 등을 말함에서
  이를 통해 官의 길흉과 나와 官과의 길흉 관계를 알 수 있음이다.

· 鬼(편관)은- 관록, 직장, 명예, 질병/의료방면, 무당, 상조회사, 여명은
  재혼이나 애인 등을 말함에서 이를 통해 鬼의 길흉과 나와 鬼와의
  길흉 관계를 알 수 있음이다.

· 官은 나(世)와 비겁(比劫)을 극하지만, 내(世)가 왕하면 정관을 취할
  수 있음에서 정관은 길함이 된다(비겁도 왕하면 큰 해는 없음). 그러
  나 나(世)와 비겁(比劫)이 약하면 관은 흉신으로 작용한다.

· 鬼도 나(世)와 비겁(比劫)을 극하지만, 내(世)가 왕하면 귀를 취할 수
  있음에서 귀(鬼)는 길함이 된다(비겁도 왕하면 큰 해는 없음). 그러
  나 나(世)와 비겁(比劫)이 약하면 鬼은 흉신으로 작용한다.

삼합이 관귀가 된다면 세가 왕할 땐 관귀가 길하게 작용하지만, 세가
약하면 관귀는 흉하게 작용하여 단명, 불구, 질병자, 범죄자, 빈천한 자가
된다. 이때 형제나 친근자인 비겁이 길하지 않다면 이들과 인연은 없다.

:: 官鬼(관귀)는

① 父(인성)을 생하여 도와주고, ② 財(재성)의 생을 받고,
③ 나(世)와 비겁(比劫)을 극하며, ④ 孫(식상)의 극을 받는다.

(1) 父(인성)을 생함에서-

인성을 생함에서 부모, 문서, 공부, 시험, 자격증, 진학, 재물 등에는 길
함이 된다.

· 父(인성)은 나(世)와 비겁(比劫)을 생하고, 官鬼(관귀)에 생조를 받
으며, 孫(식상)을 극하고, 財(재성)에 극 받는다.

(2) 財(재성)에 생 받음에서-

세기가 왕할 때 관귀는 길하지만, 세기가 약할 때 관귀는 흉하다.

· 財(재성)은 官鬼(관귀)를 생하고, 孫(식상)에 생조를 받으며,
父(인성)을 극하고, 비겁(比劫)에 극을 받는다.

(3) 나(世)와 비겁(比劫)을 극함에서-

나(世)와 비겁(比劫)이 왕하다면 큰 탈이 없으며, 세왕에서는 도리어 관
귀는 길하게 작용한다. 그러나 나(世)와 비겁(比劫)이 약하다면 관귀의 작
용은 흉함이다.

· 나(世)와 비겁(比劫)은 孫(식상)을 생하고, 父(인성)에 생조를 받으며,
財(재성)을 극하고, 官鬼(관귀)에 극을 받는다.

⑷ 孫(식상)에 극 받음에서–

官鬼(관귀)가 약할 땐 관록, 직장, 명예, 여명은 본남편(官)이나 재혼남/애인(鬼) 등은 대흉하고, 왕할 때도 흉하다.

· 孫(식상)은 財(재성)을 생하고, 나(世)와 비겁(比劫)에 생조를 받으며,
  官鬼(관귀)을 극하고, 父(인성)에 극을 받는다.

· 財(재성)은 官鬼(관귀)를 생해주는 육신으로,
  음양이 다른 것은 정재(財)가 되고,
  음양이 같은 것은 편재(財)가 된다.
- 정재에 비해 편재는 까칠하고 품이 낮다.

- 정재과 편재 이를 통칭 財(재성)라 부르는데 -
· 財(정재)는-재물, 남명은 본처 등을 말함에서
  이를 통해 財의 길흉과 나와 財와의 길흉 관계를 알 수 있음이다.

· 財(편재)는-투기투자의 재물(부정한 재물), 남명은 재혼녀/애인 등을
  말함에서 이를 통해 財(편재)의 길흉과 나와 財(편재)와의 길흉 관계
  를 알 수 있음이다.

· 재(財)는 父(인성)를 극하기에 부모, 문서, 공부, 시험, 자격증 등에는
  불리함이다.
  특히, 父(인성)가 약할 때 재(財)가 왕하다면 父(인성)은 대흉하다.
  인성을 극하는 재성이 정재이면 정재로 인한 흉함이 되고,

인성을 극하는 재성이 편재이면 편재로 인한 흉함이 된다.

삼합이 재성이 된다면 세가 왕할 땐 재성이 길함에서 재물이 풍족하고, 재성이 길함이 된다. 그것이 정재이면 본처의 덕이 있고, 편재이면 재혼녀나 애인의 덕이 뒤따른다.

세가 약할 땐 재성이 흉함에서 재물은 흉신이 되고, 가난하면 장수하나 부자이면 명이 짧다. 또한, 정재와 편재는 흉신이라, 이로 인해 화액이 뒤따른다.

:: 財(재성)는

① 官鬼(관귀)를 생하여 도와주고, ② 孫(식상)의 생을 받고,
③ 父(인성)을 극하며, ④ 비겁(比劫)의 극을 받는다.

(1) 官鬼(관귀)를 생함에서-

관귀를 생함에서 세왕에선 관록, 직장, 취직, 명예, 진급, 여명은(관은 본남편, 귀는 재혼남이나 애인) 복이 있음이다. 그러나 세약에선 반대의 작용이 된다.

· 官鬼(관귀)는 父(인성)을 생하고, 財(재성)에 생조를 받으며,

세(世)와 비겁(比劫)을 극하고, 孫(식상)에 극 받는다.

(2) 孫(식상)에 생 받음에서-

세기가 왕할 때 財(재성)은 길함에서 재물과 처덕, 애인 덕이 있음이다.

반면 세가 약할 때 재성은 흉함이니, 재물과 처덕, 애인 덕은 화액이 된다.

· 孫(식상)은 財(재성)을 생하고, 세(世)와 비겁(比劫)에 생조를 받으며, 官鬼(관귀)을 극하고, 父(인성)에 극을 받는다.

(3) 父(인성)를 극함에서-

부모, 문서, 이사, 시험, 공부, 자격증, 진학 등에는 흉함이라 이는 흉연이 된다.

· 父(인성)은 나(世)와 비겁(比劫)을 생하고, 官鬼(관귀)에 생조를 받으며,

孫(식상)을 극하고, 財(재성)에 극을 받는다.

(4) 비겁(比劫)에 극 받음에서-

재성은 재물과 남명에겐 여자가 되기에 재성이 비겁에 극을 받으면 재물손실, 사업부도, 부인(애인)과 이별이나 화액, 매매 불성립 등이 된다. 또한, 官鬼(관귀)가 약할 땐 재성의 극 받음은 곧 관록, 직장, 명예, 여명은 본 남편(官)이나 재혼남/애인(鬼) 등은 흉함도 된다.

· 비겁(比劫)은 孫(식상)을 생하고, 父(인성)에 생조를 받으며,

財(재성)을 극하고, 官鬼(관귀)에 극을 받는다.

· 孫(식상)은 財(재성)를 생해주는 육신으로,

음양이 다른 것은 상관(孫)이 되고,

음양이 같은 것은 식신(孫)이 된다.

- 식신에 비해 상관은 거칠고 덧쌔다.

- 식신과 상관, 이를 통칭 孫(식상)이라 부르는데-

· 孫(식신)은-딸, 소유물, 귀중품 등을 말함에서
  이를 통해 孫(식신)의 길흉과 나와 孫(식신)과의 길흉 관계를 알 수
  있음이다.

· 孫(상관)은-아들, 소유물, 귀중품 등을 말함에서
  이를 통해 孫(상관)의 길흉과 나와 孫(상관)과의 길흉 관계를 알 수
  있음이다.

· 孫(식상)은 官鬼(관귀)을 극하기에 관운, 직장, 명예, 취직, 승진, 여명
  은 본남편(재혼남)이나 애인 등에는 불리함이다.
  특히, 官鬼(관귀)가 약할 때 孫(식상)이 왕하다면 官鬼(관귀)는 대흉
  하다.
  관귀를 극하는 식상이 식신이면 식신으로 인한 흉함이 되고,
  관귀를 극하는 식상이 상관이면 상관으로 인한 흉함이 된다.

· 삼합이 식상이 된다면 세가 왕할 땐, 식상이 길함에서 재물이 풍족
  하고 식상이 길함이 된다. 그것이 식신이면 처(딸)가 덕(특히 장모의
  사랑)이 있고, 상관이면 처(아들)가 덕(특히 장인어른의 사랑)이 뒤따
  른다.
· 세가 약할 땐, 식상은 흉함에서 처가(식상) 덕은 없으며 근심을 유발
  하는 흉신이 된다.

:: 孫(식상)은

① 財(재성)을 생하여 도와주고, ② 나(世)와 비겁(比劫)의 생을 받고,
③ 官鬼(관귀)를 극하며, ④ 인성(父)에 극을 받는다.

(1) 財(재성)를 생함에서-

식상은 재성을 생함에서 세왕에선 재물이 길함이며, 나아가 관직이나
직장에도 길함이다. 그러나 세약에선 재물과 남명에겐 처와 여자는 흉신
이 된다.

  · 財(재성)는 官鬼(관귀)를 생하고, 孫(식상)에 생조를 받으며,
   인성(父)을 극하고, 비겁(比劫)에 극 받는다.

(2) 나(世)와 비겁(比劫)에 생 받음에서-

세기가 왕할 때 孫(식상)은 길함에서 재물과 사업은 길함이다.
반면, 세기가 약할 때 孫(식상)은 흉함이니, 매사 힘들어 힘겨운 삶을 이
어간다.

  · 세(世)와 비겁(比劫)은 孫(식상)을 생하고, 父(인성)에 생조를 받으며,
   財(재성)을 극하고, 官鬼(관귀)에 극을 받는다.

(3) 官鬼(관귀)를 극함에서-

일반적으로 관록, 일반직장은 인연이 없다.
그러나 세왕에서 귀를 충극하면 치귀자의 명국이라 의사, 약사, 변호
사, 신약개발, 운동감독 등에는 길함에서 탁월한 두각을 드러낸다.

여명에선, 남편과 재혼남, 애인과는 인연이 없어 이사별이나 독수공방을 면할 수 없다(가정궁인 세궁이 길하고 관귀을 생하는 재성이 삼합이나 관귀를 생한다면 남자는 길).

· 官鬼(관귀)은 父(인성)을 생하고, 財(재성)에 생조를 받으며,

  세(世)와 비겁(比劫)을 극하고, 孫(식상)에 극을 받는다.

(4) 인성(父)에 극 받음에서-

孫(식상)은 흉한 것에서 자녀, 소유물, 재물, 건강 등이 흉함이다.

이때 재성이 약하거나 흉하다면 재물, 남명은 정부인, 재혼녀, 애인 또한 흉함이 된다.

· 父(인성)은 孫(식상)을 생하고, 官鬼(관귀)에 생조를 받으며,

  孫(식상)을 극하고, 財(재성)에 극을 받는다.

남명에서 식상은 처갓집이 되기에

· 식상이 흉하면 처가가 없거나 인연이 없다.

  만약 나에게 흉신이면 처가로 인한 피해나 화액이 있음이다. 또는 식상에 망신살, 겁살 등 흉신이 좌해도 이와 같다.

· 상관은-장인, 식신은-장모

  : 상관과 식신의 작용과 망신살, 겁살 등의 좌함에 따라 장인이나 장모와의 성질과 성향 등 길흉을 알 수 있다.

* 처가의 길흉에 있어 45세 전과 46세 이후가 다를 수도 있음이니,
  이는 45세 전은 길함에서 사이가 좋고 도움을 받지만, 46세 이후
  는 흉한 작용이라면 사이가 나빠지고 피해를 본다.

여명에게 재성은 시댁이 되기에

· 재성이 흉하면 시댁이 없거나 인연이 없다.

  만약, 나에게 흉신이면 시댁으로 인한 피해나 화액이 있음이다. 또는
  재성에 망신살, 겁살 등 흉신이 좌함에 따라 시아버지 또는 시어머니
  의 성질과 성향 등 길흉을 알 수 있다(세약에 재성에 왕하면 감당하
  기 힘겨운 시댁이 된다).

· 정재는-시아버지, 편재는-시어머니

  : 정재와 편재의 작용과 망신살, 겁살 등의 좌함에 따라 시아버지나
  시어머니의 성질과 성향 등 길흉을 알 수 있다.

* 시댁의 길흉에 있어 45세 전과 46세 이후가 다를 수도 있음이니,
  이는 45세 전은 길함에서 사이가 좋고 도움을 받지만, 46세 이후
  는 흉한 작용이라면 사이가 나빠지고 피해를 본다.

🔍 육친(六親)

부모·형제·처자를 각각 나누면-

▶부친은– 작용력: 년간(年干) 70% 정인(父)은 30%

〈년간(年干)과 정인(父)을 말함에서 길하게 작용하면

부친 덕이 있고, 흉하게 작용하면 부친 덕이 없다.〉

나아가 부친은 건궁(乾宮)이니, 년간과 정인, 건궁도 괘문성장과 더불어 살펴 부친의 길흉을 판단하며, 이를 통해 부친의 수명, 부귀빈천 등 다양한 성향과 기질을 살필 수 있으며, 대운과 신수에서도 이를 통해 길흉을 내다볼 수 있다.

▶모친은– 작용력: 년지(年支) 70% 편인(父)은 30%

〈년지(年支)와 편인(父)을 말함에서 길하게 작용하면

모친 덕이 있고, 흉하게 작용하면 모친 덕이 없다.〉

나아가 모친은 곤궁(坤宮)이니, 년지와 편인, 곤궁도 괘문성장과 더불어 살펴 모친의 길흉을 판단하며, 이를 통해 모친의 수명, 부귀빈천 등 다양한 성향과 기질을 살필 수 있으며, 대운과 신수에서도 이를 통해 길흉을 내다볼 수 있다.

– 부모에 있어 부친이나 모친이 왕하면 그 부모의 재물과 장수가 되고, 쇠하거나 살성의 충극을 받거나 흉하면 그 부모는 단명/가난 아니면 질병이나 불구자가 된다.

▶형제는 – 작용력: 월지(月支)·월간(月干)은 70%, 비겁(兄)은 30%

〈월지(月支)는 – 아래 동생, 월간(月干) – 손위 형제,

비견(比肩)은 동성인 형제. 겁재(劫財)는 비동성의 형제를 말한다.〉

월지(月支)와 월간(月干), 비견(比肩)/겁재(劫財)를 말함에서 길하게 작용하면 형제 덕이 있고, 흉하게 작용하면 형제 덕이 없다.

아울러 형제궁의 괘문성장과 살성으로 형제의 성향과 기질을 판단한다.

· 본인이 맏이면: 월간은 바로 아래 동생이 되고, 월지는 월간보다 아래 동생이 된다.

· 본인이 둘째이면: 월간은 손위 형제가 되고, 월지는 아래 동생이 된다.

· 본인이 막내이면: 월간은 맏이가 되고, 월지는 둘째가 된다.

· 겁재(劫財)는 주변 친구나 지인들을 말함에서 길하게 작용하면 이롭고, 흉하게 작용하면 나에게 피해를 준다.

· 겁재(劫財)가 왕하거나 길하게 보이면 친구나 지인들의 능력이 좋으며, 반대로 약하거나 흉하게 보이면 친구나 지인들은 큰 성취의 인생은 불가하고, 단절이나 장애로 친한 이가 없다.

▶배우자 –

〈남명은 – 재성(財)이 부인이고, 여자이다.〉

〈여명은 – 관귀(官鬼)가 남편이고, 남자이다.〉

남명에 있어-

· 정재(正財)는 정처(본처)가 되고,

· 편재(偏財)는 재처나 애인이 된다.

: 정재(正財)가 길하면 처덕이 있고 정처와 해로하게 되지만,

홍하면 처덕이 없거나 부인이 없다(떨어져 살면 면할 수 있음).

: 편재(偏財)가 길하면 재처나 애인 복이 있고 길연으로 함께하지만,

홍하면 덕이 없으며 이로 인해 화액이 뒤따른다.

여명에 있어-

· 관(官)는 정관으로 본남편이 되고,

· 귀(鬼)는 편관으로 재혼남이나 애인이 된다.

: 관(官)이 길하면 본남편의 복이 있고, 본남편과 해로하게 되지만,

홍하면 남편 복이 없거나 남편이 없다(떨어져 살면 면할 수 있음).

: 귀(鬼)가 길하면 재혼남이나 애인 복이 있고, 길연으로 함께하지만,

홍하면 재혼남의 덕이 없으며 이로 인해 화액이 뒤따른다.

▶ **자녀- 작용력: 시지**(時支)·**시간**(時干)은 70%, **식상**(孫)은 30%

〈시지(時支)는-아래 자녀, 시간(時干)-맏 자녀,

孫(食神)은 딸, 孫(傷官)은 아들을 말한다.〉

시지(時支), 시간(時干), 孫(食神), 孫(傷官)을 말함에서 길하게 작용하면

자녀 덕이 있고, 흉하게 작용하면 자녀 덕이 없다.

아울러 자녀궁의 괘문성장과 살성으로 자녀의 성향과 기질을 판단한다.

– 육친의 길흉 판단은 원명국, 대운, 신수, 월운, 일진에서도 공히 앞선 길흉을 대입하여 살피면 된다.

앞선 예문의 1972년생과 1982년생으로 육신을 나열해 보자.

1971년 음력 5월 3일 미시로/ 辛亥년 癸巳월 辛亥일 乙未시에서,

世는 태어난 날이기에 亥일이 世가 되고, 世궁은 낙서구궁의 정위도에서의 戌亥궁에 해당하는 乾궁이 된다.

이어서 世를 중심으로 육신을 정해보면,

七孫상관 六父편인	二孫식신 一父정인	九官정관 四鬼편관
八兄비견 五財정재	一父정인 二孫식신	四鬼편관 九官정관
三兄겁재 十財편재	十財편재 三兄겁재	五財정재 八世

1982년 음력 5월 3일 巳시로/ 壬戌년 丙午월 丁丑일 乙巳시에서,

世는 태어난 날이기에 丑일이 世가 되고, 世궁은 낙서구궁의 정위도에서의 丑寅궁에 해당하는 艮궁이 된다.

이어서 世를 중심으로 육신을 정해 보면,

五官정관 二財편재	十鬼편관 七財정재	七財정재 十鬼편관
六兄비견 一兄겁재	九父정인 八孫식신	二財편재 五官정관
一兄겁재 六世	八孫식신 九父정인	三孫상관 四父편인

제5장
심합, 육합, 반합

▶삼합(三合)은-세 개의 지지(地支)가 합하여 중간오행이 되는 것.

인오술 합화	사유축 합금	신자진 합수	해묘미 합목
寅午戌 合火	巳酉丑 合金	申子辰 合水	亥卯未 合木
三七午 合火	二四十 合金	九一五合水	六八十合木

六八十은 亥와 卯와 未로, 이 셋이 모이면 중간의 木氣가 된다는 것이다.
三七五는 寅과 午와 戌로, 이 셋이 모이면 중간의 火氣가 된다는 것이다.
二四十은 巳와 酉와 丑으로, 이 셋이 모이면 중간의 金氣가 된다는 것이다.
九一五는 申과 子와 辰으로, 이 셋이 모이면 중간의 水氣가 된다는 것이다.

- 삼합은 중궁의 삼합이 우선이며, 중궁의 삼합 다음은 변궁의 삼합을 본다.
삼합이 길신이면 길하지만, 흉신이면 흉하다.

삼합은 인성(父)이 대길한데, 인성(父)은 世弱에서는 물론, 世旺에서도
대길하다. 그러나 삼합이 財局(재국), 官局(관국) 또는 鬼局(귀국), 孫局(손

국)을 이루면 세왕(世旺)에서는 그 육친이 吉하지만, 세약(世弱)에서는 그 육친으로 고통을 당한다.

인성(父)의 삼합에서 삼합이 없고, 이합(二合)인 상태에서의 일합(一合)이 오면 삼합(三合)이 되는데, 일합이 오는 대운이 길한 것이 아니라 일합을 직업으로 택해야 좋다는 것으로, 일생 그 어떤 일보다 직업으로 用해야 하는 것이다.

원명국에서 父가 삼합으로 길신이 되면 반드시 부모로부터 유산을 받거나 서적을 포함한 문서로 도움이 있고, 선생이나 교사/교수/설교/설법으로 나가면 길하다. 특히 설교/설법은 水用이면 좋다. /원명국에서 兄이 삼합으로 길신이 되면 반드시 인덕이 있어 주변 사람으로부터 도움을 받는다.

반대로, 세약에서 재, 관귀, 손의 삼합이 불성인 상태에서 일합을 용한다면 그 일합은 나에게 독이 되는 기신(忌神)이나 구신(仇神)이 되기에 그 육친을 가까이하지 말아야 한다.

財이면 남녀 공히 돈과 재물로 흉액을 맞이하고, 남자는 여자와 돈으로 패가망신을 당한다.

官鬼이면 남녀 공히 직장으로 고통과 오명을 얻으며, 여자는 남자로 인해 괴로움을 겪는다.

孫이면 남녀 공히 자녀를 낳고부터 삶의 곤궁이나 힘겨움이 된다.

동(動)하지 않는 것에서의 일합은 숙명적으로 정해진 것이 아니기에 用으로 쓸 수도 있고, 안 쓸 수도 있기에 지혜가 필요한 것이다

- 삼합은 중궁의 삼합이 우선이며, 차후 변궁의 삼합을 본다.
  : 삼합이 길신이면 대길하지만, 흉신이면 대흉하다.

따라서 삼합을 이루는 육신이 길신이면 그 육신을 취함은 길함이지만, 흉신이면 그 육신을 취함은 흉함이 된다. 이것은 진용(眞用)이 된다.

하지만 삼합에는 성립과 미작용이 있으며, 이를 통한 육신(육친)과의 이해와 길흉화복 등은 2편의 다양한 예문을 통해 폭넓게 해단의 묘미를 가름하게 하였다.

▶ 육합(六合:支合)은– 두 개의 지지(地支)가 합하여 오행이 되는 것.

子丑 合土	寅亥 合木	卯戌 合火	辰酉 合金	巳申 合水	午未 合火
一十 合土	三六 合木	八五 合火	五四 合金	二九 合水	七十 合火

지합(支合)

一 十은 子와 丑의 습(合)으로, 이 둘이 만나면– 土(토)가 된다.
三 六은 寅과 亥의 습(合)으로, 이 둘이 만나면– 木(목)이 된다.
八 五은 卯와 戌의 습(合)으로, 이 둘이 만나면– 火(화)가 된다.
二 九은 巳와 申의 습(合)으로, 이 둘이 만나면– 水(수)가 된다.

七 十은 午와 未의 合(합)으로, 이 둘이 만나면- 火(화)가 된다.

四 五는 酉와 辰의 合(합)으로, 이 둘이 만나면- 金(금)이 된다.

- 이상의 지합(支合)은 타궁의 육친과 만나 지합으로 생성된 오행으로의 육친과 그 육친의 살성으로 해석의 묘미를 살릴 수 있다.

일반적으로 원명국에서 세궁의 천지반이 지합이 되면 사람들과 원만하게 지내며, 부부간에도 정이 두텁다고 본다. 하지만 이는 어디까지나 단식법이며, 구궁의 동처를 두루 한 생극을 보고 판단해야 한다.

원명국에서 세(世)가 년지나 중궁과 합이 되면 길하게 볼 수 있음인데, 신수에서 세(世)가 년지나 중궁과 합이 되면 미혼자는 결혼할 수 있고, 사업가는 동업이나 합자(合資)할 일이 생길 수 있음이다.

- 명국에서 합된 오행이 길신이 되면 길하지만, 흉신이 되면 흉함이다.-

: 육합이 길신이면 대길하지만, 흉신이면 대흉하다.

특히 육합을 이루는 육신이 길신이면 그 육신을 취함은 길함이지만, 흉신이면 그 육신을 취함은 흉함이 된다.

: 육합한 홍국수가 삼합이면 육합은 곧, 그 삼합의 종결수를 합한 것이 된다.

: 육합에서 합된 육신은 인연 성립이 된다.

▶반합(半合)은 세 개의 지지(地支)에서 첫째와 둘째 합으로 오행.

寅午 合火	巳酉 合金	申子 合水	亥卯 合木
三七 合火	二四 合金	九一 合水	六八 合木

: 반합은 삼합의 첫째와 두 번째 지지가 동한 것에서 삼합에 준하는 작용을 한다. 이 반합이 길신이며 길하지만, 흉신이면 흉하게 작용한다.

제6장

양살성(殺星)과
형(刑) 충(沖) 파(破) 해(害)

🔍 삼형살(三刑殺)- 寅巳申: 인사신(三二九)

※ 삼형살(三二九)에서 九金은 六水가 있어도 六水를 생하지 않으며, 三木寅을 충극한다.

: 삼형살은- 교통사고, 관재구설, 사고, 수술(身厄) 등의 흉살로 흉액을 일으키는데, 주로 삼목에 해당하는 육신이 흉액을 당한다.

三 二 九 삼형살은 세가 약한 원명국에서는 독이 되어 해를 당하지만, 세가 왕하거나 격이 좋은 명국은 도리어 살생지권을 잡기에 권력과 권세를 말함에서 정치나 관운, 조직이나 단체의 장을 잡거나 큰 재물을 이룬다. 그리고 원명국과 대운, 신수에서 삼형살이 올 때 三에 해당하는 육친은 대흉하기에 그 육친에 해당하는 육친이 재물이나 신액을 당한다.

三 二 九 삼형살에서 三木이 파(破)되는 것은 三은 木이며, 二는 火이며, 九는 金이기에 열 받아 노여운 金氣가 木氣를 충극(沖剋) 하는 것과 같다.

그러나 三木이 도리어 튼실하면 도리어 삼목의 육친이 성취하게 된다는 것을 잊지 말아야 한다(튼실한 삼목의 육친이 인성(父)으로 왕한 世를 生한다면 길하며, 이러한 것에서 世를 동반한 삼형이라면 그 신수는 도리어 길(吉)하다).

삼형은 이미 성사된 것에서의 흉은 적지만, 어느 한두 개의 삼형이 오므로 완전한 삼형이 이루어질 때 그 육친의 흉함은 대액이다(그 三木의 육친이 쇠약한 상태에서는 매우 흉하지만 왕하다면 미미하게 넘어갈 수 있음).

신수에서 년지, 월지, 중궁, 세가 다 같이 삼형살로 되어 있다면 사고나 송사, 수술 등으로 곤욕을 치르게 된다. 그러나 세가 왕성하거나 득기한 일간이 인성으로 세생하면 도리어 길함도 있음이니 잘 살펴야 한다.

Q 삼살(三殺) - 칠오구(七五九): 午(辰戌)申

※ 삼살(七五九)에서 九金은 六水가 있으면 비록 三木이 있어도 삼목을 충극하지 않고 육수를 먼저 생한다. 그러나 예외가 있으니 이것이 '운곡기문 학설'만의 또 다른 운명해단 묘수다.

삼살성(三殺星)은

이 칠오구(七五九) 삼살은 기문학에서는 매우 중요한 살성으로, 삼형살(三二九)과 같이 중요한 살성이 되기에 잘 이해하고 있어야 하며, 삼형살(三二九)과 삼살(七五九)은 격이 나쁘면 살성으로 흉하지만, 격이 좋으면 길성으로 재물과 권세, 권속을 거느린다.

三二九 삼형살은 六水가 있어도 三木을 충극하지만, 七五九 삼살은 三

木이 있고 六水가 있다면 탐생망극으로 三木을 剋하는 것보다 生을 우선으로 하기에 六水를 생한다. 고로, 六水의 해당하는 육친은 왕하여 좋게 하는 것이다.

그러나 六水가 없고 三木만 있다면 당연 三木을 충극하기에 三木에 해당하는 육친은 흉하다. 또한, 三木도 六水도 없다면 삼살 자체가 살성이기에 이 대운과 신수, 달에서는 재물, 직장, 건강, 신액 등으로 흉할 것이다.

이 또한 신수가 왕성한 가운데 길격에서의 삼살은 도리어 독이 약으로 화하여 좋을 수도 있음을 잊지 말아야 하고, 대운에서는 대운의 나이에 길문, 길괘가 있다면 흉(凶) 가운데 길(吉)이 있으며, 원명국에서도 격이 좋다면 삼살은 재물과 관운에 약이 되기도 한다.

- 신수에서 世, 中宮, 年支에 七七(형옥성), 九九(태백성)이 있다면 큰 흉함인데, 해당 육친도 흉하다.
- 七五九 삼살 또는 면살 七五九가 년지, 중궁, 世궁에 왕기를 가지고 복합적으로 있으면서 世가 화해나 절명을 가지고 있으면 자살하거나 사고나 수술, 화재, 사기 등의 흉한 일이 일어난다.
- 世宮이 雙五, 雙七, 雙九이면서 年支나 世가 死絶을 만나면 신액(身厄)이 있다. 이때 년지의 鬼가 겸왕이나 거왕하면 죽을 수도 있음이다.
- 년지 財가 중궁의 鬼를 生할 때와 년지의 鬼를 중궁 財가 生할 때, 世 약이면 화액(禍厄)이 생긴다.

삼살의 8가지 유형의 작용

· 七五九삼살이 성립되어 있는 가운데-

1, 2, 3, 4, 5, 6-의 여섯 가지 유형에서의 작용과~

· 七五九삼살이 성립되어 올시-

1, 2, 3-의 세 가지 유형의 작용은~

삼살이 드러날시 운명해단의 흐름을 바뀌게 하는 것에서 절대적 기

준점이 되기에 매우 중요한 삼살의 핵심이 된다(2편에 언급됨).

🔍 천강살, 형옥살, 태백살

▶천강살(天罡殺) - 辰戌: 진술

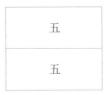

※ 천강살은 천지반에 五五를 이룰 때를 말하는데,

일반적으로 이 육친의 질병이나 흉액을 말하며, 가난이나 힘겨운 시기

가 된다.

그러나 격이 길하면 살성을 누리는 의사나 형 집행자도 됨이다.

천강살(天罡殺)은

천반과 지반이 각각 五五로 천지반에 동궁한 것을 말하는데, 이는 천반과 지반이 진술(辰戌)로 충이 되기 때문이다. 천강살의 육친은 일반적으로 질병이 있다고 보지만(五-하나만 있어도 그 육친은 병과 관련 있음에서 대운에서도 들어오면 질병 등 신액발생의 시기가 된다),

그 육친이 병든 것과 같다 하여 피어나지 못함을 말하기에 불-성취, 나약, 빈곤, 곤궁으로 본다. 단, 격이 좋다면 큰 문제가 안 되며 그 육친은 질병을 다스리는 일을 하기도 한다.

▶ 형옥살(熒惑殺)- 午午: 오오

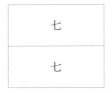

※ 형옥살은 천지반 午午를 이룰 때를 말하는데,

일반적으로 이 육친은 구설수를 말하며, 길신으로 움직여도 말썽 있는 가운데 길하게 움직임을 말하고, 마음 조이며 되는 것을 말한다.

그러나 길격에는 난잡하고 복잡한 가운데 성취로 나아간다.

형혹성(熒惑星)은

천반과 지반이 각각 七七로 천지반에 동궁한 것을 말하는데, 이는 천반과 지반이 오오(午午)로 자형살이 된다. 이살은 주로 구설수와 시끄러움, 난잡함을 말하지만, 좋은 것에 미혹되고 정신의 뺏김을 본다.

▶ 태백살(太白殺)- 申申: 신신

※ 태백살은 가장 잔인한 살성으로 끝장을 보려는 성질로 자신이 하고자 하는 일은 해야 하는 기질을 가지고 있으며, 남한데 드러내려는 성향이 강하다.

따라서 시원한 성격이나 실패와 좌절이 뒤따름에서 여명은 집안에 살림만 하기는 어려운 강성을 가지고 있으며, 집에 붙어있지 않고 잘 나돌아 다닌다.

· 운에서는 힘겨워하거나 위험한 일에 노출되기 쉽고, 사고나 시비에 말리기 쉽다.

태백성(太白星)- 천반과 지반이 각각 九九로 천지반에 동궁한 것을 말하는데, 이는 천반과 지반이 구구(申申)로 양성의 金끼리 부딪치는 것이 된다. 이 살은 주로 살기, 살성, 피를 본다는 살성으로 사고, 수술, 도난, 감금, 파산, 곤궁, 산란, 풍파를 일으키는 살성으로 그 육친에 흉한다. 격이 좋다면 큰 권세를 잡거나 재산을 모은다.

삼살성은 천강살(天罡殺), 형혹성(熒惑星), 태백성(太白星)에서 하나의 단살이 더한 것으로 칠오구(七五九)가 모인 것을 말한다.

Q. 원진살, 화금상전, 망신살

▶ 원진살(怨嗔殺) −

子未 자미	丑午 축오	寅酉 인유	卯申 묘신	辰亥 진해	巳戌 사술
一十	十七	三四	八九	五六	二五

※ 서로 간 미움이 일어나는 살로 대립을 보이는 관계가 된다. 그러나 생원진은 도움을 주지만 오래가지 못하고, 지속되지 못함이 된다(생원진: 축오, 사술).

원진살(怨嗔殺)은

一十, 十七, 三四, 八九, 五六, 二五를 말하는데, 주로 천지반에서 작용하는데 극받는 육친의 흉함이 크다.

一十은 쥐는 양의 배설물로 인해 털이 손상되어 양을 미워한다.

十七은 소는 말의 날쌤에 말을 싫어한다.

三四는 범은 새벽닭의 울음소리에 마을을 나와야 하기에 닭을 싫어한다.

八九는 토끼는 원숭이의 궁둥이가 자신의 눈 색깔과 같은 것에서 싫어한다.

五六은 용은 자신의 코를 닮은 돼지를 싫어한다.

二五는 뱀은 개의 쇳소리를 싫어한다.

일반적으로 원명국에서의 구궁에 4~5개가 원진살이 있으면 상충국(相沖局)과 마찬가지로 원진국이 되는데, 일생이 파란곡절을 많이 겪으며 인생성취에 어려움이 많이 따른다.

그러나 삼합이 인성이 되거나 世가 삼합으로 世의 오행이 된다면 성취하는 人生이 된다. 신수국이 원진국이나 상충국이 되어도 년지와 세가 동궁(同宮)으로 길문, 길괘를 갖추고 있는 등 격이 좋으면 큰 문제는 되지 않는다(실제 해단 동영상에 많은 예문 있음).

▶ 화금상전(火金相戰)-

巳申 사신	巳酉 사유	午申 오신	午酉 오유
二九	二四	七九	七四

※ 화금상전은 서로 간, 흉함에서 이의 육친·육신도 흉함인데, 특히 극받는 금기가 흉함이라, 그 육친·육신이 약하다면 대흉하다.

화금상전은 二四, 二九, 七四, 七九를 말하는데, 火氣와 金氣가 서로 싸우는 것으로 불이 쇠를 녹이려 하는 것으로, 이는 찬 기운과 더운 기운의 대립으로 오행 중 가장 단단한 쇠 기운은 녹지 않으려고 버티는 것으로, 이러한 오행에 해당하는 육친은 다 흉하다.

화금상전은 충보다 더 강성한 것으로 보는데, 당하는 금기의 육친이 더 흉하다. 원명국과 대운, 신수, 각 달에서 천지반과 서로의 마주하는 궁에서 부딪치면 그 육친에 해당하는 것들은 매우 곤욕스럽기에 재물이나 이별 또는 몸이 상한다(흉함의 순서는 七九가 제일 강하며 다음으로 二九, 七四, 二四의 그 가운데 七九상전이 제일 해롭다).

원명국에서 가정을 뜻하는 세궁과 배우자를 뜻하는 남자는 재성, 여자는 관귀의 각각의 천지반이 다 화금상전이면 부부는 해로할 수 없어 생사별을 면치 못하거나 독신으로 살아야 한다.

단, 배우자의 육친이 삼합이 되어 있어 가정인 세가 되거나 세를 생한다면 도리어 배우자 복이 생전에는 있다. 또는 세왕에 배우자의 육친이 삼합으로 배우자의 육친이 되어 왕성하면 배우자 복이 없지 않으며, 중궁에 배우자를 생하는 원신인 여명은 쌍재, 남명은 쌍손이 일간과 동궁되어 있다면 살 수 있다. 이는 원진, 충극, 화금상전이 동일하다.

– 중궁의 천지반의 홍국수에는 암장된 홍국수가 있음이니, 이도 동일하게 투출되어 있음으로 판단하여 원명국과 신수에서 해석을 해야 한다.

병경살(丙庚殺)

　병경살에서 丙은 陽火이며 庚은 陽金으로 火金相戰과(화금상전) 같기에 이 둘이 천지반에 있다면 이와 동궁한 육친은 흉하다(丙: 천반/庚: 지반-보다 庚: 천반/丙: 지반이 더 흉성). 그리고 연국의 천지반과 홍연수의 천지반끼리 각각 지반과 지반, 천반과 천반끼리의 화금상전으로 만나도 흉한데 극-받는 쪽이 흉하다.

▶ 망신살(亡身煞)/망궁(亡宮) - 망궁은 망신궁 본자리를 말함에서 의미는 망신살과 다르지 않다.

　· 년지와 일지를 기준으로 삼합에서 그 삼합의 중간자 바로 앞 자의 12지지가 된다.

寅(巳)午戌 인(사)오술	巳(申)酉丑 사(신)유축
三(二)七五	二(九)四十
申(亥)子辰 신자진	亥(寅)卯未 해묘미
九(六)一五	六(三)八十

　※ 망신살은 망신을 당하는 것이니, 망신살이 좌한 육친과 육신이 그러한 망신스러움이 된다.

망신살(亡身煞)은

어느 시기에 일어나는 내재한 것으로의 흉살이기에 년지(年支)와 일지
(日支)를 근간으로 원명국과 대운, 신수와 각 달에서 작용하는데, 겁살보
다 더 파급적으로 작용한다.

망신살의 작용은 원명국의 육친과 대운, 신수와 각 달로 육친과 더불
어 보는데, 중심은 중궁에 있을 때가 파급이 제일 크고 다음은 세궁이며,
각 육친을 본다. 망신살에 해당하는 육신은 흉한데, 예로, 문서가 망신살
이면 학생은 시험을 망치게 되는데 대운이면 삼사수까지도 하게 된다.

원명국에서 망신살이 중궁에 있다면 격이 특별히 좋지 않은 이상 가난
을 면치 못하는데 단명이 될 수 있다. 世궁에 있다면 그 가정이 망신살이
라 파탄이 나거나 없는 것과 같은데, 각 육친도 그렇게 보면 되는데, 육친
이 배우자이면 그 배우자가 망신살로 덕이 없고, 재이면 돈에 망신살이
일어나는 것을 말하는데, 각 육친을 보아 그 육친으로 망신됨을 겪는다.
그리고 대운에 있다면 그 대운에 그렇고 신수이면 각 달이나 그 육친으
로 또는 그 육친으로 야기되어 장차 망신스러움을 당한다.

망신살은 주로 재물 파탄, 사기, 관재, 가정파탄, 신액 등으로 일어나며,
그 육친과 대운과 신수와 각 달에 응하는데, 특히 흉살이 역력하면 모든
것을 잃고, 하는 일은 수포로 돌아가 허망함을 겪는다(망신살은 홍국수와
더불어 구궁을 더불어 본다. 예로, 년지나 일지에서 망신살이 九라면 九가 있는 홍국
수가 망신살이 되지만, 九에 해당하는 곤궁도 망신궁이 된다).

- 원명국에서 망신살의 육친·육신은 재물이나 건강 등 힘겨운 삶에서 흉함인데, 대운, 신수에서도 망신살의 육친·육신, 방위는 흉함이 된다. 특히 망신살이 중첩되면 망신살의 흉함은 가중되기에 그 육신/육친도 가중된다. 단, 망신살의 중첩에 복덕과 청룡이 동시 동궁하면 흉함은 면하게 된다.

Q 겁살, 도화살, 역마살, 천마

▶ 겁살(劫煞)/겁궁(劫宮)- 겁궁은 겁살궁 본자리를 말함에서 의미는 겁살과 다르지 않다.
- 년지(年支)와 일지(日支)를 중심으로 한 삼합(三合)의 마지막 다음에 해당하는 지지(地支)를 말한다.

寅午戌(亥) 인오술(해)	巳酉丑(寅) 사유축(인)
三七五(六)	二四十(三)
申子辰(巳) 신자진(사)	亥卯未(申) 해묘미(신)
九一五(二)	六八十(九)

※ 겁살은 관재나 구설, 사고나 수술 등이 갑자기 일어나는 화액을 말하는데, 해당 육신·육친이 그러하다.

그러나 길한 것에서 겁살은 뜻하지 않게 '불현듯' 갑자기 좋은 일이 생긴다.

겁살(劫煞)은
三七五(寅午戌) 삼합에는 五(戌)-다음의 地支인 亥(六)를 말하고,
二四十(巳酉丑) 삼합에는 十(丑)-다음의 地支인 三(寅)을 말하고,
九一五(申子辰) 삼합에는 辰-다음의 地支인 二(巳)를 말하고,
六八十(亥卯未) 삼합에는 十(未)-다음의 地支인 九(申)을 말한다.

년지(年支) 또는 일지(日支)를 기준으로 천지반에 함께 붙이는데, 일반적으로 겁살(劫煞)은 사고, 수술 등 신액, 관재나 구설, 중도에 막힘이나 단절을 말한다. 하지만 길격이면 이를 집행하는 직업을 가지며, 근면, 부지런하다, 바쁘다고 볼 수 있고, 운세가 약하거나 흉할 때 겁살이 올 때 이익이나 명예를 탐한다면 생명까지 잃을 수 있다(겁살이나 삼살방은 출행이나 용사에 불리하다. 삼살방은 인오술년에는 북쪽, 사유축년에는 동쪽, 신자진년에는 남쪽, 해묘미년에는 서쪽이다).

대운에서의 겁살은 그 대운 안에 본인에게 일어나며, 한편 겁살의 육친에게 일어나기도 한다. 신수에서 겁살은 세약일 때 강하게 일어나며, 세가 왕성하면 가볍게 넘어간다. 대운이든, 신수이든 길할 때의 겁살은 우연히 또는 어느 순간 길함이 일어남을 말하며, 흉할 때는 반대로, 우연히 또는 어느 순간 흉함이 일어난다.

중겁살(重劫殺)은 홍국수만 아니라 궁까지 겁살이 되어 중첩되는 것을 말하기에 그 파워는 더 강렬하다. 쌍겁살에 중겁살은 더더욱 흉하기에 그 육친과 그달에 흉하며 대운이라면 그 대운 가운데 흉액이 갑자기 발생한다.

세겁(歲劫)은 일겁(日劫)보다 응기가 좀 더디고, 거리상도 집에서 다소 먼 거리가 되며, 일겁은 응기가 세겁보다 빠르고 거리상도 세겁보다 집 근교에서 일어난다.- 겁살이 있는 육친은 성질이 성급하고 몸에 흉터가 생긴다. 겁살도 도화살도 역마살도 쌍으로 있으면 그 강도는 더 크다.

겁살은 수겁(受劫)과 거겁(居劫), 관겁(官劫), 그리고 수겁과 거겁을 겸한 중겁(重劫)살이 있다.

수겁(受劫)은 삼합의 마지막 다음의 12지지로 인오술 삼합은 해로 홍국수 六이 수겁(受劫)이 된다.

거겁(居劫)은 인오술 삼합에서의 홍국수 六에 해당하는 구궁에서의 자리로 乾궁을 거겁(居劫)이라 한다.

관겁(官劫)은 수겁(受劫)의 대충방을 말한다. 수겁이 亥로 홍국수 六이 수겁(受劫)으로 진궁에 있다면 대칭방은 태궁으로 태궁이 관겁(官劫)이다.

중겁(重劫)은 수겁(受劫)과 거겁(居劫)이 중복된 것을 말한다. 중겁(重劫)은 그 정도가 더욱 깊어 불통과 좌절을 말한다.

▶ 도화살(도궁)- 도궁은 도화살궁 본자리를 말함에서 의미는 도화살과 다르지 않다.

· 년지와 일지를 기준으로 삼합에서 삼합의 첫 자 다음에 해당하는 12지지가 된다.

寅(卯)午戌 인(묘)오술	巳(午)酉丑 사(오)유축
三(八)七五	二(七)四十
申(酉)子辰 신(유)자진	亥(子)卯未 해(자)묘미
九(四)一五	六(一)八十

※ 도화살은 술이나 주색을 말함에서 그 육친이 그러하다.
또한, 미인이나 미남이 많고, 인기를 얻는 업종에 길하다.

도화살(桃花煞)은
년지(年支) 또는 일지(日支)를 기준으로 천지반에 함께 붙이는데, 도화살(桃花煞)은 한편, 기쁨과 경사를 말하기에 연애, 결혼, 출산, 공짜 돈, 장학금에 유리하다.

고로, 도화살(桃花煞)이 있거나 중중하면 원명국에서는 바람을 피우는 등 주색을 가까이하거나 미남, 미인이며, 방탕한 성품이 있어 이성의 유혹에 약하며, 유혹을 자초하기도 한다. 대운과 신수, 달에서는 이성이 생긴다.

술자리가 있다는 등으로 해석하는데, 해당 육친과 관계되는 경우도 있다.

도궁은 도화살(桃花煞)과 함께하는 육친과 깊은 연관이 있기에 그 육친이 그렇다는 것이고, 대운의 나이에 내가 그렇다는 것이며, 오행과도 관련이 있다.

오행과의 관련 예는 木에-도화살(桃花煞), 火에-도화살(桃花煞), 土에-도화살(桃花煞), 金에-도화살(桃花煞), 水에-도화살(桃花煞)이 있는데, 세왕에서의 도화살은 놀이적 즐김이 되지만, 세약에서의 도화살은 취향과 직업이 되기도 한다.

여기서는 세약에서의 도화살에 깃든 오행을 보자.

木에- 도화살(桃花煞)은 무희 옷, 속옷과 연애잡지와 관련된 쪽으로 인연이 있다.

火에- 도화살(桃花煞)은 영화, 마술, 연극 쪽으로 인연이 있다.

土에- 도화살(桃花煞)은 미용, 피부, 화장 쪽으로 인연이 있다.

金에- 도화살(桃花煞)은 도금, 조각, 예술 쪽으로 인연이 있다.

水에- 도화살(桃花煞)은 야간, 술, 연애, 목욕, 화장품 쪽으로 인연이 있다.

특히, 술을 무척 좋아해 밤늦게 술 마시며 다닌다.

※ 이러한 도화살에 깃든 오행은 오행과 오행의 육친을 꽃피운다는 것이기도 한 것이기에

인성(父)이면-

학문에 꽃을 피운다는 것이며, 공부를 잘한다는 것을 말하고, 글씨, 문학, 디자인, 설계 등에도 솜씨를 발휘함이 된다.

관귀(官鬼)이면-

관직, 명예(여자라면 남자, 연애에 꽃을 피운다는 것이며), 고관이 되거나 직위를 얻는다는 것을 말한다.

재성(財)이면-

돈과 재물에 꽃을 피운다는 것이며(남자라면 여자, 연애에 꽃을 피운다는 것이며), 돈을 잘 쓴다는 것을 말하고 재물을 쌓는다는 것을 말한다.

식상(孫)이면-

자녀와 직원, 부하, 가축, 농수산, 임업 등에서 꽃을 피운다는 것이며, 많은 권속을 거느리거나 후원자가 많음을 의미하기도 한다.

비겁(兄)이면-

친구, 동료, 형제가 많다는 것이며, 그들과 잘 어울림을 말한다.

(모든 육친은 왕성할수록 작용력은 강하며, 길격일 땐 작용력은 길하며, 흉할 땐 작용력은 흉하다.)

대운이나 신수에서 흉운이 강할 때 도화살에 겁살(쌍겁살은 더 강함)이 있으면 술, 유흥, 연애, 이성과 관련된 일들에서 곤란함이나 해로움이 있으며, 길운일 때는 성형수술하면 좋은 결과를 얻는다. 또는 술, 유흥, 연애, 이성과 관련된 일에서 좋은 결과를 맺는다. 이는 대운이나 신수에서 겁살이 도화를 生할 때도 이와 같이 길·흉함이 있다.

원명국에 도화가 년지, 세, 중궁, 일간에 있는 것은 작용력이 크다. 대운에서 온다면 연애, 결혼, 애정행각이 따른다. 신수에서 도화살, 육합, 욕지가 있는 12지지의 인연과 엮이게 되는데, 상대 이성이 강하면 그의 신수에 이러한 도화, 육합, 욕지와 관련된 인연과 엮이게 된다.

년지 또는 일지가 二四十(巳酉丑)일 때 七(午)이 도화살이다.
년지 또는 일지가 六八十(亥卯未)일 때 一(子)이 도화살이다.
년지 또는 일지가 九一五(申子辰)일 때 四(酉)가 도화살이다.
년지 또는 일지가 三七五(寅午戌)일 때 八(卯)가 도화살이다.

· 이성에 호감을 끌게 되고, 자신을 잘 치장하거나 꾸민다.
· 도화살이 중중하면 호색하여 음란한데, 주작이 좌하면 말로 이성을 말려들게 하는 현혹하는 재주가 있다.
· 화려하지만 외로움을 많이 타는 살이기도 하다.

한편, 성형수술에는 길함인데 만일, 도화살이 충극이나 도화살에 화해살이나 망신살 등이 있다면 성형수술의 달이나 택일에는 피해야 한다.

▶ 역마살(마궁)- 마궁은 역마살궁 본자리를 말함에서 의미는 역마살과 다르지 않다.

년지와 일지를 기준으로 삼합에서 삼합의 첫 자와 충하는 12지지가 된다.

寅午戌 인오술	巳酉丑 사유축	申子辰 신자진	亥卯未 해묘미
申	亥	寅	巳
三七五	二四十	九一五	六八十
九	六	三	二

※ 역마살은 이사, 이동, 여행, 변동, 분주함, 활동적-을 말함에서 일마는 거처에서 가까운 거리, 세마는 일마에 비해 먼 거리, 쌍역마는 원거리가 되고, 마궁은 천마처럼 해외나 섬으로 공간을 넘어선 거리가 된다.

역마살(驛馬煞)은-

년지(年支)를 기준으로 한 역마를 세마(歲馬)라 하고, 또는 일지(日支)를 기준으로 한 역마를 일마(日馬)라 하며, 이를 천지반에 두루 붙이는데, 역마는 이동, 이사, 여행, 교통사고, 분주함을 나타낸다(교통사고는 역마에 겁살 등 흉살이 있을 때를 말하는데, 日馬는 가까운 거리에서 일어나며, 歲馬는 먼 거리에서 일어나며, 歲馬와 日馬가 동시의 쌍역마는 원거리를 말한다. 그 강도는 신수와 달 운의 왕세를 보고 평하지만, 겁살이 일겁인지 세겁인지 이 둘의 쌍겁살이 역마에 동궁함인지에 따라서 다르다).

길격에 역마는 발복과 흥행으로의 조화로 보고, 흉격이면 동분서주 움직여도 이득이 없어 빈천을 면하기 어렵다. 역마가 沖이나 空亡이면 움직이거나 옮겨도 뜻을 이루지 못하며, 역마가 흉문괘에 앉아도 흉함이 비친다.

년지(年支) 또는 일간(日支)이 二四十(巳酉丑)일 때 六(亥)이 역마살이다.
년지(年支) 또는 일간(日支)이 六八十(亥卯未)일 때 二(巳)가 역마살이다.
년지(年支) 또는 일간(日支)이 九一五(申子辰)일 때 三(寅)이 역마살이다.
년지(年支) 또는 일간(日支)이 三午五(寅午戌)일 때 九(申)이 역마살이다.

- 일반적으로 日馬가 年支에 있거나 歲馬가 世나 中宮에 있다면 관직의 일에 길하다.
- 신수에서 世宮으로 이사 시기를 볼 때 世궁의 천지반이 겸왕으로 비겁인데, 년 또는 월을 기준으로 역마가 世궁이나 中宮에 있다면 명주(사무실 또는 실무)가 이전하든지 이사를 간다.

그 시기는 世를 충하는 달(月)이다.

예) 세궁의 천반수는 六이고 지반수가 一이면 七(午)이 충으로 이전/이사 시기는 음 7(申)월이나 午(5)월이 되는데, 이때 七이 공망이 되면 세궁의 지반수 一이 그대로 이전/이사 시기가 되기에 음 1(寅)월이나 子(11)월이 된다.

- 세의 천지반이 상충이나 상극일 때 日馬가 年支나 中宮이나 世宮에 있다면 교도소/병원이나 귀향(歸鄕)이 되는데 소인에겐 화액이 크다.
- 원명국에서 왕성한 世에 역마가 있다면 세상에 이름을 드러낸다고 보며, 약한 世에 역마라면 유랑자, 거지, 행상인으로 일생 소득 없이 분주하다.
- 신수에서 七이나 十이 中宮이나 世宮에 있으면 午未라 이사하게 된다.
- 신수에서 세마·일마 등 역마의 육친에 욕지가 있으면 그에게 다가가면 안 좋은 결과 또는 오명을 얻는다.
- 역마가 충이나 공망이면 변동을 주지 못하거나 옮겨도 이익을 기대할 수 없다.

- 역마살에 망신살이 있으며, 사무실, 가게 등 이동을 하면 후회하게 되지만, 이익을 논하지 않는 갔다가 오는 여행이라면 상관없다.
- 역마살에 겁살이 있으면 이동이나 변동, 여행, 운전은 다치거나 구설수가 있을 수 있다.
- 흉한 대운이나 신수, 월운에서 역마살이 천부, 백호살, 천예, 등사 등과 같이 있으면 여행 등 원거리에 가서 병에 걸리거나 피 흘리거나 괴이한 일을 당한다. 여기에 망신살이나 겁살이 더하면 화액은 더욱 크고, 등사가 붙으면 초상집이나 병문안은 가지 말아야 한다.

▶천마(天馬) – 태어난 달(月)을 기준으로 홍국수에 붙인다(마궁의 작용과 유사).

천마는 태어난 달(月)을 기준으로 홍국수에 붙이는데 아래와 같다.

子, 午월은 홍국수 三(寅)이 천마(天馬)가 되고,

卯, 酉월은 홍국수 九(申)가 천마(天馬)가 되고,

寅, 申월은 홍국수 七(午)이 천마(天馬)가 되고,

巳, 亥월은 홍국수 一(子)이 천마(天馬)가 되고,

辰, 戌월은 홍국수 五(戌)가 천마(天馬)가 되고,

丑, 未월은 홍국수 五(辰)가 천마(天馬)가 된다.

※ 천마가 들면 해외이민, 해외여행, 신혼여행, 유학 등 원거리의 공간 이동이 발생하는 움직임이 있다.

천마(天馬)는

주행의 폭이 넓고 높기에 주로 해외로 나가거나 여행으로 움직임을 뜻하는데, 천마가 길신이면 해외에 나가거나 해외와 연계된 업이 이로운데, 천마가 空亡이면 가더라도 뜻을 이루지 못하거나 되돌아옴을 말한다. 병자나 늙은이에게 천마는 죽음을 뜻하기에 죽음이 찾아오고, 혹 젊은이도 흉운자의 천마는 죽음을 암시한다.

· 천마가 길신이면 이민이나 외국회사, 해외제품, 수입수출, 여행은 길함이며, 길신인 천마와 합되는 육친이나 육신도 길한 인연이 된다.

· 반대로 천마가 흉신이면 이민이나 외국회사, 이민, 해외제품, 여행은 흉함이다. 흉신인 천마가 합하는 육신이나 육친도 흉한 인연이 된다.

· 노인이나 병자에게 천마가 들면 죽음을 의미한다.

Q 홍염살, 육해살, 천을귀인

▶ 홍염살- 일간(日干)을 중심으로 보는데,

일간이-

甲/乙일 때- 七(午)가 홍염살이며, 丙일 때- 三(寅)이 홍염살이며,

丁일 때- 十(未)가 홍염살이며, 戊/己일 때- 五(辰)이 홍염살이며,

庚일 때- 五(戌)이 홍염살이며, 辛일 때- 四(酉)가 홍염살이며,

壬일 때- 一(子)가 홍염살이며, 癸일 때- 九(申)이 홍염살이다.

❖ 사람이 매력적이고 다정다감한 가운데 섹시함을 풍긴다.

홍염살(紅艶殺)은

외모가 매력적이며 대인관계도 부드러워 원만한 편이다.

그러나 허영심이 있어 사치를 좋아하고, 정조관념이 약하여 외정(外情)을 즐기는 성격이 있다(그러나 홍염살이 공망으로 홍국수에 들면 홍염의 특성은 사라지나 홍염이 홍염궁에 좌하면 그 특징은 드러난다).

대체로 미색이 갖추어져 있는데, 성적인 매력이 있어 이성과 접촉이 쉽거나 끼가 있다고 판단한다.

한편, 자신의 역할에 뛰어남을 보이는 특징이 있다.

- 눈웃음을 잘 치지만 연애에 능동적이지 못해 연애 재간은 없기에 외모에 비해 오랫동안 싱글인 경우가 많다.
- 이성의 유혹에는 약한 면이 있고, 주색을 빠지기 쉽고, 인기 업종에는 좋다.
- 말이 없거나 적으며, 수줍을 많이 탄다.

▶**육해살**(六害煞) **– 년지를 기준으로 삼합 마지막 앞자리의 12지지가 된다.**

상대의 육해살 태생은 나의 태생인 년지를 기준으로 보지만, 나에 대한 육해살은 홍국수 아닌, 육해살궁(육해궁)을 통해 알 수 있다.

寅午戌 인오술	巳酉丑 사유축	申子辰 신자진	亥卯未 해묘미
酉	子	卯	午
三七五	二四十	九一五	六八十
四	一	八	七

※ 육해살궁은- 신앙, 도인, 스님, 수행자와 인연이 깊음에서 세기가 육해살궁에 좌하면 신앙심이 두텁고, 도인이나 스님으로 수행자와 인연이 깊다.

- 육해살 태생은 의사, 약사, 변호사 등 나를 어려울 때 도와주는 태생이 되기에 어려울 때 부탁을 들어주는 귀인의 인연이 되기도 한다.

· 육해살의 시기는 몸에 병이 들거나 병이 없다 해도 컨디션이 좋지 못함이다.

흉신이 가중되면 수술이나 여타 신액(身厄)이 있음이다.

▶ **천을귀인(天乙貴人) - 일간(日干)을 중심으로 한 지지(地支)를 말한다.**
일간(日干)을 중심으로~
甲戊庚 日干에는 十十(丑未)가 천을귀인(天乙貴人)이다.
乙己 日干에는 一九(子申)가 천을귀인(天乙貴人)이다.
丙丁 日干에는 六四(亥酉)가 천을귀인(天乙貴人)이다.
壬癸 日干에는 二八(四卯)가 천을귀인(天乙貴人)이다.
辛 日干에는 三七(寅午)가 천을귀인(天乙貴人)이다.

※ 천을귀인은 하늘을 나는 새로 이는 아래위를 통하게 하는, 하늘의 신이 행운을 준다는 것에서 천을귀인이다.

천을귀인(天乙貴人)는 귀인과 문서, 시험, 공부에는 길성으로, 원명국에 世나 年支 中宮에 있으면 어떤 일의 어려움에서도 귀인의 도움이 뒤따르고 행운이 따르는 길성이다. 대운이나 신수에서도 앞과 같은 일들이 흉격이 아닌 이상 취하게 된다. 또한, 방위에서는 길방으로, 문서의 취방이나 취직, 시험 등에서 길방이 된다.

따라서 기도나 부적, 개운법을 행하는 장소나 시간대가 천을귀인이면 이를 행하는데 길하다. 또한, 천을귀인이 원명국에 년지, 세궁, 일간 등에 좌하면 어려운 고비마다 도움 주는 인연을 어렵지 않게 만나게 된다.

- 천을귀인 대운이나 신수(세궁, 일간, 년지, 중궁 등)에 들면 취직, 진급, 재수 등에 길함이다.
- 천을귀인이 대운, 신수에서 세궁이나 일간에 좌하면 귀인을 만나는 해가 되어 되는데, 나이에 따른 중궁의 천지반과 합이나 생 되는 태생이 당해의 귀인이 된다.
- 년간에 천을귀인이 좌하면, 조상의 음덕이 있어 조상님께 정성껏 제사를 지내거나 기도를 하면 그 조상님이 응답하여 도와준다. 특히, 신수에서 년간의 천을귀인이 길하게 작용할 땐 제사나 기도는 대길하다.

㉿ 자묘형살, 자형살

▶ 자묘형살(子卯刑殺)-

子卯: 자묘
一八

※ 자묘형살에 해당하는 육신이나 육친은 대흉함에서 이에 일은 도모하지 말아야 하며, 피해야 한다.

자묘형살- 一八자형살(子卯)과 五五자형살(辰辰)과 四四자형살(酉酉), 六六자형살(亥亥), 七七자형살(午午)의 순서로 점차 그 작용력은 낮아진다.

자묘형살은 스스로 형살을 일으킨다는 뜻을 안고 있음에서 시비, 불합, 불운, 상심을 부른다.

▶**자형살**(自刑殺)-

辰辰 진진	午午 오오	酉酉 유유	亥亥 해해
五五	七七	四四	六六

※ 자형살은 스스로 일을 그르치는 행동에서 흉액을 말한다. 따라서 언행에 신중해야 한다. 또한, 이의 육친·육신이 흉하다.

⌕ 충, 파, 해

▶**충극**(沖)-

子午 자오	丑未 축미	寅申 인신	卯酉 묘유	辰戌 진술	巳亥 사해
一七	十十	三九	八四	五五	二六

※ 오행이 상반되는 것에서 상극의 원리를 따라 충극 받는 육친·육신이 흉하다. 하지만 충극하는 육친·육신이 약한 것에서 충극은 도리어 충극하는 그 육친·육신이 흉하다.

지충(支沖)

一 七은 子와 午의 沖(충)으로-

이 둘이 만나면 子가 午를 충극(沖剋)하여 午를 破(파)한다.

三 九은 寅과 申의 沖(충)으로-

이 둘이 만나면 寅이 申에 충극(沖剋)되어 寅이 破(파)한다.

八 四은 卯와 酉의 沖(충)으로-

이 둘이 만나면 卯가 酉에 충극(沖剋) 되어 卯가 破(파)한다.

二 六은 巳와 亥의 沖(충)으로-

이 둘이 만나면 巳가 亥에 충극(沖剋) 되어 巳가 破(파)한다.

十 十은 丑과 未의 沖(충)으로-

이 둘이 만나면 丑과 未가 충극(沖剋)하여 서로가 破(파)한다.

五 五는 辰과 戌의 沖(충)으로-

이 둘이 만나면 辰과 戌이 충극(沖剋) 하여 서로가 破(파)한다.

- 이상의 지충(支沖)은 지합(支合)과 더불어 폭넓게 작용력을 보이는 것으로, 천반과 지반의 충은 물론 타궁과의 관계에서의 충극과 삼형살의 충극, 삼살로의 충극 등으로 매우 밀접하게 운명을 재단한다.

구궁 가운데 충극이 절반 이상이면 상충국(相沖局)이라 하는데, 일생 고단함을 면하기 어려운 흉격에 속한다, 하지만 삼합 등이 길신으로 회생된다면 길하게 풀릴 수도 있음이기에 해단에 있어 묘역(妙易)이 필요하다.

원명국에서 세궁의 천지반과 배우자의 육친인 남자는-재성, 여자-관귀의 천지반이 각각 충극이 된다면, 비록 중궁에-남자는 재성을 생하는 육친인 쌍손이 있거나 여자는 관귀를 생하는 쌍재가 있다 하더라도 이 사별을 면치 못한다(단, 이때 중궁의 쌍손과 쌍재에 일간이 동궁하거나, 배우자의 육친이-삼합으로 인성이 되거나/삼합으로 세가 된다면 배우자의 복은 도리어 좋다).

- 충극뿐만 아니라 화금상전, 원진극도 원명국에서 세궁의 천지반과 배우자의 육친인 남자는-재성, 여자-관귀의 천지반처럼 각각동일 위처럼 해석한다.

- 신수국에서의 상충국은 일반적으로 1년이 꼬이고 힘겹게 전개된다.

▶ 파(破) -

子酉 자유	丑辰 축진	寅亥 인해	卯午 묘오	巳申 사신	未戌 미술
一四	十五	三六	八七	二九	十五

※ 오행이 서로 간 파살을 일으키는 것에서 이들 육친·육신은 서로 간 파음이 일어나는 관계가 되고, 또한 오래가지 못하는 것에서 마침내는 깨어지는 인연이 된다.

육파살: 一四파살(子酉)과 十五파살(丑辰), 三六파살(寅亥), 八七파살(卯午), 二九파살(巳申), 五十파살(戌未).

파살은 깨어진다는 살로서 물질과 마음의 어긋남과 불안정을 말한다.

▶ 해(害) -

子未 자미	丑午 축오	寅巳 인사	卯辰 묘진	申亥 신해	酉戌 유술
一十	十七	三二	八午	九六	四五

※ 은근히 해로움을 주거나 못마땅하게 나아가는 관계로 육친·육신이 된다.

제7장

방·위론

− 홍국수의 오행으로 길흉한 방위를 본다 −

🔍 길흉방

길방은-

용신(진용)이나 세약에선 오기유통을 이어주는 홍국수의 방위도 길방이며, 또한 세약에선 세를 왕하게 하는 홍국수와 세를 왕하게 하는 그 홍국수와 합되어 왕하게 하는 홍국수의 방위도 길방이 된다.

예로, 세약에서 오기유통이 안 되는 것에서 일간이 일수로 오기유통을 시킨다면 그 일수의 북향이 길방이 된다는 것이다.

또한 세약에 십토가 인성으로 세를 왕하게하는 홍국수라면 이 십토와 합되는 一水는 子로 자축합토의 인성의 길신이 되기에 일수인 북향도 길방이 된다는 것이다.

흉방은-

용신(진용)를 극하거나 용신(진용)을 살성의 흉함으로 묶이는 경우, 세약에서 세기를 설기하는 손방이 되며, 망신살 등 흉살이 중중한 홍국수의 방위는 흉방이 된다.

· 원명국에서 〈十土인 음토는 고향자리〉가 되는 것에서-

이 십토가 길문괘로 길하거나 용신이나 진용이면 고향을 떠나지 말아야 하지만, 십토가 사문, 절명이나 흉신 또는 살성이 중중하면 고향을 떠나야 재물도 건강도 출세에도 길함이다. 그러나 십토가 길하면 비록 객지에 나왔더라도 다시 고향으로 돌아가 안착이 길하다.

· 고향을 떠나서 〈제2의 고향으로 거처〉는 진용이나 용신에 해당하는 홍국수의 방향이 길하지만, 만약, 진용과 용신에 망신살의 중첩이나 흉살 등이 중중하다면 이 방위는 버려야 한다.

· 더불어 〈세약에서 길방〉은 오기유통을 이어주는 홍국수의 방위가 길방이며, 또는 세약에서 세를 왕하게 하는 홍국수의 방위나 세약에 세를 왕하게 하는 홍국수와 합되어 세를 왕하게 하는 그 홍국수가 된다면 그것의 홍국수의 방위도 길방이 된다.

○ 신수에서 길방

중궁의 천지반과 진용을 택하여 움직이는데, 45세 이전이면 중궁의 지반의 홍국수를 보고, 46세 이후는 중궁의 천반의 홍국수를 택하여 보며, 더불어 진용을 택하여 보되, 나이에 해당하는 중궁의 천반이나 지반의 홍국수 오행을 생하거나 육합하는 오행의 방위는 길방이 되며 극하는 방위는 흉방이 된다.

🔍 점포나 사업처소의 길방

방위는 형제(兄)방위나 손(孫) 방위가 길방이 된다.

그리고 〈회사나 일터의 길방〉은 12포태에서의 록대(祿帶) 방향이 길방이 된다(여기에 육신이 재성이나 관귀이면 으뜸이다).

이 가운데 길문과 길괘가 있으면 더욱 길방이 된다. 그러나 직장이나 일터는 록대(祿帶)만으로도 충분한 길방이 된다.

길문은 生門, 休門, 開門이고, 길괘는 福德, 天宜, 生氣이다. 父(兄, 孫)방에 두문과 귀혼은 길방이 아니다.

그러나 死門, 傷門, 絶命, 禍害가 있으면 신체적, 정신적 피폐가 뒤따름을 감소해야 한다.

그리고 홍국수가 五, 七, 九에 해당하면 비록 父방이라도 안 된다.

만약 모든 방위가 흉하여 길방이 없을 시 육신을 떠나 길문, 길괘가 있는 방위도 무난하다.

절대 피해야 할 방위는 鬼방, 空亡방, 거공방, 세약에 삼살과 삼형살방, 망신살 방위이다. -모든 방위는 궁 아닌, 홍국수의 오행이 방위가 된다.

🔍 괘상의 길흉방

양수(陽數)가 상괘가 되고, 음수(陰數)가 하괘가 된다.

　: 世궁과 八방에서 괘상으로 길괘에 해당하는 방위는 吉방이며, 흉괘
　에 해당하는 방위는 凶방이다.

양수(陽數)－

양수에서의 상괘에서 하괘로의 순서는 七火-二火-三木-八木-十土가 순
서이다.

음수(陰數)－

음수에서의 상괘에서 하괘로의 순서는 四金-九金-六水-一水-五土가
순서이다.

방위:

이사. 사무실, 가게, 회사 등 모든 방위는- 世괘와 홍국수의 오행이 좌
하는 자리의 괘를 더하여 길·흉함을 보기도 한다.

예)

간궁에 좌한 世의 홍국수가 二로 공망이 되고, 감궁에 좌한 五는 無공
망에 日干이 있다면,

양수가 천반으로 산수몽이 되지만, 공망이라 반대로 수산건이 되는데,
다시 일간이 있어 재역으로 산수몽이 되어 이 방위는 스스로 좋게 되지
만, 길방이 못 된다. 한편, 一水가 정서에 있다면, 산택손으로 길방이며,

천반이 공망에서도 택산함으로 길방이 된다.

- 길방은 신수에서의 길방을 찾아야 하는데, 만약 이동 시기의 달이 흉하면 일진으로서 길문, 길괘에 해당하는 길방의 일진을 택해 가야 한다.

🔍 삼살방위- 일반적 삼살 방위는 안 가는 것이 상책임

: 삼살 방위는 삼합의 시작과 끝 사이의 방위를 말한다.

· 인오술-년도는 북쪽이 삼살 방위이니 이사 등 집안의 큰일에 움직이지 말아야 하는 방위가 되고,

· 사유축-년도는 동쪽이 삼살 방위이니 이사 등 집안의 큰일에 움직이지 말아야 하는 방위가 되고,

· 신자진-년도는 남쪽이 삼살 방위이니 이사 등 집안의 큰일에 움직이지 말아야 하는 방위가 되고,

· 해묘미-년도는 서쪽이 삼살 방위이니 이사 등 집안의 큰일에 움직이지 말아야 하는 방위가 된다.

🔍 팔문 소구방(八門 所求方)

기원하고 바라는 소망을 이루는 방향으로 공망(空亡) 방위와 공망(空亡)의 대칭궁 방위, 그리고 사문(死門), 경문(驚門), 두문(杜門) 방위는 일반적으로 흉방이라 피해야 한다.

1. 귀인을 만나고자 할 때는 휴문(休門) 방위에서 찾는다. 이 방위로의 이사나 직장(일터)은 심신의 안정을 주며 좋은 인연을 만나게 된다.

   ※ 휴문이 있는 방위는 聖人이 만사만물(萬事萬物)을 보고, 천인상합(天人相合)의 큰 덕이 일어나 발전하는 방위로, 특히 귀인[재물이나 배우자, 스승(영적 스승, 神이나 불보살의 가피)/선생, 지도자 등 좋은 인연]을 만나고자 한다면 휴문 방위에서 상봉하기에 이 방위로 나가면 길한데, 休門方은 지혜를 얻고자 하거나 재물을 위한 활동에도 길하다. 따라서 회사, 장사, 가게, 점포 등 영업점으로서의 방위에도 길하다.

2. 혼란을 피하여 도망가고자 하면 생문(生門) 방위로 도망간다. 이 방위로의 이사나 직장(일터)은 행운과 건강의 성취가 되기에 두루 원만한 뜻을 이룬다.

   ※ 생문 방위는 장수와 복록의 길문이며, 인생의 발전을 기대할 수 있으므로 혼란을 피하고, 난제를 극복하자 한다면 생문방으로 출행하면 길하다. 특히 생문방은 의식주나 건강에 길방이다. 따라서 회사, 가게, 점포, 요양원, 건강회복, 학교, 학원, 교육원은 이 방위로 나가면 길하다.

3. 감추고 저장하고자 하면 두문(杜門) 방위에서 행한다. 이 방위로 이사나 직장(일터)을 구하면 자주 막힘의 정체가 발생하고, 뜻의 불성취를 말하기에 장애로 인해 신심의 고통을 호소하게 된다.

  ※ 두문 방위는 승승장구 발전하다가도 홀연히 막히고 답답하여 심화병이 발병하여 길가는 사람은 길을 잃는 막힘이라 숨기고 감추는 은둔에는 이롭다. 고로 두문방으로 이사나 가게나 점포는 장애로 인한 근심을 일으켜 심리적 불안이 일어난다.

4. 유흥, 오락 등을 즐기고자 한다면 경문(景門)방위로 간다. 이 방위로 이사나 직장(일터)은 향락을 자주 일으키거나 애정이 싹트는 방위 또는 밝음을 되찾는 방위가 된다.

  ※ 경문방에는 마시고 즐기는 쾌락을 위한 방위이며 경사나 인기의 문이니 방탕한 애정사(愛情事), 사치, 사교상의 향락이 발생한다. 따라서 결혼, 잔치, 피로연, 향락, 화합의 장소, 연애·사랑, 인기를 얻는 장소, 결혼상담소 등의 방위로 좋다.

5. 사냥을 하고자 하면 사문(死門)방위로 간다. 만일 이 방위로 직장(일터)을 구하거나 이사를 하면 신액을 당할 것이고, 금전은 손실을 보고 직장은 지속되지 못할 것이다.

  ※ 사문방위는 죽음의 문이다. 그러므로 사냥, 살상, 어부, 낚시, 벌초, 벌목, 목숨을 끊는 장소 등을 하는 방위로는 길하다. 반면 이사를 사문으로 가면 병고나 사고로 신액을 당하거나 상복을 입고, 입원, 구속 등으로 신음이 그치지 않는다.

6. 도둑을 잡고자 하면 경문(驚門)방위에서 찾는다. 만일 이 방위로 직장(일터)을 구해가거나 이사를 한다면 일터에서는 도둑심보를 가진 이들과의 접촉이 있을 것이고, 또 언쟁이 일어날 것이다.

   ※ 驚門은 불안과 초조로 마음의 불안정으로 보기에 도둑, 실물을 찾고자 한다면 경문(驚門)방위에서 찾아라. 반면 경문(驚門)방으로 이사를 하거나 가게를 열면 심리적 불안과 갈등으로 고통을 받고, 도둑을 맞고, 사기를 당하며, 배신과 음모에 말려드는 일들이 생기는 실패의 장소이다.

7. 먼 길을 떠나고자 하면 開門방위로 간다. 만일 이 방위로 여행을 가면 좋은 벗을 만날 것이기에 이사나 직장(일터)을 구한다면 새로운 벗을 맺게 될 것이다.

   ※ 개문은 천지가 개벽하여 비로소 기후가 화창하니 수만 리를 가도 거리낌이 없고, 만물이 성장하여 서기(瑞氣)가 빛나고 병든 자도 쾌차(快差)하니, 먼 여행길에 불상사는 찾아볼 수 없다. 따라서 개문방에 휴양이나 여행, 사업상의 개척지로는 길하다.

8. 돈을 얻고자 한다면 상문(傷門) 방위에서 구한다. 이 방위로 직장(일터)을 얻으면 돈을 모을 것이고, 돈을 빌리고자 하면 얻을 것이기에 이사를 하면 금전융통이 쉬울 것이다.

   ※ 傷門은 심신이 상한다는 것이니 이 방위에서 심신의 상함이나 긴장/고민으로 인해 재리를 얻는 것을 말한다. 고로 취직에서 직장을 구할 때나 투기나 투자, 돈을 얻거나 취하고자 할 때는 傷門方으로 가서 구한다.

🔍 **일진**(택일) **보는 법-** (기존 방법)

오늘의 년, 월, 일에 자신의 태어난 시를 넣으면 되는데,

예로- 오늘이 2015년 양력 8월 6일(음력 6월 22일)이면 여기에 자신이 태어난 시를 넣으면 되는데, 시가 미시면, 그의 일진은 2015년 양력 8월 6일(음 6월 22일) 未時가 된다.

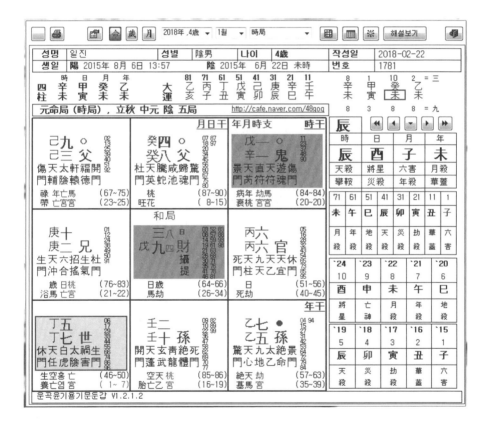

이동 시기의 달이 흉하면 일진으로서 길문, 길괘에 해당하는 길방은 휴문, 천의가 있는 亥방이기에 서북간방이 된다(원국비기 일진법이 수승함).

또한, 하루 일진의 택일도 동일한데 오늘의 년, 월, 일진에 자신의 시를 넣어 명국이 오기유통, 세왕에 재왕, 관귀 왕, 길한 격이면 길한 일진이 되고, 흉한 격이면 흉한 일진으로 보면 된다. 예를 1, 2, 3으로 들어본다.

1.

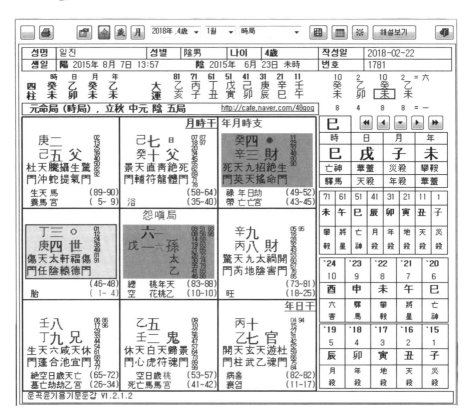

1의 택일은 세궁이 원진에 재성도 원진이라 남명에 있어 결혼의 택일은 대흉하며, 여명이라도 관이 무동에 흉문괘이고, 세궁도 원진이라 결혼의 택일은 흉하다. 또한, 개업날도 흉한데 세약에 재성도 약함에서이다.

2.

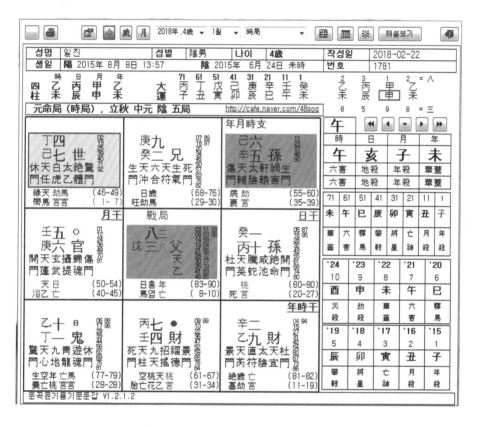

2의 택일은 세궁이 화금상전에 재성도 무동에 화금상전이라, 남명에
있어 결혼의 택일은 대단히 흉하다. 또한, 여명이라도 세궁이 화금상전이
라 흉한데, 관도 무동에 수극에 약하고 흉문괘라 더욱 흉함에서 결혼택
일로서는 흉하다. 그러나 세, 년지, 중궁이 삼합세기가 되기에 사업가나
장사에 있어 택일은 세의 흉문괘와 년지의 화해에서 무난한 길일이 된다.

3.

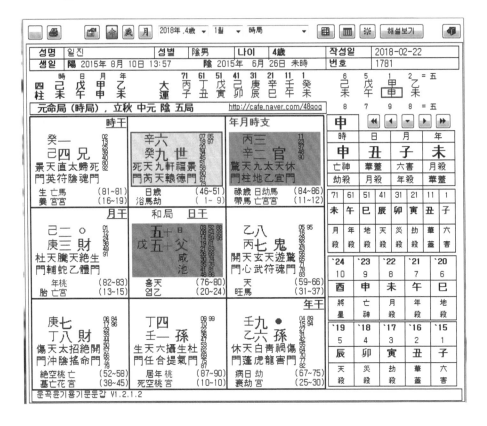

3의 택일은 년지와 중궁이 관인세생하고, 세도 년지도 길문괘에서 길함을 더하며, 다시 천지반 변칙오기유통이 됨에서 여명의 결혼택일은 으뜸이며, 사업이나 장사의 개업일로서의 택일도 으뜸이 된다. 남명에서의 결혼도 세궁의 천지반이 상생하고, 지반의 무동인 재성은 천지반 변칙오기유통에서 있기에 무난한, 길한 결혼택일이 된다. 위의 택일 날은 거의 모든 택일에 길일이 된다.

🔍 생기복덕- 택일표

구분 / 남·여 / 나이												생기生氣日 吉	천의天宜日 吉	절체絶體日 平	유혼遊魂日 平	화해禍害日 凶	복덕福德日 吉	절명絶命日 凶	귀혼歸魂日 平
남	2	10	18	26	34	42	50	58	66	74	82	戊·亥	午	丑·寅	辰·巳	子	未·申	卯	酉
여	10	18	26	34	42	50	58	66	74	82	90								
남	3	11	19	27	35	43	51	59	67	75	83	酉	卯	未·申	子	辰·巳	丑·寅	午	戊·亥
여	9	17	25	33	41	49	57	65	73	81	87								
남	4	12	20	28	36	44	52	60	68	76	84	辰·巳	丑·寅	午	戊·亥	酉	卯	未·申	子
여	8	16	24	32	40	48	56	64	72	80	88								
남	5	13	21	29	37	45	53	61	69	77	85	未·申	子	酉	卯	午	戊·亥	辰·巳	丑·寅
여		15	23	31	39	47	55	63	71	79	87								
남	6	14	22	30	38	46	54	62	70	78	86	午	戊·亥	辰·巳	丑·寅	未·申	子	酉	卯
여	7	14	22	30	38	46	54	62	70	78	86								
남	7	15	23	31	39	47	55	63	71	79	87	子	未·申	卯	酉	戊·亥	午	丑·寅	辰·巳
여	6	13	21	29	37	45	53	61	69	77	85								
남	8	16	24	32	40	48	56	64	72	80	88	卯	酉	子	未·申	丑·寅	辰·巳	戊·亥	午
여	5	12	20	28	36	44	52	60	68	76	84								
남	9	17	25	33	41	49	57	65	73	81	89	丑·寅	辰·巳	戊·亥	午	卯	酉	子	未·申
여	4	11	19	27	35	43	51	59	67	75	83								

▶생기복덕- 해설

1. 생기(生氣):

경영하는 바 길(吉)하고 복록(福祿)을 누리며, 매사 자신감이 넘친다.

2. 천의(天宜):

매사에 중화(中和)와 변화(變化)를 함께하며, 시험합격, 승진, 병 치료에 길(吉)하다.

3. 절체(絕體):

부러진다는 의미로 상해(傷害)의 기운이 강하니, 마음과 몸이 상처가 있다고 하며 흉(凶)하다.

4. 유혼(遊魂):

마음이 안정되지 않으며, 매사 분주하고 허영되어 반흉(半凶) 반길(半吉)하다.

5. 화해(禍害):

손재(損財) 관재(官災) 송사(訟事) 등 재앙이나 모략이 발생한다.

6. 복덕(福德):

승진, 합격, 횡재, 발전, 횡운 등의 길(吉)할 일만 있고 만사형통한다.

7. 절명(絕命):

글자 뜻 그대로 목숨이 끝난다는 의미로 사망, 부도, 이혼, 절망, 정리 등을 뜻한다.

8. 귀혼(歸魂):

뒤돌아온다는 뜻으로 때를 기다려야 한다는 뜻을 내포하고 반길(半吉) 반흉(半凶)하다.

대길일(大吉日)- 생기(生氣), 복덕(福德), 천의(天宜)

대불길(大不吉)- 화해(禍害), 절명(絶命)

　※ 생기 복덕의 길흉한 날의 택일은 당사자의 나이로 당일의 보아 판단하는데,

　예로, 금년 남자 39세의 길한 날은 생기날인 쥐날과 천의날인 양과 원숭이날, 그리고 복덕날인 말날이 된다.

　금년 여자 48세의 길한 날은 생기날인 용날과 뱀날, 천의날인 소날과 범날, 그리고 복덕날인 토끼날이 된다.

　- 매달 음력 9일과 10일도 손 없는 날이라 해서 각종 행사나 집안일에 사용한다.

제8장

괘문성장(팔문팔괘)

[천봉구성] [직부구성: 팔장] - [태을구성] [팔괘] [팔문]

· 팔문과 팔괘, 태을구성은-홍국수의 일간 기준에서 나온 것이며,

· 구성과 팔장은-연국의 시간 기준에서이다.

🔍 팔문(日家八門)

일주기준(三才-天人地 가운데 人의 상을 드러낸 것): 방위는 홍국수의

오행이 된다.

杜門 四巽宮 :장녀	景文 九離宮 :중녀	死門 二坤宮 :모친
傷門 三震宮 :장남		驚門 七胎宮 :소녀
生門 八艮宮 :소남	休門 一坎宮 :중남	開門 六乾宮 :부친

팔문정위도

팔문의 길문(吉門)인- 생문(生門), 휴문(休門), 개문(開門), 경문(景門)과

팔문의 흉문(凶門)인- 사문(死門), 두문(杜門), 상문(傷門), 두문(杜門)이

있다.

팔문은 팔괘와 더불어 홍연수의 해단에 있어 중요한 자리를 차지하는

데, 특히 대운에서 팔문, 팔괘의 길문, 길괘/흉문, 흉괘는 홍연수보다 어쩌

면 더 중요하게 작용한다. 이 말은 대운에서는 육친과 상관없이 길문, 길

괘를 다 갖추고 있다면 일반적으로 그 대운은 길운으로 길문, 길괘가 중

추적인 역할을 하는 것을 말한다.

대운이나 신수의 각 달에서 홍연수인 육친은 왕성한데,

팔문, 팔괘가 흉하다면 그 대운과 그달 기간은 일반적으로 선길(先吉)

후흉(後凶)하고,

홍연수의 육친은 凶한데 팔문팔괘가 吉하다면 선흉(先凶)후길(後吉)하다.

아래의 팔문과 팔괘 등은 단식법이다

1. 생문(生門)은- 간궁(艮宮)인 丑寅方에 자리한 길문(吉門)으로 오행은 土
   이다.

   이때의 토기는 동지의 냉기를 넘어선 기운으로 木氣로 움트는 생명력
   을 가지고 있다.

   이는 양기를 간직한 자라나는 남아(男兒)와 같아 의욕과 생-동력을 말

하기에 生門이 뜻하는 의미는 생활의 안정과 경영하는 일의 발전을 말하며, 기타-결혼, 출산, 생산, 생성, 생명, 자신감, 건강, 회복, 혼인, 족함, 완쾌, 명랑, 적극적, 의료, 행복, 만족, 성취, 해결, 욕망, 도달 등을 암시한다.

신수에서 생문방은 기타와 같은 일들에서 길하지만, 특히 임신과 환자의 길방이다. 이는 자녀가 없는 부부의 교합방위로 길한데, 같은 집 내부에서도 집의 중심점에서 생문에 해당하는 방에서의 교합이 길하며, 환자에게도 동일한 방위가 된다(단, 공망이나 세약에서 신살의 방위는 피해야 하는데, 이때의 차선방위는 생기나 청룡, 천의가 있는 방위가 길하다).

생문(生門)은 丑寅月 간방(艮方)의 자신의 자리에 있는 것이 으뜸이고, 다음은 子月인 감방(坎方)에 있어야 길함으로 작용한다. 이는 원명국과 신수에서 작용하는 것으로, 그 외 타궁에 있는 것은 생문으로써 작용력은 상실한다, 하지만 대운에서는 자리에 상관하지 않음을 원칙으로 한다.

일반적으로 생문이 있는 육친이 왕성한 가운데 흉극함이 없는 가운데, 그 육친이 형제(月支,月干/兄)라면-
형제나 친구가 보편적인 삶의 질은 높고, 생산적인 인생을 살거나 잘 살고, 그들과 우애가 있다고 보며,

부모궁(年支, 年干/父)에 있다면-
그 부모가 큰 어려움 없이 살거나 좋은 여건에서 산다고 보며,

자녀(時支, 時干/孫)에 있다면-

그 자녀가 성공, 성취하는 삶을 산다는 것으로 본다.

그러나 배우자 궁에서는 세가 왕성해야 한다는 선-조건에서

관귀궁(官/鬼)에 있다면-

관직이나 직장이 좋다고 보며, 여명이면 남편 또는 재혼남에 복이 있고

남편이 능력이 있으며, 장수한다고 보며,

재궁(財)에 있다면-

재물에 유통이 잘되고, 남명이면 부인 또는 재혼녀에 복이 있고 부인이

능력 있으며, 장수한다고 본다.

生門은 길괘와 있으면 그 길함이 배가 되는데, 특히 世宮에 生氣와 더

불어 있다면 신체가 건강하고, 재물에 풍족함을 말하며, 육친에 있다면

그 육친이 그렇다. 반면, 흉괘와 있다면 생문과 흉괘의 기능은 상쇄 된다.

육친별 生門-

: 대운에 생문(生門)이 있으면 일반적으로 출산/생산에 유리하고, 생동

감이 돌고 의욕이 일어난다.

兄이나 월지/월간에 생문이 있다면-

형제간에(또는 그 형제는) 정이 두텁고 화목하며, 친구나 주변 사람들과

의 친분도 두텁다.

父나 년지/년간에 생문이 있다면-

부모는(또는 그 육친의 부모는) 재물이 있고 안락을 누린다.

官鬼에 생문이 있다면-

격이 흉하지 않다면 남녀-관직과 직장에서의 승진과 영전으로 자리가 안정되고, 여명은 官은 남편 복이 있고 남편이 생산적이며, 鬼라면 재혼남 또는 정부가 그러하다. 병자라면 鬼에 生門이 있는 대운이나 신수에서 쾌차(快差)한다.

正財에 생문이 있다면-

가정궁이 흉하지 않다면 가정이 화목하고 부부애가 두텁다.

偏財에 생문이 있다면-

격이 흉하지 않다면 투기나 투자로 재물을 모우거나 재산을 증식하는 데 길하다.

孫이나 時干/時支에 생문이 있다면-

자녀는(또는 그 자녀는) 효도하고 정이 깊고 화목하다.

:: **생문**(生門)

생문의 본자리는 간위산(艮爲山)이니,

산은 생명력인 증기가 넘치는 것에서 만생명의 보금자리로 생문의 자리가 된다.

※ 생문이 있는 육친은 생활의 안정에서 멀어지지 않으며, 사람들에게 평온을 주기에 가족이나 기타 모임에 생동감을 준다. 따라서 사교성이 좋은 것에서 모임의 리더나 친목의 리더로 좋다. 생문의 육신도 길함이니 나에게 생기를 주는 직업(취미)이 되고, 육친이 된다.

- 생문이 들면 재물, 직장, 승진, 모임, 임신이나 출산, 결혼에 길한 시기가 되고,
- 생문의 방향은 어떤 모사에도 길한데, 특히 출산, 병자, 요양, 집터의 방위로 길하다.
- 생문에 좌한 육친은 나와의 인연도 길하며, 그 육친·육신도 생문에 좌한 삶으로 나아가고 나아가려 애쓴다.
- 원명국에 생문방위로 고향에서 나아가 사는 방위로는 길방이라 분주하고 성취하는 방위가 된다.

:: **사문**(死門)

사문의 본자리는 未申方에 자리한 흉문(凶門)으로 오행은 토기로 곤위지(坤爲地)이니, 대지는 침묵으로 모든 것을 수용하는 것으로 자신을 드러내니, 사문의 자리가 된다.

※ 사문이 있는 육친은 조용한 것을 좋아하고 사람이 점잖은 편이며,

내성적인 성향이며, 보수적인 기질에 혼자 있기를 좋아한다. 또한, 비사교적이기에 모임의 리더나 친목의 리더로는 부적합한 사람이 된다.

사문(死門)은 주로 실패와 좌절, 사회에서의 불-성취를 말하는데, 기타-인생의 큰 변화, 정지, 실패, 좌절, 단명, 배신, 전통고수, 시골, 자연, 도인, 보수적, 죽음, 낙심, 점잖음, 군자, 어른스러움, 침묵, 조용, 은둔, 고요, 상심, 상실 등을 암시한다(곤궁은 모든 것을 받아들이는 어머니로 본다. 그러므로 곤궁의 사문은 마음의 아량이 넓은 편에 속한다).

신수에서 사문방은 기타와 같은 일들에서 연관되지만, 특히 운기운세를 일으키려는 방위는 금물이기에 환자나 출산, 투자, 이사나 점포, 사무실 방위로는 흉하다.

사문(死門)은 未申月 곤방(坤方)이 자신의 자리로 흉액으로 작용한다.
이는 원명국과 대운, 신수와 각 달에서 부정을 암시하는 흉액으로 보는데, 특히 절명(絶命)과 동궁하면 사문의 암시는 가중된다.

기타 길괘와 동궁은 길괘를 막음이니 길성은 퇴보하고, 흉괘와 동궁은 흉액이 가중된다.
모든 육친에도 사문이 닿으면 사문의 암시를 대입하여 해석하면 되는 것인데, 그 육친의 성향이 보수적, 말 없음, 조용, 점잖음 등으로 보며, 성공, 성취 여부는 홍연수의 왕쇠 기타 구성을 살펴야 한다.

사문이 형제(月支, 月干/兄)에 있다면-

형제나 친구와 관계가 불통이나 왕래가 없으며, 나아가 형제가 없다.

부모궁(年支, 年干/父)에 있다면-

그 부모에게 어려움과 고난이 있고, 질병 아니면 조실부모하게 된다.

관귀궁(官/鬼)에 있다면-

관직이나 직장에 장애가 많거나 성취하지 못함을 말하며, 여명이면 남
편 또는 재혼남과의 관계에서 장애와 걸림이 많아 결국 이별을 하거나 무
정하게 지낸다.

재궁(財)에 있다면-

재물에 막힘이 많아 모이지 않는다. 남명이면 부인 또는 재혼녀와의 관
계에서 단절과 소통이 안 되며, 결국 이사별을 하거나 무정하게 지낸다.

육친별 死門-

: 대운에 사문(死門)이 있으면 일반적으로 재물에 근심이 있거나 몸에
상해(傷害)가 있다(또는 집안에 죽음의 슬픔이 있다).

兄이나 월지/월간에 死門이 있으면-

형제간에(또는 그 형제는) 왕래가 거의 없거나 헤어져 살며, 액난으로 그
형제는 사망할 수 있으며, 친구나 주변 사람들과의 관계에서 친숙한 왕래

는 적은 편이다.

父나 년지/년간에 死門이 있으면-

부모는(또는 그 육친의 부모는) 질병이 있거나 보수적이며 어렵게 살아 간다.

官에 死門이 있으면-

격이 흉하면 관운이 없고, 천한 직업을 갖는다. 여명은 남편이 보수적이고 말이 없는 편이며, 점잖은 편이다.

鬼에 死門이 있으면-

큰 병을 얻으면 백약이 무효하여 치료가 불가하여 끝내 죽는 경우가 다반사이다. 여명은 재혼남이나 애인이 말이 적고 내성적이며, 점잖은 편이다.

正財에 死門이 있으면-

상처(喪妻)하거나 부인에게 상해(傷害)가 있으며, 재산상의 손실을 겪는다.

偏財에 死門이 있으면-

모아 둔 재산이 흩어지기에 재산관리를 잘해야 하며, 재처 또는 애첩에게 근심이 따라 다닌다.

孫이나 時干/時支에 死門이 있으면-

자녀가 없거나 있어도 그 자녀와는 인연이 없어 정이 없다.

- 사문의 육신/육친은 나와 인연이 깊지 못하며, 파재, 구설, 이별, 재앙
  의 인연이 되며, 직업(취미)에 있어서도 지속하기 어렵다.
- 사문은 생산, 출산, 직장, 점포, 병자나 요양, 이사 등의 방위로는 피해
  야 하고, 수렵, 살생, 애완동물 등 기타 죽음의 매장방위로는 길하다.
- 신수에서 사문의 육친은 나를 암울하게 하거나 인연은 깊지 못하고,
  사문방위의 초상집이나 문병은 가지 말아야 하는데, 특히 사문에 등
  사나 鬼가 동궁하는데(사문, 등사, 귀가 다 동궁이면 대흉) 있어 세기
  가 약하다면 반드시 귀신이 붙거나 몸에 탈이 생긴다.

- 이 방위로의 머리 두고 자는 것도 **흉**하며, 출장이나 피치 못할 일에서
  이러한 곳에 머물 경우에는 잠자리의 머리 방향은 생문좌에 두고, 방의
  네 모서리에 우물 정(井) 자나 비우(雨)자는 또는 우레 뢰(雷자)를 붉은
  글씨로 적어 붙이고 자야 한다.
- 원명국에 사문방위로 고향에서 나아가 사는 방위는 흉방이라 신액
  (身厄)이나 질병의 방위가 된다.

∷ **개문**(開門)

개문의 본자리는 戌亥方에 자리한 길문(吉門)으로 오행은 금기로 건위

천(乾爲天)이니, 金氣는 솟아오른 강성함의 음기로 결실을 보고 도약으로의 전진을 의미하기에 가장으로의 아버지가 된다.

　개문은 적극적인 의미로 새로움, 새바람, 시작, 변동, 들어옴, 들어감, 풍요, 도약, 개방적, 소식, 성취, 도전, 소통, 시원함, 넓음, 포용, 높음 등을 암시한다.하늘은 끝없이 펼쳐진 허공에서 무한의 상시한 열림으로, 개문의 자리가 된다.

　※ 개문의 육친은 사람이 개방적이고 사교적이고 적극적이며, 능동적인 마인드를 가진 사람이다. 대운이나 신수, 월운에서 개문이 들면 새로운 일을 하게 되거나 개문과 함께하는 육신의 일을 하게 된다(육친이면 같이 움직일 수 있음). 그러나 흉운이면 불우한 환경에 들어서게 된다.

　신수에서 개문방은 기타와 같은 일들에서 연관되지만, 특히 소통과 출입문의 방위로는 길방이 된다.
　개문(開門)은 戌亥月 건방(乾方)이 자신의 자리로 길함으로 작용한다.
　이는 원명국과 대운, 신수와 각 달에서 긍정으로의 길함을 암시하는데, 특히 천의(天宜)와 동궁하면 바라는 것, 필요한 것이 들어오고, 귀혼(歸魂)과 동궁하면 변화가 지속되지 않음을 말한다.

　모든 육친에도 개문이 닿으면 개문(開門)의 암시를 대입하여 해석하면 되는 것인데, 성공과 성취 여부는 홍연수의 왕쇠와 기타 구성을 봐야 한다.

개문(開門)이 형제(月支, 月干/兄)에 있다면-
형제나 친구, 아니면 주변 사람들의 도움이 있고,

부모궁(年支, 年干/父)에 있다면-그 부모가 개방적이고 포용력이 있으며,
결단력을 갖춘 분이다.

자녀(時支, 時干/孫)에 있다면-
자녀는 야망이 크거나 일에 바쁜 생활을 하는 자식이 된다.

관귀궁(官/鬼)에 있다면-
관직이나 직장에서 지위가 있고, 여명이면 남편 또는 재혼남이 주색을
즐기고 벗이 많다.
 - 귀(鬼)에 개문(開門)이 있으면 길격이 아닌 이상 질병이나 근심이 많다.

재궁(財)에 있다면-
재물의 출입이 빈번하다. 남명이면 부인 또는 재혼녀가 정직 정확하고
마음이 넓다.

육친별 開門-
: 대운에 개문(開門)이 있으면 일반적으로 새로운 일을 맞이하고, 의욕
이 일어나고 많은 사람을 접한다.

兄이나 월지/월간에 開門이 있으면-

형제간에(또는 그 형제는) 우애가 있는 듯해도 우애가 없으며, 공과 사를 가린다.

父나 년지/년간에 開門이 있으면-

부모는(또는 그 육친의 부모는) 의욕이 좋지만 마무리가 약하다.

官에 開門이 있으면-

이름이 나고 높은 자리에 앉는다. 여명이면 남편이 잘된다.

鬼에 開門이 있으면-

이름과 직위를 서서히 얻는다. 병은 약하게 지내가는 편이다.

孫이나 時干/時支에 開門이 있으면-

그 자녀는 역량이 뛰어나 성취하는 자녀로 덕망을 얻고 대접을 받는다.

• 개문의 육친(또는 世)은 소통이 잘 되고, 대운과 신수에서도 어울리는 인연이 된다.

  하지만 홍국수가 흉하고, 괘문성장이 흉하면 그 인연은 흉함이 된다.
• 개문은 개업의 시기가 되고, 출입문의 방향이 되고, 나아갈 개척의 방위가 된다.
• 사업체나 점포 등 장사나 영업점의 출입문인 개문향이 열려 있어야 고객이나 손님이 들어온다. 특히, 출입문의 방향이 두문이면 대흉한

출입문이 된다.
· 원명국에 개문방위로 고향에서 나아가 사는 방위로는 길방이라 개
척하는 인생이 된다.

:: **두문**(杜門)

두문의 본자리는 손궁(巽宮)인 辰巳方에 자리한 흉문(凶門)으로 오행
은 木으로 손위풍(巽爲風)이니, 이때의 木氣는 다 성장한 상태로 더 이상
성장하지 않고 멈춘 정지 상태를 말하고, 바람은 정체성 없이 일어났다
사라지는 끊어진 듯 없지 않음에서 두문의 자리가 된다.

※ 두문이 세궁에 있으면 사람이 점잖은 편이나 주작에 등사가 있으면
주사도 있음이다. 육친의 두문도 점잖은 편이며 보수적인 성향이며, 두문
인 육친과는 대화가 없거나 거리감이 있으며 소통도 없는 편이며, 인연이
없는 육친이며 육신이 되기에 관귀에 있다면 직장생활에 장애가 있어 이
직이 잦다(연구원은 무난).

두문은, 절정에 이른 막다른 선상에서 돌변하는 여성적 성향의 이중성
을 보기에 다 큰 장녀가 되는데 주로 막힘과 차질이 되는데 그 의미는 은
둔, 중지, 멈춤, 막힘, 장애, 불-성취, 휴업, 휴직, 퇴직, 정지, 비-활동, 감금,
입원, 구속, 후퇴, 부도, 보수적, 말 없음, 조용, 고독, 절교, 비-사교 등을 암
시한다.

신수에서 두문방은 기타와 같은 일들에서 연관되지만, 특히 공부나 연구, 창작이나 작가에겐 길방이 되고, 화합과 소통에는 **흉방**이 된다.

두문(杜門)은 辰巳月 손방(巽方)이 자신의 자리로 **흉액**으로 작용한다. 이는 원명국과 대운, 신수와 각 달에서 부정을 암시하는 **흉액**으로 보는데, 특히 귀혼과 동궁하면 두문의 암시는 가중된다. 기타 길괘와 동궁은 길괘를 막음이니 길성은 퇴보되고, 흉괘와 동궁은 흉액이 가중된다.

모든 육친에도 두문이 닿으면 두문의 암시를 대입하여 해석하면 되는 것인데, 그 육친의 성향이 보수적, 말 없음, 조용, 점잖음 등으로 보며, 성공, 성취 여부는 홍연수와 기타 구성을 봐야 한다.

두문이 형제(月支, 月干/兄)에 있다면-
형제나 친구와 관계가 불통이나 왕래가 없으며, 나아가 형제가 없다.

부모궁(年支, 年干/父)에 있다면-
부모에게 어려움과 고난이 있음이고 나와 대화가 없거나 단절을 말하고,

자녀(時支, 時干/孫)에 있다면-
자녀와 인연이 없거나 무자식, 성공, 성취가 어렵다고 본다.

관귀궁(官/鬼)에 있다면-
관직이나 직장에 장애가 많거나 나아가지 못함을 말하며, 여명이면 남

편 또는 재혼남과의 관계에서 장애와 걸림이 많아 결국 이별을 하거나 무정하게 지낸다.

재궁(財)에 있다면-

재물에 막힘이 많고, 짠돌이가 된다. 남명이면 부인 또는 재혼녀와의 관계에서 단절로 소통이 안 되며, 결국 이별을 하거나 무정하게 지낸다.

육친별 杜門-

: 대운에 두문(杜門)이 있으면 일반적으로 장애가 일어나고 활동이 막힌다.

兄이나 월지/월간에 杜門이 있다면-

형제간에(또는 그 형제와) 생각이 다르고, 말만 하고 실행이 없으며, 친구나 주변 사람들과의 소통이 적어 외롭게 지낸다.

父나 년지/년간에 杜門이 있다면-

부모는(또는 그 육친의 부모는) 큰일 한번 못하고, 현실에 급급하여 뜻을 펴지 못하고 살아가는 사람이다.

官에 杜門이 있다면-

관직과 직장에서 승진 운은 거의 없고, 중도에 그만두거나 좌천당하기 쉽다. 여명은 남편이 말이 적고 비활동적이다.

鬼에 杜門이 있다면-

몸에 잔병이 많고 우환이 자주 발생한다. 여명은 재혼남이나 애인이 비사교적이며 말이 적다.

正財에 杜門이 있다면-

마음이 한가한 편이며, 격이 흉하면 잘 되는 일이 없다. 처는 말이 많지 않고 점잖은 편이다.

偏財에 杜門이 있다면-

초년에는 힘겹지만, 말년에는 안정된 삶을 산다.

孫이나 時干/時支에 杜門이 있다면-

자식을 두기 어렵거나 늦게 자식을 두며, 자식을 둬도 그 자녀는 본인과 인연이 없고 동락(同樂)하기 어렵다.

- 대운, 신수, 월운에 두문은 하는 일은 장애가 뒤따르고, 육친과는 단절이나 불소통, 그 육신의 흉함이 된다. 두문에 귀혼이 더하면 그 작용은 매우 강하다.
- 두문의 육친과는 떨어져 사는 것이 좋기에 자주 왕래는 불화로 인한 단절을 야기한다.
- 두문의 방위에 가게점포나 사무실을 내는 것은 흉함이며, 이 방위에 사교적인 업종이나 업무는 대흉하다.
- 원명국에 두문방위로 고향에서 나아가 사는 방위로는 흉방이라 갑갑한 인생이 된다.

:: 휴문(休門)

　휴문의 본자리는 감위수(坎爲水)이니, 子方에 자리한 길문(吉門)으로 오행은 水이다. 물의 성질은 차고, 속성은 아래로 흐르는 것이나 그 성향의 본질은 고요한 것에서 마침내 고요함이니, 휴문의 자리가 된다.

　※ 휴문의 육친은 사람이 점잖고 편하게 보이는 것이 특징이다.

　휴문은 대체로 길문이라 육친에 붙는 대로 길함이나 병자나 노인에게 휴문은 죽음이 된다. 또한, 자식의 육친인 시간, 시지, 손에 휴문은 자식과 인연이 없는 것이 되어 자식이 없거나 인연이 얕아 원거리에 살아야 좋다(딸은 무난함).

　이때의 水氣는 음기에서의 안정을 말하기에 총명한 중남과 같은데, 주로 휴식과 재정비를 말하는데, 이는 차분함, 지혜, 계산적, 평온, 휴식, 휴직, 휴무, 자유, 무직, 쉼, 없음, 해소, 취소, 유산, 無인연, 무소식, 등산, 교외, 놀이, 안정 등을 암시한다.

　신수에서 휴문방은 기타와 같은 일들에서 연관되지만, 특히 여행지, 출산지, 안정을 도모하는 방위로는 길방이 된다.

　휴문(休門)은 子月 감방(坎方)이 자신의 자리로 길성으로 작용한다. 이는 원명국과 대운, 신수와 각 달에서 긍정을 암시하는 길성으로 보지만, 귀혼(歸魂)과 동궁하면 하는 일을 멈추고 되돌아가는 속성이기에 사회에 동참할 수 없다.

모든 육친에도 휴문이 닿으면 휴문의 암시를 대입하여 해석하면 되는 것인데, 그 육친의 성향이 말 없음, 조용, 점잖음 등으로 보며, 성공, 성취 여부는 홍연수의 왕쇠 기타 구성을 살펴야 한다.

휴문이 형제(月支, 月干/兄)에 있다면-
형제나 친구와 관계가 원만하고 안정적이며,

부모궁(年支, 年干/父)에 있다면-
그 부모가 큰 어려움이 없고 수명이 길다.

관귀궁(官/鬼)에 있다면-
관직이나 직장에서 성취를 이루고 인정과 대우를 받는다. 여명이면 남편 또는 재혼남과의 관계에서 다정하고 해로한다.

재궁(財)에 있다면-
재물에 막힘이 없다. 남명이면 부인 또는 재혼녀와의 관계에서 화목을 이루고 해로한다.

육친별 休門-
: 대운에 휴문(休門)이 있으면 일반적으로 일에서는 좋은 평을 듣고, 건강은 편안하다(단, 노인과 병자는 죽음을 암시한다).

兄이나 월지/월간에 休門이 있으면-

형제간에(또는 그 형제는) 진심으로 서로 돕고 우애가 좋다.

父나 년지/년간에 休門이 있으면-

부모는(또는 그 육친의 부모는) 자애롭고 화기애애하다.

官에 休門이 있으면-

귀인의 도움이 따르고, 자리는 안정되며 좋은 평의 이름을 얻는다. 여명이면 남편이 점잖고 잘 된다.

鬼에 休門이 있으면-

평생 큰 병이 생기지 않는다. 여명이면 재혼이나 정부가 점잖고 인품이 좋은 사람이다.

孫이나 時干/時支에 休門이 있으면-

그 자녀와 인연이 없거나 그 자녀는 안정된 삶을 살게 된다.

· 휴문에 재성은 남명에겐 점잖은 아내를 만나게 되고, 여명에겐 말이 없거나 표현력이 작은 없는 남자를 만나게 된다. 그러나 가정궁이 흉하다면 이러한 사람을 만나지만, 이별을 면할 수 없다.

· 휴문에 재성은 돈을 편하게 벌 수 있는 일을 하게 되고, 어렵지 않게 돈이 유통된다.

・휴문의 방위는 휴가나 휴식의 방위가 되고, 편안한 직장근무처의 방위가 된다.

원명국에 태어난 고향에서 휴문방위로 나아가 사는 것은 편하게 살 수 있는 방위가 된다.

:: 경문(景門)

경문의 본자리는 이궁(離宮)인 午方에 자리한 길문(吉門)으로 오행은 火로 이위화(離爲火)이니, 불은 밝히는 것으로 성질은 뜨겁고, 속성은 위로 오르나 그 성향의 본질은 밝음의 드러냄이니, 경문의 자리가 된다.
 ※ 경문은 밝음을 상징하는 문으로 어둠과 암울함을 물리는 작용에서 드러냄과 앎의 작용문이 되기에 사치나 허영, 글, 문서, 학문의 문이기도 하다. 따라서 경문이 용신 내지 진용이면 꾸미는 것이나 이와 관련 있는 일을 하거나 취미가 있음이다.

火氣는 다 자란 나무에서 꽃이 피어나는 것으로 밝음이 일어남을 말하며 이의 아름다움은 중녀가 되는데, 주로 허세와 사치, 실속이 없으며, 기타의미는 풍성, 구함, 만족, 열정, 즐거움, 잔치, 기쁨, 미소, 밝음, 당선, 합격, 성취, 원만, 해결, 이룸, 결혼, 축복, 화합, 오락, 사교적, 인기, 꾸밈, 가꿈, 내보임, 사치, 치장 등을 암시한다.

신수에서 경문방은 기타와 같은 일들에서 연관되지만, 특히 연애·사랑, 잔치, 오락의 방위로는 길방이 된다.

경문(景門)은 午月 이방(離方)이 자신의 자리로 길함으로 작용한다. 이는 원명국과 대운, 신수와 각 달에서 긍정으로의 길함을 암시하는데, 특히 복덕(福德)과 동궁하면 재물과 의식이 풍족하며 인기가 많다. 반면, 경문(景門)이 水宮인 坎宮에 임하면 경문의 길함은 상쇄되어 사라진다.

모든 육친에도 경문이 닿으면 경문(景門)의 암시를 대입하여 해석하면 되는 것인데, 성공과 성취 여부는 홍연수의 왕쇠와 기타 구성을 봐야 한다.

경문(景門)이 형제(月支, 月干/兄)에 있다면-
형제나 친구와 관계에서 소통은 잘 될 수 있으나 시기·질투가 생길 수 있으며,

부모궁(年支, 年干/父)에 있다면-
그 부모가 실속이 없고 감각적 즐거움을 따른다.

자녀(時支, 時干/孫)에 있다면-
그 자녀가 활발하고 밝아 인기가 있다.

관귀궁(官/鬼)에 있다면-
관직이나 직장에서 빨리 승진하지만 지속됨은 약하다. 여명이면 남편 또는 재혼남과의 관계에서 가정을 잘 돌보지 않음이 된다.

재궁(財)에 있다면-

재물에 출입이 빈번한데, 남명이면 부인 또는 재혼녀가 활동적이고 사치스러워 낭비가 심하다.

- 귀(鬼)에 경문(景門)이 있으면 눈, 심장병, 소장에 질병이 있거나 중풍에 걸리기 쉽다.

육친별 景門-

: 대운에 경문(景門)이 있으면 일반적으로 기쁘고 즐거운 곳에 자주 가고, 지출이 많다.

兄이나 월지/월간에 景門이 있으면-

형제간에(또는 그 형제는) 의리는 있으나 쓸데없는 허세로 서로 간에 시기하고 불목(不睦)한다. 친구나 주변 사람들이 흥겨움과 노는 것을 즐기는 편이다.

父나 년지/년간에 景門이 있으면-

부모는(또는 그 육친의 부모는)그 부모는 허세 부리기 좋아하거나 돈이 없어도 있는척하며 낭비를 잘한다.

官에 景門이 있으면-

관직자라면 일찍 관직에 등용되나 관운이 지속되지는 않는다. 여명은 남편이 다소 허세, 허영을 부리고 낭비가 많다.

鬼에 景門이 있으면-

울화병이나 풍기/중병에 걸리기 쉽다. 여명은 재혼남이나 정부가 다소 허세, 허영을 부리거나 낭비를 잘한다.

正財와 偏財에 景門이 있으면-

처나 애첩이 총명하고 슬기롭지만, 허세와 거짓이 있다.

孫이나 時干/時支에 景門이 있으면-

그 자녀에 경사가 있지만, 그 자녀는 사치와 허영이 있고, 크게 성공하지는 못한다.

- 원명국에서 世에 경문(景門)이 있다면 허위를 일삼고 말을 잘하는 편인데, 특히 世가 一六水로 명국에서 금수가 발달한 경우나 세에 등사나 현무 또는 천봉이 있다면 더욱 짙다.
- 신수에서 世가 왕한 상태에서 경문(景門)을 만나면 결혼에 대한 경사가 있거나 식구 수가 늘어난다.
- 경문의 육친은 남에게 잘 보이려는 성향이 강하고, 사치나 허영심이 있다.
- 경문의 방위는 잔치, 유흥오락, 사교(프러포즈) 장소로는 길하나, 기도나 수행, 학습, 연구방위로는 흉방이 된다.
- 경문은 잔치, 오락, 연애, 학문과 연관 있으며 한편, 세궁와 년지가 합으로, 그 합이 경문이 되면 일생 어둡고 암울하게 사는 일 없이 밝은 운으로 살거나 긍정의 밝은 마음으로 사는 사람이다(세궁과 비동의 경문과 합되어 경문이 되어도 그러한 경향이 있음).

- 경문이 극 받으면 인생 전반기가 암울하면 후반기가 밝고, 전반기가 밝으면 인생 후반기는 암울한 편이다.
- 경문에 망신살이 좌하면 밝음(좋은 것)이 오래가지 못하거나 좋은 것, 즐거운 일 가운데 망신살이 작용한다.

:: 상문(傷門)

상문의 본자리는 卯方에 자리한 흉문(凶門)으로 오행은 木으로 진위뢰 (震爲雷)이니, 이때의 木氣는 땅속에서 솟아 나온 갓 피어오른 어린새싹과 도 같다.

뇌성의 우렛소리에서 하늘을 드러내고 땅을 다스리며, 사람을 일깨우는, 이지러지게 하는 것에서 상문의 자리가 된다.

※ 상문은 상할 상(傷)에서 그 육친·육신도 상함이 깃드는 것에서 상함 이 있는데, 신심(身心)의 상함이 있는 것이다. 그 육친이 약하면 수술이나 사고 등의 신액이 있음이며, 왕해도 마음 상하는 일이 종종 생긴다.

상문은 처음 일어선 맏이로의 장남으로 풍파와 괴로움을 당하는 고충 이 되기에, 뜻하는 의미는 시비와 갈등, 상(喪/傷)과 관련이 있는데 싸움, 낙상, 사고, 상해, 상처, 질병, 문상, 상복, 좌절, 실망, 상심(傷心), 투쟁, 시 비, 재난, 도적, 손실, 고난, 낙상, 낙마, 어려움, 파산, 이별, 분산, 흩어짐, 고 민, 살상 등을 암시한다.

신수에서 상문방은 기타와 같은 일들과 연관되는 방위인데, 특히 회복과 경사를 바라는 방위로는 피해야 한다. 다만, 병원, 영안실, 길운에서의 살상방위로는 길하다.

상문(傷門)은 卯月 진방(震方)이 자신의 자리로 흉액으로 작용한다. 이는 원명국과 대운, 신수와 각 달에서 부정을 암시하는 흉액으로 보는데, 특히 화해와 동궁하면 고충과 근심이 가중되며, 복덕과 있다면 흉문의 흉액은 엷어진다.

모든 육친에도 상문이 닿으면 상문의 의미를 대입하여 해석하면 되는 것인데,

일반적으로 상문이 있는 육친이 약하다면 그 육친의 해석은 부정이 가미되는데,

형제(月支, 月干/兄)라면-

형제나 친구로 인해 상처나 시비가 있고, 그들과의 관계는 친분이 없음을 말하고,

부모궁(年支, 年干/父)에 있다면-

그 부모에게 어려움과 고난이 있었고, 몸에 상해도 있음이다.

자녀(時支, 時干/孫)에 있다면-

그 자녀에게 상해가 있고, 곤궁, 곤란함이 많다.

관귀궁(官/鬼)에 있다면-

관직이나 직장이 위태롭거나 끝까지 지키지 못하며, 여명이면 남편 또는 재혼남과의 관계에서 원만함은 사라지고 불화가 일어나 상처를 입으며,

재궁(財)에 있다면-

재물에 유통이 안 되고, 남명이면 부인 또는 재혼녀와의 관계에서 원만함은 사라지고 불화가 잦고 상처를 입는다.

반면, 길격이면 상문이 있는 육친은 군인, 경찰, 형사, 어부, 살상하는 일로 살아간다. 모든 육친에 상문과 겁살이 동궁하면 그 육친이 왕성하지 않는 이상 몸에 상해를 당해 흉터가 반드시 생긴다. 그리고 왕성한 육친에 상문은 큰 위해로 작용하지 않는다.

육친별 傷門-

: 대운에 상문(傷門)이 있으면 일반적으로 근심과 상심(傷心)이 일어나고, 신액(身厄)과 상가(喪家)방문이 잦다.

兄이나 월지/월간에 傷門이 있다면-

형제간에(또는 그 형제와) 싸움이나 우애가 없고, 친구나 주변 사람들과의 친분도 두텁지 못하다.

父나 년지/년간에 傷門이 있다면-

부모는(또는 그 육친의 부모는) 무정하고 집안에 언쟁이 빈번하다. 또는 그 부모에 신액(身厄)이 있다.

官에 傷門이 있다면-

권력은 가질 수 있지만, 권력의 남용은 못한다.

鬼에 傷門이 있다면-

격이 흉하다면 여명에서 정부/애인과는 인연이 없으며, 신액은 골절상이나 심화병(心火病)이 잘 생긴다.

正財에 傷門이 있다면-

남명은 가정궁이 흉하다면 가정불화가 빈번하고 부부애가 없다.

偏財에 傷門이 있다면- 남명은 가정궁이 흉하다면 재물을 모으는 데 고초가 많이 따르며, 가정불화는 빈번하고 부부애가 없으며, 가정궁과 상관없이 남명은 축첩/애인과의 인연은 박하다.

孫이나 時干/時支에 傷門이 있다면-

그 자녀가 불효하거나 육친과 떨어져 살며, 몸에 상해를 입는다.

· 상문이 닿은 그 육친이나 그 육친으로 인해 신심(身心)의 상함이 있다.

· 그것이 세궁이라면 가정사의 상함이 되고, 대운, 신수에서는 집안에 상당하는 일이 생기거나 상해가 일어난다.

· 원명국의 세궁이나 일간에 상문에 귀혼이 있으면 배신을 많이 당하거나 속는 일이 많고, 대운이나 신수에서도 그러한 일이 생기는 시기가 된다(또는 신액身厄으로 자주 집에 안주하거나 병원에 가게 됨).

- 상문에 절체, 겁살(궁)이 좌하면 사고나 수술 등 신액이 일어나는데, 그 육친이 그렇고 대운, 신수가 그러한데 그러한 달에서도 일어난다. 이때 세약이면 강하게 일어난다.
- 상문이 귀로 등사까지 더하여 나를 극할 때 세약이면 초상집이나 병문안은 가지 말아야 한다.

:: 경문(驚門)

경문의 본자리는 태궁(兌宮)인 酉方에 자리한 흉문(凶門)으로 오행은 金으로 태위택(兌爲澤)이니. 연못은 생명의 갈증을 해소하는 것에서 지나쳐 빠져드는 유혹의 대상으로 두려움이 되기에 경문의 자리가 된다.

※ 경문의 본자리는 태궁으로 소녀방에서 경문의 육친은 강한 듯하지만, 소녀 같은 어린 심성이라 사람이 잘 놀래는 편이다. 일반적으로 경문이 좌한 방위는 평온과 안정을 바라는 방위로는 흉하며, 사육장이나 축산업의 짐승을 양육하는 방위로는 길방이 된다.

金氣는 음기에 들어선 기운으로 놀라워하는 소녀와 같은데, 심신이 허약하여 불안하고 초조함이 있다. 이는 예민함, 놀램, 성급, 공포, 경거망동, 독기, 복수, 응징, 분잡, 어지럽다, 서두름, 빠르다, 신속, 속전속결, 겁이 많다, 다변 등을 암시한다.

경문(驚門)이 원명국과 대운, 신수와 각 달에서 부정으로의 흉함을 암시하는데, 특히 유혼(遊魂)과 동궁하면 마음이 산란하여 안정이 없고, 정신이 어지럽다. 절체(絶體)와 동궁하면 사고, 수술, 횡액 등의 신액이 일어난다. 경문(驚門)-이(金) 이궁(離宮)-(火)에 있다면 火金상전이라 흉함이 일어난다.

신수에서 경문방은 기타와 같은 일들에서 연관되지만, 특히 역마적인 일로서의 방위는 길하며, 송사나 쟁투, 투기의 방위는 흉방이 된다.

모든 육친에도 경문이 닿으면 경문(驚門)의 암시를 대입하여 해석하면 되는 것인데, 성공과 성취 여부는 홍연수의 왕쇠와 기타 구성을 봐야 한다.

경문(驚門)이 형제(月支, 月干/兄)에 있다면-
형제나 친구를 싫어하거나 불화가 있고,

부모궁(年支, 年干/父)에 있다면-
부모와 언쟁이 잦고 불효한다. 또는 그 부모가 말이 많다.

자녀(時支, 時干/孫)에 있다면-
언행이 일치하지 않으며, 서두는 성급한 경향이 있다.

관귀궁(官/鬼)에 있다면-
관직이나 직장에서 분주한 업무를 하거나 직장변화가 많다. 여명이면 남편 또는 재혼남이 말이 빠르고 자신의 주관이 강하다.

재궁(財)에 있다면-

재물이 잘 나가는데, 남명이면 부인 또는 재혼녀가 말이 많고, 신의가 없다.

- 귀(鬼)에 경문(驚門)이 있으면 갑작스럽게 질병이 찾아온다. 또는 정신적인 불안이 있다.

육친별 驚門-

: 대운에 경문(驚門)이 있으면 일반적으로 분주하나 노력에 대한 대가가 안 따르고, 언쟁이 있다(대운에 경문(驚門)에 절체(絶體)가 있다면 신액이 있는데, 사고로 몸을 다치거나 병을 앓는다).

兄이나 월지/월간에 驚門이 있으면-

형제간에(또는 그 형제는) 꾀가 많아 사기를 잘 치며, 남을 잘 이용하려 한다.

父나 년지/년간에 驚門이 있으면-

부모는(또는 그 육친의 부모는) 평생 한이 많고, 그 부모의 형제간에는 정이 없다.

官에 驚門이 있으면-

관직이나 직장생활에 변동이나 변화가 많으며, 여명은 남편이 말이 많아 경솔한 면이 있다.

鬼에 驚門이 있으면-

병이 갑자기 찾아오는데, 재혼남 또는 정부가 분주하거나 다변이다.

正財에 驚門이 있으면-

처가 언변이 좋거나 잔말이 많다.

偏財에 驚門이 있으면-

재물이 잘 나간다. 재처나 애첩이 수다를 잘 떨거나 활동적이다.

孫이나 時干/時支에 驚門이 있으면-

그 자녀는 자만심이 있으며 끈기가 부족하다.

- 경문에 화해가 있는 육친은 나를 짜증나게 하는 사람이거나 불쾌한 인연이 된다. 이러한 대운이나 세운, 월운에서는 이러한 사람을 만나거나 일어난다.
- 경문에 복덕이 있어 육신이 길하면 그 육신이나 육친의 길함은 빠르게 일어나는데, 역마성이 깃들면 일사천리의 속성이 그 육친이나 육신에 있다.
- 경문에 주작이 좌하면 말이 많거나 잘하는 사람으로 흉운에서는 말로 인해 큰 화를 당한다. 여기에 망신살을 더하면 실언이나 말로 인한 화액은 크다.
- 경문, 복덕에 주작이 좌한 그 육친이 길성이면 그 육친은 말로 인해 큰 이익이나 설교, 강연, 강사, 부흥 등의 길함이 되며, 말로 인해 감명을 주는 것에서 이익이 된다.

🔍 팔괘(八卦)

　팔괘는 무극의 이원인 음양이 각각 움터 일어난 8가지 작용을 땅을 상형(象刑)한 그림 형태를 괘상으로 나타낸 것인데, 이의 대립과 순환에서 길흉을 조식(彫飾)할 수 있는 것이다(음양의 2, 음과 양에서 각2이니 2×2×2=8괘)

　따라서 팔괘의 길흉이 응한 육친·육신에서 그 육친·육신의 길흉을 알 수 있다.

絶體	遊魂	禍害
天宜		福德
生氣	歸魂	絶命

팔괘정위도

팔괘는 길괘인- 생기, 천의, 복덕과

흉괘인 절체, 유혼, 화해, 절명, 귀혼이 있다.

:: 생기(生氣)

생기(生氣)는 생명력을 말하기에 재물과 건강, 사회적 안정, 화목과 소통, 완쾌, 생산, 제조, 출산, 시작, 만남, 구함, 효력, 성과, 화목, 결합 등을 암시한다. 그러므로 모든 육친에 생기는 긍정의 힘을 더하기에 생기의 암시를 더하여 해석하면 된다.

- 건강과 생명/생기를 일으키는 방위로는 길방이 된다.

특히, 생기(生氣)가 생문(生門)과 동궁하는 육친은 풍족함을 이루게 되고, 휴문(休門)과 동궁하면 화평을 이룬다는 암시가 있다. 그러나 두문(杜門)이나 사문<死門>과 동궁하면 생기를 가로막고 시들게 하는 것으로 그 육친은 장애와 곤궁, 근심으로 보내게 된다.

생기는 손(巽)-木궁이나 곤(坤)-土궁에 있으면 뺏기고 극을 당해 생기(生氣)로서의 작용력은 미약하다. 감(坎)-水궁이나 태(兌)-金: (연못)궁은 생명이 더하기에 작용력은 왕성하다.

- 생기는 생문, 청룡과 함께 자녀를 얻는 데는 길하다.생기는 생명력이 일어나는 시기로 의욕이 일어나고 자신감이 생기는 시기로, 건강, 진급승진, 모사의 시작 시기로 길하고, 길방이 된다(간궁이 좌궁). 다만, 과욕은 금물이다.

– 육친·육신에 붙는 대로 그 육친·육신은 길하다.

· 생기가 있는 육친은 사람이 부지런하고, 생활력이 강하다. 또한 박력

이 있고, 결단력도 있다.

· 운에서는 호운을 암시하고, 기회를 잡는 편이다.

· 생기가 있는 육친은 건강한 편이고 의욕이 왕성하고, 용기가 있으며, 위기를 잘 극복한다. 그러나 충동적인 면이 있고, 일의 시작을 잘 한다.

:: 천의(天宜)

천의(天宜)는 도리에 맞을 때 뜻을 이룬다는 길괘로 나보다 남을 위한 봉사에 길한데 의술과 치료, 의약업 등의 활인업에 관계되는 일에는 길하다. 화목, 봉사, 희생, 자비, 매입 등에 좋다. -모든 흉살을 상쇄 시킨다.

정신적·신체적 안정을 바라는 방위로서는 길방이다.

천의가 깃든 시기는 하늘(부모)의 보살핌으로 모든 액난이 물러가는 시기로, 특히 병자에게 이로운 길방이 되고, 길한 시기가 된다(진궁이 좌궁).

다만, 경솔과 살생은 금물이다. – 육친·육신에 붙는 대로 그 육친·육신은 길하다.

· 천의의 대운, 신수, 월운에서는 행운을 부르는 것에서 시험과 승진의 길함과 재물에 길함, 환자의 회복과 약과 명의는 인연에 길함이 있다.

· 천의를 만나는 시기는 행동을 표현하고 표출할 때이며, 일의 시작의 시기가 되고, 어려운 일의 봉착에서도 회생의 기회 있음을 말한다.

· 천의의 육친은 사람이 어질고 선한 사람이 되고, 인색하지 않은 것이 특징이다.

:: 절체(絶體)

절체는 심신(心身)의 단절을 말하기에 고비와 난관, 고충을 말하는 흉괘로 신액(身厄), 부상, 불구, 사고, 좌절, 장애, 단절, 정지, 이별, 실패, 불안, 불만족 등을 암시한다.

모든 일에 흉방이나 이별/절교, 이혼을 바란다면 절체방위에 거처를 취한다면 멀지 않아 원함을 이룬다.

절체는 몸이 끊어진 것에서 사고나 수술 등의 신액(身厄)이 발생, 하는 일(업무)의 정지, 인연의 단절, 실패 등이 일어나는 시기로, 모사에는 흉방(손궁이 좌궁)이 된다.

흉운에 좌하면 가중되고, 길운에 좌하면 가볍게 지나가거나 없는 듯 지나간다. 혼자만의 시간을 가지는 일의 몰두는 길하다.

– 육친·육신에 붙는 대로 그 육친·육신은 흉하다. 경문(驚門)과 동궁하면 절체가 가중되기에 더욱 흉하다.- 모든 육친에 절체의 부정적 암시를 더하여 해석한다.

- 절체의 육친은 나와 정이 없어 친근하게 지낼 수 없는 인연이 되고, 인연의 지속이 어렵다. 또한, 그 육친은 몸에 수술이나 사고 등으로 몸에 신액이 있게 된다.
- 신수에서 절체의 인연은 만남의 지속이 어렵거나 오래가지 못하는 인연이 된다.

- 절체의 대운, 신수, 월운에서는 건강이 안 좋거나 병고, 또는 몸이 다치거나 수술을 하는 시기가 된다.
- 절체의 대운, 신수, 월운은 뭔가 이어가지 못하거나 나아가지 못하거나 단절, 중단의 시기가 되고, 몸의 화액의 시기도 된다.

:: 유혼(遊魂)

마음의 불안정을 말하고 계획의 어긋남을 말하기에 변화만 있고 결실이 없다. 아울러 정신이상, 신경 이상, 정서불안, 우울증, 불안, 불평, 불만 등이 암시된다.

모든 일에 흉방이나 오락이나 축제, 유혹하는 방위로는 길방이 된다.

경문(驚門)과 동궁하면 유혼이 가중되기에 흉함이 더욱 크게 작용한다.

유혼(遊魂)이 세궁이나 일간에 있으면 물질적 심리적 불안정으로 평생 이동과 변화가 심하다. 그러나 길격이면 발전하는 이동과 변화로 번창을 이룬다.

유혼은 마음이 들떠 있는 것에서 불안과 초조함이 되며, 꿈을 잘 꾸고 직감력이나 영성이 발달하여 있는 사람이다. 특히 일간, 세궁에 들면 이러한 경향이 짙은데, 여기에 등사나 鬼, 간위산에 동궁하면 분명하다. 또한, 유혼이 일간이나 세궁에 있으면 거처의 변동이나 심리적 변화가 많다. 결속력의 부족함이 결함이다.

길운에선 이주, 이동, 여행, 활동은 좋은 결과를 만든다(이궁이 좌궁)

– 모든 육친·육신에 공히 작용한다.

· 유혼이 세궁이나 일간에 좌하면 거처가 불안하여 자주 거주지를 옮기는데, 겁살(궁)이 있으면 작용을 더한다,

· 유혼의 달에는 마음의 안정을 해치는 일이 생기고, 년지나 세궁, 세궁과 일간에 좌하면 한 해가 그렇다.

· 유혼의 육친은 마음이 들떠 있어 안정감이 결여되고, 행동이 활달하여 거친 듯 보인다.

· 자식궁인 시간, 시지나 손궁에 유혼이 있으면 낙태나 유산한 자식이 있음인데, 자식궁이 흉하면 분명하다.

:: 화해(禍害)

어울리거나 움직이면 재액이 따르는 흉괘로서 질병과 사고, 재물손실, 오명 등의 흉사를 암시하는데, 화해가 동궁한 그 육친이 그렇다.

특히, 동궁한 육친이 살성으로 나를 극하거나 삼합이 되어 나에게 불리하면 그 육친으로부터 흉액이 일어나기에 어울림을 피하고, 그들의 말을 따라서는 안 된다. 화해(禍害)가 상문(傷門)과 동궁하면 그 화액은 가중된다.

모든 방위에 흉방이다. 그러나 실험이나 도살 방위로는 길방이 된다.

화해는 근심 걱정, 재난, 손실, 정체와 좌절이 일어나는 것에서 인내, 정

성, 성실로 대처해야 하는 시기가 된다. 원명국에서 화해살의 육친·육신과의 관계는 공히 흉하며, 길함을 요하는 일에서는 그 시기와 방위는 피해야 한다. 다만, 화해가 길신이라면 무속인(神)의 길, 경찰, 검사, 변호사는 길하다(곤궁이 좌궁).

특히, 화해살이 붙은 육신·육친은 흉하며 그 오행 또한 흉함에서 그 오행의 장기 기능은 약하고 안 좋다는 것을 알아, 큰 병이 걸리면 화해살이 좌한 오행의 장기가 된다.

- 육친·육신에 붙는 대로 그 육친·육신은 흉하다.

- 화해살의 대운, 신수, 월운에서는 재물손실, 건강, 억울함, 구설, 도둑, 관재 등의 흉함이 일어나고 그 육친·육신은 원명국이든 대운, 신수, 월운이든 나와 인연이 없으며, 나에게 피해를 주거나 나를 괴롭게 한다.
- 화해살이 천부와 있으면 질병이 걸리기 쉽고, 추한 일이 생길 수 있음이다. 여기에 사문이 함께하면 질병에 걸린다(사문, 화해의 육친·육신은 흉하다).
- 가정궁인 세궁이 화해살에서 원명국이면 가정이 평탄치 않고, 신수이면 건강이나 근심거리가 생긴다.
- 신수에서 화해살에 해단하는 홍국수의 태생은 나를 괴롭히거나 화액이 되고, 배신을 하는 태생도 된다.

:: 복덕(福德)

복덕은 복과 덕을 말하기에 기쁨, 행복, 결혼, 잔치, 사교, 풍족, 성취, 인기, 원만, 순탄, 인덕, 행운, 귀인, 만남 등을 암시하는 길성이다.

복덕이 있는 육친은 재물이 아쉽지 않고 인기가 있으며, 대운에서는 재물과 명예의 성취, 이성을 만나고, 신수에서도 년지나 세궁이 특히 이롭고 달 운에서도 이롭다(자격증 시험에 이롭다).

모든 일에 길방이나 특히, 재물이나 명예에 길방이 된다.

복덕은 복과 덕을 부르는 것에서 어떤 육신·육친에 함께해도 그 육신·육친은 길하다. 복덕이 원명국의 세궁, 일간, 년지에 있다면 재물, 인기, 명예 등을 얻을 수 있는데, 복덕은 비록 격이 흉하게 보여도 세궁, 일간, 년지 가운데 두 개에 동궁으로 있다면 쌍복이라 재물은 부족하지 않는 인생이 된다.

만약 년지, 월지, 세궁, 시지의 사지가 동궁으로 복덕이 있다면 그는 격이 흉하게 보여도 부자로 살게 된다. 복덕은 주로 재물, 횡재, 인기, 행운, 기쁨을 부르는 것에서 대운, 신수에서 있다면 결혼, 재물, 명예 등에는 길한 시기가 된다(태궁이 좌궁).

– 육친·육신에 붙는 대로 그 육친·육신은 길하다.

• 복덕의 육친은 잘 웃거나 좋은 일이 잘 생기는 편이다. 그러나 겁살이나 망신살이 좌하면 그 육친으로 인해 시비나 망신의 일이 생긴다.
• 복덕이 세궁이나 년지에 좌할 때 결혼은 유리하며, 세궁과 년지, 세궁

과 일간, 일간과 년지가 동궁하면 결혼과 더불어 재물은 길함이 된다.
· 관에 복덕이 있으면 관직이나 직장에 인연은 길한데, 직장을 안 다니는 사람에겐 명예가 좋거나 사람들에게 좋은 평을 듣거나 인기가 많은 사람이다.
· 세궁이나 일간에 복덕인은 사람들에게 인기가 많다.
· 신수에서 복덕의 육신·육친과는 인연이 길하다.

:: 절명(絶命)

사문(死門)과 동일한 의미로 숨이 끊어진다는 흉괘인데, 재물, 사랑, 명예, 직장, 직업, 소망, 자녀 등이 끊어진다는 악살로 좌절, 불통, 상실, 근심, 부상, 사고, 수술, 흉터를 말한다. 사문(死門)과 동궁하면 더욱 흉하다. 단, 격이 좋다면 큰 문제는 안 된다. 대운과 신수 각 달에서 흉함을 말한다.

모든 일에 흉방이나 실험이나 도살방위는 길방에 해당된다.

절명은 운이 다한다는 것에서 죽음, 폐망, 좌초, 부도, 단절, 구속, 중단을 드러내는 흉괘이다. 그러나 연구, 수도, 지필, 기획 등에는 길한 것에서 원명국이면 그러한 일과 인연이 깊고, 대운, 신수, 월운이면 이러한 일에는 길하기에 차분함과 안정을 요하는 시기가 된다(건궁이 좌궁).

– 육친·육신에 붙는 대로 그 육친·육신은 흉하다.

- 격이 좋아도 절명이 좌하면 차분하게 나아가야 하고, 흉하다면 혼자만의 몰입하는 일에 길하다.
- 병자에게 절명의 시기는 대흉하고 방위 또한 대흉함에서 병원이나 치료, 요양은 반드시 피해야 하는 방위가 된다.
- 육신/육친에 절명이 좌하면 그 직업은 오래 하지 못하게 되기에 자주 이직이나 변동을 주게 되는데 두문이 동궁하면 작용은 더욱 강하다.
- 세궁이 12지지에서 병쇠에 좌하여 절명을 더하면 건강이 안 좋은 사람이다.
- 절명의 육친은 체념을 잘하고, 장애나 두절의 인연이 된다.

:: 귀혼(歸魂)

몸과 마음이 되돌아가는 것을 의미하니 무슨 일에서나 행동에 있어 멈춤, 업무정지, 은둔, 입원, 구속, 감금, 후회, 불성, 무-활달, 보수, 조용, 말 없음 등으로 뜻을 접고 희망을 버리는 흉살이다.

모든 일에 **흉방**이나 유학, 연구, 은둔의 방위로는 길방이다.

두문(杜門)과 동궁하면 의미는 가중되어 대운이나 신수, 각 달에서는 사직, 불-성취, 불-취직, 불-활동, 불-등교 등이 더욱 가중된다.

원명국에서의 육친은 성격은 내성적이고 소극적이며, 자녀궁은 무자식 또는 인연이 없으며, 있다 해도 자식 노릇을 못한다.

귀혼은 사물의 형태나 마음이 되돌아간다는 의미로 부도, 사고, 사퇴, 퇴직, 수술, 입원, 감금, 일의 장애, 어긋남 등 작용의 반작용으로의 형태와 심리적 정신적 변화이다. 귀혼에 두문이 동궁하면 그 작용은 배가 된다(감궁이 좌궁).

– 육친·육신에 붙는 대로 그 육친·육신은 흉하다(귀혼의 육친은 배신을 잘한다).

- 노인이나 오랜 병자에게 귀혼이 들면 죽음을 암시하고, 범법자는 검거구속이 되며, 일반인은 장애가 생긴다.
- 귀혼이 대운이나 신수에 들면, 귀향, 연구/지필, 입산/은둔, 수행/기도 등에는 길함이다.
- 귀혼이 세궁에 좌하면 사람은 점잖다.
- 세궁에 귀혼이 두문과 동궁하면 산속에 살거나 은둔자, 대인기피증, 비활동인이 된다.

- 세궁에 사문, 귀혼이나 두문, 귀혼이 있는 사람은 모임의 리더나 조직을 이끄는 사람으로 부적합한 사람이다. 겁재에 화해가 있는 사람도 동일한데, 더하여 겁재에 두문, 화해살인 사람은 모임의 리더나 조직의 이끌 수 없는 사람이 된다.

신수에서 卋궁의 七이나 九가 천의(天宜)를 만나면 병이 생기지만, 치료가 되는 병이다.
- 신수에서 세가 천반의 수극을 받고 있는데, 절체를 만나면 가정문제

나 부부 문제가 발생한다.

· 신수에서 세나 중궁이나 년지에 화해가 있으면 시비가 생기거나 근
심이 생긴다.

· 신수에서 세가 유혼을 만나면 출입 등이 잦아진다.

※ **흉문괘의 육친·육신**

어떤 육친·육신이든 흉문괘가 함께하면 그 육신·육친은 원명국이든,
대운, 신수이든 흉함에서 그 육신과는 인연이 없거나 소원, 비왕래가
되고, 그 육친도 가난, 병고, 단명 등의 힘겨운 삶이 된다.

따라서 대운이나 신수에 들면 그 육친·육신은 흉다는 것을 알아야
한다.

대표적인 흉문괘:

사문 · 절명	사문 · 화해	사문 · 귀혼	사문 · 절체
두문 · 화해	두문 · 귀혼	두문 · 절명	두문 · 절체
상문 · 화해	상문 · 절명	상문 · 절체	상문 · 귀혼

🔍 태을구성(太乙九星)

招搖	天乙	攝提
軒轅		咸池
太陰	太乙	靑龍

태을구성 정위도

∷ 태을귀인(太乙貴人)은

귀인의 품성으로 원하고 바라는 것의 소통을 말하는 감(坎)궁의 水氣를 안은 길성이다.

태을(太乙)이 들면-

귀인의 도움이 있고, 새로운 일을 만날 수이며, 계약에는 길하고 경영은 순탄하며, 여행은 길하고, 구함은 이루고 목적은 성취하는 경영, 투자, 투기, 구재, 혼인 등에 모두 유리한, 경사, 발제, 영예의 신이다.

태을귀인 있으면- 고위직(업), 큰일을 하는 사람이 많고, 사람들의 주목을 받는 사람이 된다. 비록, 사주명국이 흉해도 태을귀인의 육친(세궁,일간 포함)은 인물, 인상이 좋거나 하는 일에서 사람들의 주목을 받는 사람이 된다.

※ 태을귀인이 있으면, 일반적으로 거래, 매매, 결혼. 인연 등에 길하고, 투기, 투자에도 길하며 뜻하지 않는 횡재도 한다. 더하여 천을귀인이 함께하면 그 작용의 길함은 배가 된다.

- 대운이나 신수에서 태을귀인의 육친이 길하게 움직이면 그 육친으로부터 도움을 받는데, 특히 천을귀인과 더불어 작용하면 그 육친의 도움 아니면 선물 등을 받는다.
- 대운이나 신수에서 태을귀인에 해당하는 육신의 일이나 그 육신에 해단하는 일의 추진은 길하다.
- 태을귀인의 방위는 사람들과 인화가 잘되고, 좋은 사람을 만날 수 있는 곳이 된다.

- 편재에 태을귀인이 있으면 돈이 잘 들어오거나 흉운이라도 어렵지 않게 돈이 생긴다.
- 년지와 일간, 년지와 세궁이 동궁으로 태을귀인이면 마음먹은 일에는 어렵지 않게 나아감을 말하고, 어려운 가운데는 도움 주는 귀인을 만날 수 있음이다. 이때 천을귀인이 있으면 더욱 증장이나 확대된다.
- 태을귀인이 일간이나 세궁에 좌하여 일간이나 세궁과 합이 되면, 조상이나 선신들의 보살핌을 받는다.

:: 섭제(攝提)는

어떤 일에 풀리지 않음을 말하기에, 흩어짐, 약속 깨짐, 소란, 퇴보, 불-성사, 불-성취, 파혼 등을 말하는 곤(坤)궁의 土氣를 안은 흉성으로, 장애와 말썽을 일으킨다. 살성과 동궁하면 그 재앙이 극심해진다. 인명을 상하고, 탈재와, 시비, 매매는 불성이며, 불화 등, 모든 인간사에 마땅치 않다.

사문(死門)과 동궁하면 흉함이 가중되어 뜻을 이룰 수 없고, 비탄과 슬픔이 일거나 실망과 근심이 크다. 격이 흉하면 삶에 고달픔이 항상 하기에 봉사나 수행자로의 삶에는 이롭다.

섭제가 흉운에서는 재앙이나 슬픈 일이 생긴다. 하지만 생문과 생기가 있으면 화는 면한다(하나만 있어도 약하게 일어남).
 ※ 섭제가 있는 시기, 대운, 신수, 월운에는 새로운 일의 도전이나 개시는 흉하고, 모든 일의 깨어지고 흩어지는 현상을 맞지 하고, 육친과는 의견대립이나 거리감이 생기는 것에서 이별·흩어짐이 발생하기에 섭제 육친과의 화합은 고충이 뒤따른다.

· 원명국 세궁에서의 섭제는 인연의 지속이나 화합이 어려워 고독하거나 혼자서 하는 일을 선호한다. 또한, 시끄럽고 복잡한 것을 싫어하는 사람이며, 억울한 소리를 많이 듣는다.
· 원명국 세궁에 사문, 섭제가 동궁하면 물질적 심리적 고통을 많이 감수해야 하는 인생으로 나아가 육체적 고통이나 죽음의 경계를 접하

는 인생이 된다.

· 신수국 세궁에서의 섭제는 가정에 우환이나 건강이 안 좋거나 억울한 소리를 듣는 해가 된다(월운에 섭제도 안 좋은 소리를 듣는 달이 된다). 하지만 신수국이 길하다면 새로운 것으로 나아가는 길한 해가 된다.

· 섭제의 육친·육신은 끈기가 부족하고, 지속성이 약하다.

· 섭제에 경문(驚門)이 동궁하는 육친은 겁이 많거나 잘 놀래는 사람이다.

· 신수에서 섭재가 년지나 중궁, 세궁이나 일간에 좌하면 자동차나 농기구(가축)에 문제가 생긴다.

:: 헌원(軒轅)은

출입과 왕래를 뜻하는데, 진(震)궁의 木氣를 안은 평성(平星)으로, 헌원이 길문/길괘와 함께하면 출입과 왕래에 흉함이 없고, 흉문/흉괘와 동궁하면 출입과 왕래에는 소득이 없으며, 장애와 사고를 주장하며, 손실과 창피함이 따르고 뜻은 이루지 못한다. 그러나 왕성하면 흉함이 적고, 쇠약하면 흉함은 속히 온다. 일반적인 헌원은-시작은 길하지만 후는 장애가 따르고 막히고 틀어진다. 투기와 투자에선 손실이 따른다.

헌원은 출입에는 말썽으로 이어지고, 손해를 본다. 또한, 장애를 유발하고, 매매는 이익이 적다. 인연은 떠나가고 만날 사람은 피한다. 원행에서 뜻함은 어긋나고 목적은 이루지 못한다.

　※ 헌원이 있는 대운, 신수, 월운에서는 이사나 이동은 흉함인데, 망신살이 좌하면 빨리 그 자리를 봉합하고 떠나는 것이 이롭다.

- 신수에서 헌원의 육친는 경계해야 하고, 어울려 친근하지 않는 것이 좋다.
- 헌원의 월운에 경찰이나 법원의 출입은 그 결과가 나쁘게 돌아오고, 헌원의 시기에 투자나 투기는 배신을 당하거나 망신으로 돌아온다.
- 헌원의 육친과는 인연이 없으며, 그 시기(대운, 신수, 월운)는 인연이 멀어지거나 거리를 두게 된다.
- 헌원에서 시작된 것은 뒤틀리거나 결과가 시끄럽게 끝난다.

∷ 초요(招搖)는

　심신(心身)과 주거가 불안정한 것으로, 손(巽)궁의 목기를 안은 흉성이다. 초요가 있으면 건강에 이상이 있거나 가정에 우환이 깃 드는데, 원명국에서는 건강과 우환은 오행에 해당하는 장기에 이상이 있고, 그 육신의 고난과 고초를 말하거나 그 육신과의 인연 없음을 말한다.

　대운이나 신수가 좋다면-초요가 있는 대운과 신수는 투기투자방면에 이롭고, 흉하다면-갈등, 시비, 우환, 불안, 장애를 주장하며, 사기, 도난, 함정, 방해 등으로 시끄러움을 말한다. 불연이면 질병이 따른다.

- 일반적으로 대운이나 신수/달에서 초요가 있으면-투기(투자)적인 직업(직장)과 관련된 시험/자격증에는 길하다. 예) 부동산, 주식 등….

초요는 건강 이상이나 가정 우환을 일으키며, 쟁투, 폭행, 음해, 이간질, 지속 불가, 방황이 일어나는 흉신으로 육친·육신이 그러하다.

※ 초요가 있는 대운, 신수, 월운에서는 나아감에 장애가 있어 학생은 진로가 막히고, 성인은 난제를 만나며, 노인은 속임이나 배신을 당한다.

- 초요가 관귀이면 여명은 남자와 인연은 오래가지 못하고 이별을 하고, 직장도 오래 다니지 못하게 된다. 다만, 재성대운이나 관귀대운이라면 나아갈 수 있음이다.
- 초요가 인성이면 문서는 천천히 다_잡히고, 공부에는 잦게 나아가며, 난제에는 서서히 봉함된다.
- 재성이 초요이면 받을 돈은 적게 받고, 지출은 잦다.
- 초요가 화해를 만나면 흉함이 가중되는데, 그 육친과는 악연이 되고, 그 육신으론 화를 당하거나 고충이 된다.

:: 천부(天符)

질병을 얻거나 음탕한 이성과의 사통을 말하는데, 중(中)궁의 토기를 안은 흉성이다. 일에서의 천부는 어려움이 있고 구설이 따른다.

원명국에서 천부에 도화(또는 육합)가 특히 年支(년지), 世(세), 中宮(중궁)에 있으면 음탕한 이성과 어울리거나 선호하게 되고, 대운에 있다면 그

대운에서의 이성은 음탕한 이성이 되고, 신수에서는 특히 년지(세 또는 중궁)에 천부에 도화가 있다면 음탕한 이성의 모략에 빠지기 쉽다(음욕을 원하는 이성이 접근해 옴). 또는 신액(身厄)이나 구설이 엿보이는 시기이다.

원명국에서 배우자를 뜻하는 재성이나 관, 귀에 도화에 천부가 있다면-배우자의 음탕함을 말하는데 혹, 생식기에 질액을 겪을 수도 있다. 대운이나 신수이면 이러한 대운이나 신수에 배우자가 음탕한 짓을 하게 된다.- 혹, 생식기 질액.

육합에 천부도 이와 같은데,

대운 또는 신수에서 육합과 천부에 욕지(浴)가 있다면 그 이성은 이별 또는 집 나온 이, 쫓기는 이, 피해 다니는 이, 불안정한 이라고 볼 수도 있고, 육합(도화)과 천부에 공망이 있다면 그 이성으로부터 뭔가 얻고자 한다면 이득은 전무이며 돈을 빌려주거나 투자 등 재물에 유혹에는 반드시 손해를 본다(이성에 해당하는 관귀나 재에서도 이처럼 보면 된다.

그리고 욕지에 귀혼이 있다면 실패, 도주, 하차, 귀농, 은거, 구속, 감금, 입원 등 일에서의 좌절과 막힘의 패주살이다). 또한, 천부는 초상집의 왕래는 액난이 있어 재화(財貨)나 식체(食滯)나 주체(酒滯)의 흉함이 따르며, 합작이나 경영에는 실패, 문서 매매에는 말썽이 일어날 수 있다. 단, 전투와 관련된 일은 길하다고 본다.

천부는 어느 것의 편중된 것을 말함에서, 질병, 주색, 유혹, 도박 등의 흉함이 뒤따르고, 속임수와 농간에 이용당하기 쉽다. 아울러 구설수, 사고가 일어난다.

   ※ 대운, 신수, 월운에 있어 태음이나 도화와 동궁하면 주색에 빠지거나 자주 접하는 일이 생기며, 흉운이면 건강이 안 좋거나 남에게 속기 쉽고, 하는 일에 나태함이 일어난다.

- 세궁이나 일간에 천부가 있어 도화살이 함께하면 호색가인데, 여기에 육합이나 오행에 수기(水氣)가 되면 음란함이 지나쳐 부끄러운 줄 모른다.
- 수기에 도화살은 밤과 물에 꽃이 핀 것에서 주색을 즐기는 사람이 되는데, 임가계(壬癸)를 더하면 색정에 빠지는 인생이 된다.
- 천부의 육친은 질액이나 건강이 안 좋으며, 그 육친으로 인해 마음 상하는 일이 생기는 시기가 된다.
- 이성 운이 길한 신수에서 남명은 재성, 여명은 관귀에 천부가 있는 월운에 연애·사랑을 시도하면 성사되는 달이 된다. 이때 도화살이나 육합이 있으면 틀림없이 합방의 월운이 된다.
- 세약의 신수에서 귀(鬼)에 천부(또는 유혼에 천부)가 있으면 상갓집이나 위독한 병문안은 필시 액난이 뒤따른다[천부 달(月) 자체도 흉함].

:: 청룡(靑龍)

  기쁨과 성취를 얻는다는 길성(吉星)으로 건(乾)궁의 金氣를 안은 길함이다. 원명국에서 청룡이 있는 육친이 삼합이나 삼살, 삼형살로 길하게 작용하거나 청룡의 육친이 동함으로 이와 같이 길하게 된다면 그 육친은 나에게 큰 도움이 되는 귀인이 된다. 대운과 신수에서의 길운에서 청룡이 있는 육신에서 이로움이 있다.

  병자는 좋은 의사를 만나게 되고 매매나 재물은 이익을 얻으며 만나는 사람은 귀인이다. 투기는 이익이 있고, 택일은 길달(吉月)이며, 소식은 기쁨이다. 청룡(靑龍)은 건궁과 손궁이 좋은데, 土宮(토궁)이나 金宮(금궁)인 상생지에 있으면 큰 이득을 얻는다. 해당 육친에 있다면 기쁨과 성취를 더하며, 그 육친이 술을 좋아하기도 한다.

  일반적으로 청룡은-영예와 재물수가 생기는데, 투자에 길하고, 어려움이 없어지게 된다. 뜻을 펼치는데 길하며, 귀인과 동석하게 된다.

  길운에서의 청룡은-큰 재물을 얻게 되고, 경영과 구재에 모두 이익이 있다. 흉운이면-도벽이나 색, 풍류를 즐기게 된다.

  - 청룡의 방위에 투자·투기나 치료, 공부방 등 성취의 길방이다.

  청룡은 희열신으로 매매, 재물, 인기, 결혼, 임신·출산, 이익창출, 투자에 길하며, 병자는 쾌유와 명의를 만나고, 난제에서는 귀인을 만난다.

  ※ 대운, 신수, 월운에서 청룡이 좌한 육친은 계획대로 나아갈 수 있으며, 흉운자는 길운으로, 뜻함은 어렵지 않게 얻어진다.

- 송사에서 청룡은 승소하게 되고, 시합에서는 승리를, 투자나 투기는 이익을 얻게 된다.
- 청룡이 좌할 때는 식솔(종업원)은 늘어나고, 재산은 늘어나며, 명예는 높아진다.
- 청룡의 육친은 인기가 많은데, 육합이나 도화(궁)가 좌하면 정조관념이 약하다.
- 원명국의 세궁이나 일간에 청룡은 인기가 많거나 재능이 뛰어난데, 여기에 원명국이 길격이면서 역마가 좌하면 명성을 크게 얻는다.
- 길격의 신수에서 세궁에 청룡이 들면 이름이 알려진다.
- 신수에서 일간에 청룡이 겁재이며 좋은 친구, 동료를 만나거나 어울리게 된다. 시기는 청룡이 깃든 달이 된다.
- 역마에 청룡이 좌하면 이동에 길한데, 쌍역마는 원거리가 된다.

:: 함지(咸池)

구설과 질병을 뜻하는 흉성(凶星)으로 태(兌)궁의 金氣를 안은 흉함이다. 함지가 있는 육신은 불쾌한 일이 많이 따르고 언쟁이 있으며, 나아가 질액(身厄)이 있다.

대운과 신수에서는 질병과 구설이 따르고 상갓집은 가지 말아야 하며, 운세가 불길하면 중요한 일은 피해야 하고, 재물은 불-성취이며 타인과 일에는 음모와 곤란함이 따르고 범죄는 발각된다.

함지가 있는 육신이 길성으로의 작용은 무해지만 흉성으로의 작용은 대흉하기에 이 육신으로 인해 큰 고통과 고초, 환란을 겪기에 가까이해서는 안 된다(특히 그 대운). 또는 오행의 고초를 보기도 하는데,

예) 水이면 물(홍수)과 신장/방광/혈액이며, 木이면 나무(제지, 섬유)와 간/신경이며, 火이면 불(화재/화상)과 심장/눈/소장이며, 土이면 흙(산사태/모래)과 위장/피부이며, 金이면 쇠(철/금속류)와 폐/기관지/대장이다.

일반적으로 함지는 관재구설이 일어나고, 망신수와 재물의 이탈이 따라온다. 이성은 부정한 이성이며, 경영은 안 되고, 생각은 어지럽다. 만일 공망을 만나거나 흉운에서의 길함을 만나도 오래가지 못하며 종래는 흉하게 된다.

함지살은 관재구설, 언쟁, 질병, 모함, 음모, 소송은 패소, 천한 일이나 천한 짓, 투자나 투기는 손실 등 정신적 물질적 고통을 겪는 살이 된다.

※ 대운, 신수, 월운에서 함지는 함지가 좌한 육친·육신과의 함지가 발생하는 것에 그 육친·육신이 그렇고 그 육친·육신과의 관계가 그렇게 된다.

- 함지가 화해와 동궁으로 육친은, 함지의 화액이 더욱 큰데 그 육친으로 인하여 발생하고, 그 대운, 신수, 월운에서 발생한다. 이때 이의 흉국수를 생하는 생원진의 태생과 어울림은 대흉하다(이 육친의 흉국수가 흉함에서 흉한 육친을 생하는 태생은 대흉).
- 세약에서 세궁에 함지가 좌하면 일생에 몸이 안 좋아 고생하는데, 세기의 오행에서 이니, 예를 들자면 약세가 유금에 함지이면 폐, 기관지,

대장이 안 좋다(세왕이면 큰 문제 없음).

· 세의 왕쇠를 떠나 세궁에 함지는 가정에 언설이 빈번하게 일어나는데, 여기에 육합이나 도화살이 겹치면 색란에 말려들기 쉽다.

· 신수가 길한 운에서 함지를 만나면 상대를 언설로 굴복(설득)시켜 원하는 대로 이끌 수 있다.

· 함지가 있을 땐, 상가에 가는 것은 흉함이라, 특히 태음이나 등사, 귀가 함께할 땐 반드시 피해야 한다.

∷ 태음(太陰)

재앙을 물리치고 재물을 부르는 길성으로 간(艮)궁의 土氣를 안는 길함이다. 태음이 있는 대운과 신수는 구재(求財)에는 이롭고, 世궁(년지/중궁)에 있다면 재앙은 불침하고 여행을 가면 좋은 사람을 만나며, 부정한 일에는 발각되지 않는다.

그러나 대운이나 신수에서 태음이 공망이면 외톨이/이별 등을 말하고, 공망이 없어도 스포츠에서는 난적이 있다. 또한, 태음은 이성의 만남을 말하기에 대운이나 신수에 태음은 이성이 따르는데 공망이면 스치는 인연이다.

일반적으로 태음은-가족이나 친구, 주변인들의 도움이 있고, 귀인을 만나거나 이성을 만나기도 한다. 좋은 동료와의 동업도 생긴다.

여성(또는 비-절친)의 도움, 잔치/경사가 있고, 여성(또는 비-절친)의 조력으로 출세, 칭송, 영예가 있게 된다.

태음은 깊이 또는 크게 빠져드는 것에서 음성적인 일에 길함이라 기도나 모략, 관찰, 감시, 연구, 연애·사랑에 길하다. 태음에 도화살(궁)이나 홍염살, 육합이 좌하면 애인을 만나거나 연애를 하게 된다(이성의 유혹이나 음욕이 일어난다).

　※ 대운, 신수, 월운에서 운기가 길하면 태음의 육친은 길함이 되지만, 태음이 극을 받거나 망신(궁)이나 겁살(궁)이 좌하면 이로 인해 그 육친의 모든 음성적인 일은 흉함이다(부부나 연인은 금이 가거나 이별이 되고, 도둑 등 음심, 부정한 일은 탄로난다).

- 태음과 합 되는 육친은 외도를 하거나 연애나 결혼에 길하다.
  그 육친이 남명에게 재성이면 여자를 만나고, 여명이면 남자를 만난다.
- 이때 합 된 궁이 도화살이면 연애를 하지만, 겁살(궁)이면 이성의 만남에서 사고나 구설이 생기고, 망신살(궁)이면 망신당하는 일이 생긴다.
- 태음이 간위산에 있어 세기나 일간과 합이 되어 세기나 일간이 되면 또는 세기나 일간을 태음이 생하면 입산수도나 기도에 길한 해가 된다.
- 태음이 일간이나 세기가 되어 망신살이면 입산하여 얻는 것이 없다.
- 태음이 망신살(궁)이나 겁살(궁)이면 입산(출가)은 불리하여 뜻함은

좌절된다.

- 태음이 세기나 일간을 극하면 입산에서 뛰쳐나오게 된다.
- 태음이 인성을 극하면 입산(스님 출가)해도 스승을 만나지 못하는데, 설사 만나도 인연은 끊어지고 만다.
- 태음에 복덕이 있으면 음성적인 일이나 그러한 것으로의 재물을 모으는데, 뇌물이나 비리를 저질러도 탈이 나지 않는다. 또한, 태음에 복덕은 이성에게 인기가 있다.
- 길한 편재가 태음이면 뜻하지 않는 재물인 투기나 투자, 부동산 등으로 재물이 늘어난다.
- 길성인 鬼가 태음으로, 년간이나 건궁, 곤궁에 좌하면 조상의 음덕이 있다. 따라서 제사를 모시거나 기타 조상님께 치성을 드리면 효험이 있음이다(이때 천을귀인이 임하면 더욱 길함).

:: 천을귀인(天乙貴人)

순조로움을 상징하는 길성으로 이(離)궁의 火氣를 안은 길함이다. 천을(天乙)이 원명국의 세궁이나 년지, 중궁/대운이나 신수에 있다면 재물을 구함이 순조롭고 혼인에는 길하고, 구하고 얻음에는 기쁨이 따른다.

시험, 문서매매 등에 이롭고 상생지에 있다면 더욱 좋다. 육친이라면 순하고 악이 없으며, 도덕적인 곧고 절도 있는 사람으로, 일반적으로 천을귀인은-출세와 입신양명에 대길하고, 귀인이 돕고, 매매와 경영에 유리하다.

그러나 흉운에 있다면 명예를 잃고 망신이나 구설 시비가 일어난다.

천을귀인은 귀성 가운데 가장 으뜸이니, 어려움과 고충, 질병에서도 귀인이나 주변인들의 보호를 받을 수 있으며, 재물, 학문, 명예에 길하다. 중궁, 세궁, 일간, 년지, 월지, 시지의 순서로 길하다.

※ 대운, 신수, 월운에 들면 귀인의 도움, 재물, 상장, 문서 등에 길함인데, 천을이나 태을에 복덕이 더하면 그 육친·육신은 귀한 자제가 되고 그렇게 보이고, 무게 있는 중책의, 육신의 일에 길하다.

- 천을귀인이 천마와 동궁이면 길격이면 행운이 찾아오고, 길격이 못되어도 하늘의 보살핌으로 선신이나 조상님의 음덕이 있고, 또한 흉격 아닌 것에서 해외나 이민 등에서는 좋은 인연을 만나 활로를 찾는다(천을이 길성과 동궁이면 대길).
- 천을귀인이 관에 있으면 직장에 길하며, 재성에 있으면 재물에, 문서에 있으면 학문에 길한데, 천을귀인이 육신에 닿는 대로 그 육신은 길하고, 육친도 길한데, 육친이 비록 격이 흉해도 귀인의 품성이거나 귀인의 모습을 갖추게 되기에 외모의 흉상은 없다.
- 천을귀인이 형살을 맞으면 길함은 사라지고, 망신살을 더하면 비록 외모는 준수해도 언행은 망함이라 언행이 곧고 바르지 못하다.
- 천을귀인이 자녀궁에 있으면 자녀가 효자·효녀가 되고, 착한 자녀가 된다.
- 천을귀인이 들면 귀인, 재물, 상속, 문서, 결혼, 출세, 명예 등에 길하다.
- 천을귀인이 12포태에서 록, 대, 왕지에 좌하면 글이나 문학에 자질이

뛰어나고, 식신에 좌하면 의식주는 길하며, 삼형살에 놓이면 사리에 옳고 그름의 시시비비를 잘 가린다.

· 천을귀인이 겁살에 놓이면 사람이 거친 듯 위엄이 있고, 모든 일에서 적극적이다.

🔍 직부구성(直符八將)

· 양둔(陽遁)은 시계방향에서- 직부(直符), 등사(騰蛇), 태음(太陰), 육합(六合), **구진(句陳)**, **주작(朱雀)**, 구지(九地), 구천(九天)의 순서로 순행(順行)으로 포열하고-

· 음둔(陰遁)은 시계 반대방향에서- 직부(直符), 등사(騰蛇), 태음(太陰), 육합(六合), **백호(白虎)**, **현무(玄武)**, 구지(九地), 구천(九天)의 순서를 역행(逆行)으로 포열한다.

∷ 직부(直符)

계약과 화합 등의 길신으로 정직과 성실을 말하고, 상서로움과 영예를 주며, 각종 경사와 귀인의 암시가 있다.

世宮이나 日干에 直符가 있으면 성품이 점잖고 온화한 편인데, 명국이 길격이면서 乙, 丙, 丁 三奇나 生門, 開門, 休門, 景門 등이 직부에 있으면 성취, 성공하는 사람으로 많은 사람들의 존경을 받는다.

그러나 직부에 庚金이 임해 있으면 반대로 흉한데, 해당 六親에도 길하거나 흉하다. 직부는 존귀와 가치를 말함에서 성정은 온화하고 유순한 편인데, 왕성하거나 길하면 잘살고, 약하거나 흉하면 재물이 모이지 않는다. 모든 육친에 길하다.

※ 대운, 신수, 월운에 좌하면 곧게 나아가는 성향에서 어떤 난관과 곤경도 헤쳐 나가는 시기가 된다.

- 직부의 육친은 성품이 온화하고 유혼한데, 왕하거나 길하면 잘 살고, 약하거나 흉하면 재물이 잘 안 모인다.
- 일간이나 세궁에 직부가 좌하면 사람이 다정다감하고 이해심이 넓다.
- 직부는 금은보석의 광물이나 돈이 되기에 시기가 흉하지 않다면 금은보석을 취한다.
- 직부가 들면 함정이나 유혹 등 나쁜 길에서도 빠져나오게 되고, 죽음의 기로에서도 기사회생하게 된다.
- 직부는 남명에는 정의가 되나 여명에게는 고집으로 남명에 이롭다. 고로 남자인- (년간·정인, 월간·겁재, 시간·상관)에 좌하면 이러한 육친은 사람이 진실되고, 의기가 있지만, 여자인-(년지·편인, 월지·비견, 시지·식신)에 들면 이러한 육친은 고집이 강하고, 욕심이 많은 편이다.
- 직부가 좌한 시기에 부정한 행동을 하면 하늘이 징벌하는 것에서 탈이 나거나 흉액으로 찾아온다.

:: 등사(騰蛇)

표면은 부드럽고 온화하지만, 내심은 독단적이고 동요가 많은 흉신으로, 공포, 괴이함, 추잡함, 요사-간교함, 영(靈)적인 일 등에 응용된다.

충동적이고 우발적인 면이 있으며, 변화를 두려워하지 않는 특징을 가지고 있는데, 日干이나 世宮에 加臨해 있으면 불성실하고 말을 쉽게 하는 편이라 곤란함을 겪기도 한다.

일반적으로 등사는 기회주의자로 이익에 따라 돌변하는 상반된 마음을 보이는 심성이 간교한 사람이다. 그러나 종교인이나 수행자는 길하며, 등사가 공망이면 반감되며, 세나 일간이 왕성할 때 등사의 성향이 두드러진다. 다른 육친에 임하면 그 육친이 질병이나 화액이 있다. 하지만 그 육친이 왕성하여 길하면 재물에 수단이 좋은 사람이 된다.

등사는 끈기가 있어 욕심이 많고, 독선적인 것에서 한길로 나아가는 집념이 강하며, 처세술이 좋기에 사람을 다룰 줄 알며, 안팎이 다름에서 임기응변을 잘 한다.

※ 등사가 대운, 신수, 월운에 좌하면 길한 운에서는 좋게, 흉한 운에서는 나쁘게 자신을 드러내는 길흉이나 어떤 일의 돌출의 시기가 된다.

- 도화(궁)에 등사가 좌하면 연애, 음담, 이성이 드러나는 시기가 되고, 그 육친과 엮이는(합 되는) 시기가 된다.
- 등사에 함지나 절체가 좌하면 질병이 드러나거나 구설수가 드러나는

데 망신살이 겹치면 질병은 더 깊게 드러나고, 구설수는 망신으로 이어진다.

- 세기가 수기나 오토로 등사에 현무나 천봉이 좌하면 거짓말을 잘하거나 사기꾼의 기질이 강하다.
- 등사가 세기나 일간의 토기와 합되면 종교에 빠진다.
- 등사에 천충이 좌하면 쟁투, 사고, 낙상, 사기 등이 발생한다.
- 등사에 상문이 좌하면 상가나 병문안은 가지 말아야 한다.
- 등사의 육친은 꿈을 잘 꾸는 편이고, 건강이 안 좋은 편이다.

:: 태음(太陰)

일반적으론 길신으로, 귀인의 도움이 있거나 경사가 깃드는데, 여성의 도움이 있거나 여성의 도움으로 나아간다. 태음이 世나 日干에 있으면 여성적이며, 머리가 좋아 술수에 능하지만 이성과 음란하기 쉽고, 풍류, 사통, 술이나 색을 가까이 한다. - 유난히 이성이 많이 따른다.

운에서는 소통과 기쁨이 찾아들게 하지만, 남명에 재성에 태음이 있다면 처의 외도에 신경 써야 하며, 태음의 육친은 믿음을 주고, 정직하며 사심이 없다. 태음이 깃든 시기는 신뢰를 얻을 수 있는 시기이며, 안정의 시기가 된다. 흉운의 시기에도 안정을 위해 나아가는 시기가 된다.

※ 대운, 신수, 월운에서는 신망을 얻을 수 있고 안정을 꾀하는 시기가 된다.

• 태음의 육신에서- 인성이면 배움에 열정이 있고, 문서에는 속임을 당하는 일이 있다. 관귀이면 직장의 일은 충실하고, 여명은 남자이니, 남자에게 빠지거나(부정) 속는다. 재성이면 저축심이 강하고(돈에 애착심) 돈을 빌려줘 받지 못하는 경우가 생긴다. 남명은 여자이니 여자에게 빠지거나 속임을 당한다(또는 아내가 부정을 저지른다).

• 태음에 손이 좌하면 자식(애완동물)에 애정이 깊고, 겁재에 태음은 동기간(친구)에 정이 두텁다.

• 신수의 년지가 태음일 때 년지의 육신·육친과 인연이 생기는 해가 된다.

인성이면- 문서, 스승, 배움, 시험, 부동산 등에 인연이 생기고,

관귀이면- 직장, 진급, 취직, 명예 등에 인연이 생기고, 여명은 남자와 인연이 생기는 해가 된다.

재성이면- 돈이나 투기투자의 문제, 남명은 여자와 인연이 생기는 해가 된다.

손이면- 자녀나 종업원, 문하생, 애완동물과 인연이 생기는 해가 된다.

:: 육합(六合)

일반적으로 안정, 평화, 혼인, 화합을 상징하는 신이다.

육합이 世나 日干에 있으면 사람이 표면적으로 부드럽고 온화한 편이지만, 내심은 편협하고 소유욕이 강해 베푸는 데 인색하다.

여성의 명국에 世나 日干에 있으면 외도가 있고, 음란하기 쉽다. 대운이나 신수에 있으면 결혼이나 이성을 만날 수가 강하고, 계약의 성사는 유리하다.

흉신과 동궁하면 그 흉함이 찾아오고, 길신과 동궁하면 길함이 찾아온다.

원명국에 年支나 世에 육합과 태을구성에서의 태음(太陰)이 동궁하면 이성 문제가 문란하고 색정 문제가 있으며, 구설이 빈번하다. 한편, 어떤 육친에 육합만 있어도 그렇지만, 태을구성에서의 태음이 있다면 그 육친은 음사가 강하여 색난을 피하기 어렵다.

육합은 사람이 부드럽고 온화하지만 내심 욕심이 많다. 화합적인 면을 보이는 것에서 대인관계는 다정하나 정조관념이 약하고, 성에 자유로워 여러 이성과 정을 통한다. 단, 천심이나 천의가 좌하면 약하다.

※ 대운, 신수, 월운에서 육합이 있으면 화합을 하고, 모임을 이루며 사람들과 접촉을 이루는 시기가 되고, 이견을 조율하고 유리하게 이끌 수 있다. 또한, 연애·사랑에 유리하다.

- 육합의 육친은 인맥이 넓어 아는 사람이 많으며, 여러 이성과 욕정을 나누는데, 여기에 태음이나 도화가 동궁하면 색정에 몰입하는 인생이 된다.
- 육합의 시기는 화합, 결혼, 모임, 잔치, 유흥오락에 길하다. 하지만 겁살이나 망신살이 중중하면 이러한 일 가운데 구설이나 사고, 망신당

하는 일이 생긴다.

- 세약에 귀가 육합이면 부드럽고 유하게 잘 해주며 다가오는 사람은 나를 해하거나 피해주는 사람으로 경계하지 않으면 손실을 당한다.
- 신수에서 겁재에 육합이 들면 친구나 동료들과 화합이 되고, 어울리게 되는 것에서 취직자는 직장을 얻는다.
- 신수에서 육합이 좌한 오행이나 육신과는 인연의 해가 되는데, 그것에 충극이나 화금상전, 공망, 흉살 등으로 흉하면 도리어 그 오행이나 육친의 인연은 길하지 못함이 된다.

∷ 구진(句陳)

일반적으로 지체와 장애, 관재구설로 다가온다.

인물이 뛰어나면 이중성의 기질로 타협적이지 않으며, 고집이 있고, 우직하고, 완고한 면이 있어, 타협이나, 융통성, 임기응변이 부족한 보수적인 사람이고, 대체로 인색한 면이 있지만, 뒤에서 간사하고 간교한 짓은 하지 않는다.

구진은 주변 환경의 소란과 강렬성의 기운이 되기에 사냥이나 전투, 질병, 사상, 송사 등이 일어나는 것에서 길운자는 군인이나 경찰로 나아가거나 격렬한 운동에 빠지게 된다.

※ 대운, 신수, 월운에 들면 길운자는 분주하고 바쁘게 보내고, 흉운자는 가정의 소란이나 질병, 송사 등의 난잡함이 찾아온다. 또한, 그 육친·육

신이 그러하다. 대운이나 신수에서는 전답문제가 있다.

- 구진이 길운자의 관귀에 있으면 직장인은 직장에서의 업무로 바쁜 직장생활이 되고, 흉운자는 직장에서의 소란을 겪게 된다.
- 구진이 재성에 좌할 때 길운자는 돈이나 처(여자) 문제로 신경 쓰이는 일이 생기고, 흉운자는 이로 인해 소란이 일어난다.
- 구진이 오는 것에서 동처와의 합에서 구진이 된 것으로 수극이나 흉살이 있으면 곧, 합 된 그 육친의 흉함도 되기에 수극이나 흉살의 본 육친과 더불어 합에서의 육친은 공히 흉함이라 재물이나 소송, 질병 등의 흉액을 맞지 하게 된다.
- 길격의 시기(대운, 신수, 월운)에서 구진이 세궁이나 일간에 닿으면, 자신이 바라고 원하는 바로 나아갈 수 있는 시기가 된다.

∷ 주작(朱雀)

일반적으로 구설로 인한 시비를 말하는데, 말을 가려서 하지 않으면 말로 인한 횡액수나 곤욕을 치른다. 그러나 길운에서 만나면 좋은 소식이나 사회적 명성을 얻게 되며, 대운이나 신수에서 주작에 길신이 동궁하면 영예가 따르고, 火나 金을 만나면 吉한데, 水나 木을 만나면 凶하게 된다.

주작은 참새가 불을 내뿜는 것으로 언변이 좋은 것에서 말하는 직업이나 연애인에 길하며, 주작이 왕하거나 길하게 되면 문서나 문학으로도 길하다. 하지만 흉운일 땐 구설과 시비가 일어나는 등 관재나 송사에 말려 든다.

※ 대운, 신수, 월운에서 만나면 길운일 땐 권위가 서고 주작과 함께한 오행도 길성이 되며, 동궁한 육신·육친도 길하다. 하지만 흉운이면 동궁한 오행과 육친·육신과의 관계는 흉하고 말썽이 된다.

- 주작이 붙은 육친은 말을 잘하거나 말로 인한 구설수가 잦은데, 길하면 말을 잘하고, 흉하면 말로 인해 화를 입는다.
- 주작이 흉성일 땐 출판이나 서신, 온라인상의 활동은 가급적 하지 말아야 한다.
- 주작이 화기로 흉성이면 화재를 조심해야 하고, 주작이 흉성으로 도화살, 홍염살이 중하면 이성 문제로 인한 잡음이 생긴다.
- 주작이 함지와 동궁하면 말썽이 일어나는데 길성이면 말로 인해 이익이 생긴다.
- 주작이 길성이면 시험이나 자격증 시험 등에 길하다.

:: **백호**(白虎)

살상, 투쟁, 질병, 횡포, 포악, 잔인함을 뜻하는데, 世나 日干에 있으면, 파산, 시비, 횡폭, 싸움, 질병, 사고를 일으키며, 피 흘림을 당한다.

길운이면 재물이 늘고 권세를 가지는데, 백호가 있는 육친이 쇠퇴하지 않으면 군인, 경찰, 검사나 법조계에 유리하다.

원명국에서 世나 日干에 백호가 있으면 아들을 늦게 두거나 없는 경우가 많고, 성격이 포악한 면이 있으며, 신체 불구나 질병이 있는 경우도 있다.

女命에 世나 日干에 있다면 성격이 범처럼 괴팍하여 극부(尅夫)의 명이다.

재성에 있으면 재물에는 길한데, 다른 육친궁에 있어 그 육친이 약하면 그 육친이 질병이나 살상 등의 화를 의미한다. 백호는 흰 호랑이로, 범 그대로의 기질을 가진 것에서 대치되는 상대적인 것에서의 거칠고 강성의 기질을 보이고, 조급하고 분노성이 매우 강하다.

그러나 왕성하면 사람들을 통솔하고 거느리는 기세를 가지게 되고 위력을 보이게 된다. 위엄과 질병, 혈광을 내보인다.

※ 대운, 신수, 월운에서 만나면 질병, 건강, 사고, 놀램, 함정(속임수), 형벌, 감금 등이 일어나며, 길운에서는 취하고 누리게 되며, 위엄과 권세를 내보인다.

· 세궁이나 일간이 백호를 만나면, 건강이 안 좋거나 질병이나 사고 등의 신액(身厄)이 생긴다. 그러나 길격이면 권세와 위엄을 보인다(리더가 되거나 명성을 얻는다).
· 백호가 깃든 육친이 있는 시기는 그 육친의 건강이나 질병이 아니면 그 육친과의 쟁투나 이별이 생긴다. 여기에 귀혼이나 화해살이 좌하면 흉함은 가중된다.
· 재성에 좌하면 재물에 길하여 부귀를 누릴 수 있다.

- 세궁에 좌하면 노기가 강한 가운데, 여명은 부부간의 성에 불만족한 생활을 이어간다. 이때 격이 흉하거나 세기가 약하면 불구자나 신체적 손상을 당한다.
- 세궁에 좌하면서 천예(천부)나 사문이 동궁하면 원명국에선 질병 자가 되고, 대운이나 신수에선 질병이 발생한다.

:: **현무**(玄武)

권모술수, 사기, 도둑, 음모, 공포 등에 관여하는 흉신으로 허황된 말을 좋아하는 편이고, 질병을 초래하고, 각종 사고와 장애를 일으킨다. 일반적으로 시비, 사기, 손재, 장애를 일으키며, 길신들이 동궁하면 지략으로 명예도 얻을 수 있으며, 길운에서는 성취, 성공할 수 있다.

世나 日干에 있으면 도심(盜心)이 있거나 도벽이 있어 남의 것을 넘보는 습성이 있다. 世가 약한데 관귀(鬼)에 현무가 동궁하면 평생 질병으로 고생하고, 세왕의 재성에 현무는 길하며, 기타의 육친에 동궁하면 그 육친이 태왕하지 않는 이상 흉하다.

명국이 길명에 日干에 관귀(鬼)가 있으면 명예를 중히 여기어 오명을 두려워하는데, 만약 여명에 관귀(鬼)가 흉하게 작용하는데 있어 年支나 世, 日干에 육합이나 도화가 있으면 외간 남자로 인해 고충을 당하는 일이 있다. 흉명으로 세약이면 일생 질병이나 근심·걱정으로 살아간다.

현무는 취함, 구함, 갈취, 성취, 도적, 사기, 돌발 상황, 긴급 상황, 음란함, 주거불안, 음모, 비방을 드러낸다.

※ 대운, 신수, 월운에서 만날 때 흉운이면 남에게 이용당하거나 뺏기게 되고, 길운에서는 취하고 얻을 수 있게 된다.

- 현무에 태음과 복덕이 함께하면 당면한 것을 취할 수 있고, 가질 수 있으며, 함께할 수 있다(특히 연애·사랑에 길하다).
- 재성에 좌하면 정당한 재물이든, 부정한 재물이든 취할 수 있음이다.
- 주거문제에서 현무를 만나면 주거가 불안한데 흉운엔 일가친척 집이나 남의 집에서 살게 된다.
- 현무가 세궁이나 일간에 좌하면 도둑이나 사기를 당하거나 남에게 이용당하는 일이 생긴다. 함지가 동궁하면 이로 인해 구설이나 잡음이 생긴다.
- 길운에서 현무가 있는 육신은 얻을 수 있고, 취할 수 있고, 구할 수 있는 것이 되는데, 만약 관이면 직장이나 명예, 여명은 남자가 된다. 여기에 천봉까지 더하면 증감된다.
- 신수의 흉운에서 세궁이나 일간에 현무·천봉이면 남에게 이용당하거나 휘둘리는 한 해가 된다. 여기에 사문·귀혼이면 일사불성의 해가 된다.

:: 구지(九地)

  건곤(乾坤)의 문호로 목화의 양기를 만나는 봄과 여름 또는 목화에 해당하는 홍국수를 만나면 길하여 경사가 일어나지만, 금수의 음기를 만나는 가을과 겨울 또는 금수에 해당하는 홍국수를 만나면 흉하여 곤란함이 중첩된다. 이렇게 때와 기운에 따라 다르다.

  진술축미 또한 사고지라 동궁하면 흉함이 일어난다. 역마성이 약하게 있어 가까운 거리의 이동이나 분주함이 있다. 일에 있어서는 인내, 고요함, 매장, 허공 등과 관련된 일에 능하고, 여성적인 특성이 있다. 구지는 우아한 듯 유순하게 보이지만, 성정이 조급하고, 폐쇄적이고, 소극적이며, 어둡고, 독단적·외고집적 성향이 짙다.

  ※ 대운, 신수, 월운에서 구지는 길운에선 밝지만, 흉운에선 암울함을 보임에서 구지가 깃든 시기는 하는 일은 정체되고 자영업은 소득이 줄어든다.

- 구지의 육친은 잘 감추고 내보이지 않는 특성이 있고, 우아한 것을 좋아하지만 헛된 것에 빠지게 되고, 잘 놀라는 편이며, 회피하는 기질이 능하다.
- 구지의 시기(대운, 신수, 월운)는 외로워하거나 암울한 시기가 되고, 슬픈 일이 생기며, 놀랄 일이 생기고, 방해자가 생긴다.

  그러나 여기 구지에 태음과 도화가 깃들면 외도를 하거나 색정에 빠진다.

- 신수에서 구지가 깃든 육친은 회피하는 기질에서 친분자는 멀어지는 일이 생긴다.
- 구지가 용신이나 진용이 되면, 일반적인 직업 아닌 특이한 직업을 갖게 되거나 혼자만의 취미, 독특한 취미를 가지게 된다.

:: 구천(九天)

원명국에서 世나 年支에 있다면 그릇된 것에 짓눌리지 않는 사람이다. 남성의 기질을 가지고 있어 선정이 강건하고 정직하며, 순리와 이치를 따르며, 믿음과 진실성이 강하다. 역마의 성품이 매우 크기에 활동적이거나 자주 이주나 이동한다.

천문과 인연 있어 글이나 문서에 능하고, 한편 권위성이 강하여 관직에 오르거나 직장에서 높은 직에 오르는데, 만약 길명에 구천이 오행으로 金氣과 동궁하면 직업관계로 영예가 따른다. 그러나 金氣가 태과하면 반대로 흉운을 접한다.

구천은 木氣을 만나거나 흉운에 들면 흉함을 가중하는데, 입묘(入墓)되는 진술축미를 가장 꺼린다. 길흉의 변화가 운로에 따라 다르다.

또한, 구천자는 스스로 재난을 초래하는 경향과 스스로 나쁜 습생을 알면서도 반복하는 경향이 있다.

世가 왕성하면서 官에 있다면 관운에 길하지만 다른 육신에 구천은 흉하다.

구천은 옳다고 생각하는 것에서는 강렬함을 보이며, 자존심이 강하다. 또한, 권위적인 형태를 싫어하며, 그 깊이는 헤아리기 어렵다.

※ 대운, 신수, 월운에서 구천은 길운에서는 자기 일이나 존재를 드러내는 시기가 되고, 만나는 시기가 되고, 보이는 시기가 된다. 그러나 흉운에서는 흉액(흉연)을 만나는 시기가 되고, 흉함이 드러나는 시기가 되고, 노여움, 분노가 돌출되는 시기, 자존심이 상하는 시기가 된다.

- 구천이 있는 사람은 종교인이나 정신세계에 몰입자가 많으며, 불운이면 화재를 당하기 쉽다.
- 구천이 세궁이나 일간에 좌하면 불의와 권위적인 것에 저항하는 기질이 강하다.
- 길운에 구천이 깃들면 많은 사람이 운집하게 되거나 자신을 드러내게 되며, 적극적인 성향을 보이고, 악인(악의)은 물리치게 된다. 또한, 구직자는 직장을 얻고, 미혼자는 이성을 만나게 된다.
- 구천이 깃든 겁재에서의 친근 자는 신앙인이나 높은 위치에 있거나, 강개지심(慷慨之心)이 강한 사람이다.
- 구천이 깃든 육신은 길함에서 인성은 문서, 공부, 학문에 길함을 보이고, 관은 직장, 진급, 명예에 길함을 보인다.

○ 천봉구성(天蓬九星)

天輔	天英	天芮
天沖	天禽	天柱
天任	天蓬	天心

천봉구성 정위도

:: **천봉**(天蓬)

감(坎)궁의 水星으로 도둑과 사기, 배신, 분열을 의미하는 흉성이다. 수성은 급격한 변화를 암시하기에 해당 육친이 그러한데 길운이면 좋지만 흉운일 때 해당 육친은 큰 고통을 안겨준다. 그 대운이 그렇고, 신수와 그 달에 그러한 일이 일어나고 그 육친이 그러하다.

대운이나 신수에서 배우자 육친인 재성과 관귀가 일육수일 때 현무나 천봉이나 휴문이 역마살과 있다면 그 배우자가 도주하거나 여행 등 먼 곳에서 사통(私通)하는 일이 있다.

현무, 천봉의 육친은 좋게는 저축심이 강하거나 알뜰하며, 억울하거나 예상치 못한 재물의 손실이 있다. 나쁘게는 수단과 방법을 가리지 않고 남의 것을 탐내는 도둑의 심보가 있고 권모술수로 재물을 축적한다.

천봉은 상대 것에 대한 취기가 강하고, 상대를 이용하여 이익을 추구하려는 성향이 강하다. 그러나 천을귀인 함께 좌하면, 반대로 사람이 순박하고 베푸는 것을 좋아한다.

※ 대운, 신수, 월운에 좌하면, 어떤 물건(동물 포함)을 잃거나 파손, 손상의 시기가 된다. 그러나 길운에서는 반대로 더하는 것에서 살림이 늘고, 명성을 더하는 시기가 된다.

- 천봉은 길운에서도 흉사나 혼란이 야기되고, 흉운에서는 손해나 손실, 벌금, 범칙금 등이 일어나는 시기로, 자존심까지 상처를 입는 일이 생길 수 있음이다.
- 천봉에 역마가 좌하면 원거리나 이동, 여행 가운데 손실, 배신, 갈취, 손해, 속아 넘어감, 이용당함 등이 일어난다.
- 천봉의 육신은 흉함이 되기에 천봉이 좌한 육신은 취하지 말고, 개연해서도 안 된다.
- 천봉의 육친이 흉문괘인 가운데 그것이 재성이면 남명은 부인이나 애인을 뺏기는 일이 생기고, 여명은 재물의 손실이나 돈을 떼이는 일이 생긴다. 이때 망신살이 강하다.

:: 천임(天任)

간(艮)궁의 土星으로 기회포착, 실행력, 변화의 구성으로 천보(天輔), 천심(天心)과 함께 길성으로 적응력이 뛰어나며, 개혁/변동의 선두에 나서는 일이 많아 상하가 결합하지 못해 실패의 경우가 많다.

천임이 土궁에 닿으면 본 자리에 앉아 기운을 얻게 되는데, 재운에 길하고 만인을 이끄는 형세로 보며, 봉사에 길하다. 천임은 민첩성, 변화, 기획, 개혁, 임기응변은 능하지만, 돌변하는 기질이 강하고, 끈기가 약하고, 소극적이며, 잘 물러나며, 지속력이 약하다.

※ 대운, 신수, 월운에서 천임을 만나면 기운에서 새로운 것의 변화나 충동심이 일어난다. 하지만 흉운에서는 오래가지 못하게 되는 중도하차의 일이 생긴다.

· 천임의 시기는 소임을 맡거나 할 일이나 처리해야 할이 생긴다.
· 천임에 육신·육친이 흉운으로 도래하면 그 흉함을 안게 되고, 길운이 도래하면 그 길함을 안게 된다.
· 천임에 태음이나 도화, 홍염이 좌하면 이러한 것과 연관되는 일이나 이러한 것에 몰입하게 된다.
· 천임이 있으면 위급한 일에서도 빠져나오게 되는데, 천을귀인이 동궁하면 어긋나지 않는다.

:: 천충(天沖)

진(震)궁의 木星으로 무관, 언어기교, 스포츠, 어부, 살상 등의 직업에 맞지만 흉운이면 도리어 사망, 상해를 당하는데 일반적으로 다툼, 충돌, 성급, 언어기교, 살상이 원명국의 세, 일간, 년지, 중궁에 있으면 그러한 기질이 있으며, 대운이나 신수, 각 달에 있다면 그 시기에서 일어난다. 또한, 천충이 있는 육친이 그러하다.

천충은 욱하는 기질과 무사의 기질은 있지만, 뒤끝은 없다.

또한, 인정이 많고 측은심이 있어 자비심도 갖추고 있다.

※ 대운, 신수, 월운에서 천충을 만나면 쟁투나 언설이 생기고, 사고나 다치는 일도 생기는데, 길운이면 미미한 것으로 지나가거나 이것의 결과는 좋게 나타난다.

- 천충의 육친은 욱하는 기질은 있으나 인정도 많고 뒤끝은 없다.
  하지만 천충살과 동궁한 육친끼리는 서로 간 충살이라 친근하면 서로 간 쟁투로 원만한 사이가 될 수 없다.
- 천충은 일에서의 속전속결이며, 말의 곧음이 강하고, 기술이나 솜씨에서의 기교에 능하다.

:: 천보(天輔)

손(巽)궁의 木星으로 오곡류에 길하고, 온화와 원만을 상징하며 처세에 능하다. 특히 봄/여름에 길하고, 가을/겨울에는 상대적으로 불리한데, 천심/천임과 더불어 길성이다. 천보가 있는 육친은 길하며 천보가 있다면 세, 일간, 년지, 중궁에 있다면 특이한 재주가 있고(또는 그 대운에 재주를 일으킴), 귀인의 도움이 있어 큰 화액에 있어서도 넘어간다.

천보는 문장에 능하고, 처세와 유대관계가 좋으며, 평탄함을 유지 원만함을 보인다.

※ 대운, 신수, 월운에 들면, 대인관계는 원만하며, 난제에서도 귀인의 도움이나 스스로 헤쳐 나가는 극복함을 말한다.

- 천보의 육친은 사람이 점잖고, 힘겨운 일은 하지 못하며, 인내심은 강한 편이다.
- 흉한 해에 천보성은 쉽게 무너지며 쉽게 당하거나 속임수는 쉽게 속은 일이 생긴다.
  즉, 감언이설에 주의해야 하는 시기(대운, 신수, 월운)가 된다.
- 환자에게 천보는 상처는 잘 아무는 시기가 되고, 환자는 쾌유의 시기가 된다.
- 천보의 육신은 길함에서 그 육신을 득하고, 육신에 기쁨을 더하여 준다.

:: 천영(天英)

이(離)궁의 火星으로 화롯불(보일러, 찜질방, 소방관 등)을 다스리는 사람으로 재난을 상징하는 흉성으로 오래 지속되지 못하기에 도중 파산의 위험이 있는데. 응시나 문서, 계약 등의 일을 추진함에는 길하며, 천영이 있는 대운에는 학문/문서/글과 관련된 일에서는 빛날 수 있다.

천영은 오래 지속하지 못하기에 도중 파산의 위험이 있는데, 응시나 문서, 계약 등의 일을 추진함에는 길하며, 천영은 정직함과 길함을 드러냄이 된다.

※ 대운, 신수, 월운에 들면, 학문/문서/글과 관련된 일에서는 길함이 된다.

- 천영의 육친은 큰 것으로 나아감은 길하고, 작은 것으로 나아감은 흉하다.
- 천영의 시기는 지나친 과욕은 금물이며, 나아감에는 장애가 따른다.
- 천영이 합으로 길하게 움직이면 이익이 크고, 흉하게 움직이면 상처만 남긴다.
- 천영이 극을 받으면 신체로는 여명에겐 유방이 흉하고, 생을 받으면 유방에 길함에서 성형수술의 택이 된다.

:: 천예(天芮)

곤(坤)궁의 土星으로 곤란과 질병을 암시하는 흉성으로 고집과 인내, 악독을 상징하며, 손재, 사기, 구설, 살상 등을 유발하는 천봉과 더불어 흉성이다. 천예가 가을/겨울에 있다면 친분을 쌓는 데는 길하다.

천예는 사람이 완강하게 보이지만 인내심은 강하고 손재, 사기, 구설, 질병, 신액, 살상을 접하게 된다.

※ 대운, 신수, 월운에 만나면 그 육친이나 육신은 흉함이라 천예의 육친이나 육신은 피해야 한다. 이로 인해 손재, 구설 등이 발생하며 그 육친의 신액이나 무능함을 보인다.

· 천예의 육친은 까칠하거나 나를 욕되게 함에서 멀리해야 하고, 건강, 신액에 주의해야 한다. 특히, 백호가 있다면 강하다.
· 천예의 시기는 건강, 신액이 찾아오거나 집안에 살림이 떨어지는 일이 발생함이다. 또는 살림 도구의 고장, 교체, 더럽혀짐 등도 된다.
· 천예의 육신은 힘들어함, 말썽, 난제 등이 된다. 하지만 길운이면 큰 문제 되지 않으며, 결과는 길하게 된다.

:: 천주(天柱)

태(兌)궁의 金星으로 음모와 변절을 뜻하는 천영과 더불어 소흉성이다.

천주가 있는 대운이나 신수 또는 각 달에는 은사를 만나거나, 수련을 하거나, 험난한 활동을 하는데, 변절(변심)을 당하거나, 음모에 말려들기 쉽다. 천주의 대운과 신수, 각 달에서는 기도/수행이 으뜸이다.

천주는 험난함, 변절(변심), 수모당함, 돌아감, 교활함 등으로 흉신에 해당한다. 하지만 길문괘 등 길운이면 흉액은 약하거나 없음이다.

※ 대운, 신수, 월운에서 만나면 은사를 만나거나, 수련(수행)을 하거나, 험난한 활동(생활)을 하는데, 변절(변심)을 당하거나, 음모에 말려들기 쉽다. 기도/수행이 으뜸이다.

- 천주의 육친은 나를 배신하거나 변심/변절을 야기하는 것에서 흉운에서는 반드시 일어난다. 또한, 그 육친 스스로도 하는 일이 일정하지 않거나 자주 직장이나 업무 등 일을 바꾼다(또는 낮과 밤의 패턴을 바꾸며 살아간다).
- 세궁이나 일간에 천주는 마음의 번민이 많거나 갈등이 잦고, 마음의 지속성이 약하다.
- 천주의 시기(대운, 신수, 월운)에서는 도로아미, 마비, 변절, 하차, 희비 교차 등이 일어난다.

:: 천심(天心)

건(乾)궁의 金星으로 강건(康健)과 정직을 뜻하는 천보/천임과 함께 길성이다. 천심이 대운이나 신수에서 세, 일간, 년지, 중궁에 있는 사람이 도를 닦으면 깨치기 쉽고, 명의/제약으로 나갈 수 있으며, 구하고 바라는 성취에 이로움을 더한다. 한편, 이 대운에 도통이나 명의를 이루거나 제약(製藥)을 한다. 천심은 도통, 의술, 제약, 복술, 또는 손재주로 먹고산다.-용신에 천심이 동주하면 이러한 일에 나아감이 으뜸이다.

천심은 길성으로 육친·육신에 붙는 대로 길한데, 정직한 성품, 지조(절개)가 있음, 중용의 성품이다. 하지만 일방적 독단, 거침, 그릇된 것의 고집이나 신조(신뢰/신앙)된다.

※ 대운, 신수, 월운에 들면, 직장, 재물, 건강, 명예 등에 두루 길함에서 그 육친·육신도 그러하다. 하지만 망신살(궁)이나 겁살(궁)이 더하면 길함은 감하며, 그 육친·육신의 흉액에서 망신당함, 신액(사고, 수술)도 발생한다.

- 천심이 육친에 좌하면 그 육친의 길함을 말함으로 그 육친의 착한 심성에서 윤리 도덕에 벗어난 행동은 하지 않으며, 일에서 결정은 과감하게 하며, 일방적 강압적인 성향도 보인다.
- 환자는 청룡과 더불어 좋은 의사를 만나고, 질병자는 쾌유를 하고, 불치병은 치유가 잘 된다.
- 천심은 작용의 길에서 순탄, 길연, 흥성을 가리는 것에서 육친·육신

과 역마, 도화 등에 닿는 대로 길하다. 하지만 겁살(궁)과 망신살(궁) 을 가장 꺼린다.

:: **천금**(天禽)

中宮에 위치한 土星으로 징악과 보상을 뜻하는 천충과 함께 소길성 이다.

중궁의 육친이 천금의 역할을 하는 것으로 일간(日干)이 중궁에 있다면 (또는 그 육친이) 정의와 지배력이 강하다. 중궁과 합되는 달(月)이나 일진 (日)에 제사나 매장, 매매 등에는 길하다.

천금은 중궁의 자리에서 야만성과 징악을 내보이기도 하지만, 천충처 럼 보상을 뜻함에서 통치적인 다스림의 역할을 한다.

※ 중궁의 육친이 천금의 역할을 하는 것으로 일간(日干)이 중궁에 있 다면(또는 그 육친이) 정의와 지배력(리더하는 위치에 있음)이 강하다.

제9장

공망(空亡)과 총공(總空) -거공(居空)

Q 공망살

　태어난 일주(日柱)를 기준으로 하여 10천간(天干)과 맞물려 이어가는 12지지(地支)에서의 다음 차례에 해당하는 두 개의 지지(地支)를 말하는데, 일반적인 공망살의 작용은 길함을 감한다. 그러나 왕한 것에서 길성이 중중하면 무탈하다.

- 세궁에 좌하면 고독하고 가정의 화해함이 없어 허하다.
- 육친이나 육신에 좌하면 그 육친과의 인연은 없거나 약하고, 그 육친의 불운도 됨이다. 육신은 자리의 공망에서 그 육신의 인연은 중도에 변하거나 장애, 손실, 고통을 부른다.
- 삼합에 있어 공망살이 삼합의 종결수(왕지)에 있으면 삼합이 불성립되어 삼합의 작용을 할 수 없음이다. 하지만 종결수에 일간(日干)이 좌하면 삼합은 성립된다.

:: 공망살(空亡殺)

공망살(空亡殺)은 해당 궁이 비어 있다는 것으로 그 궁의 부실을 말하기에 해당 육친의 흉함을 말한다. 길신은 운기를 감퇴시키고, 인연은 약화시키며, 거처는 허하게 만든다. 또한, 흉신은 없어지는 것이 아니라 흉신을 더 악화시킨다.

그러나 그 육친이 태왕하면 공망을 논하지 않으며, 원명국이나 대운, 신수에서 공망이라도 길성이 중중하거나 그 기운이 왕성하면 길한 성공, 성취하는 육친이 되며, 다만 없는 것보다 공망은 그 대운과 그 육친의 기운을 쇠약시키는 면은 있다.

공망(空亡)은 일주(日柱)를 기준으로 구궁의 본바탕 12지지에 붙이는 것으로 그 육친이 공망살이 된다. 이때 앉은 자리의 12지지와 동일한 육친이면 거공(居空)이 되며, 거공은 공망보다 더 액운이 크며, 거공당한 육친은 생사별이 있기에 수행이나 종교인으로 출가하거나 산속에서 외롭게 살거나 한다면 몸 액난은 피할 수 있지만, 사회생활은 괴로움을 안고 살아야 한다.

한편, 공망이 자리한 낙서구궁에서의 고유한 자릿수가 중궁에 있으면 총공망(總空亡)이 되는데, 총공망의 인생은 평생 재산손실이 크고 용두사미격으로 인덕이 없고 실속이 없으며, 계획이 중도수포로 돌아가고 가정의 안정을 꽤하기 힘들다.

한마디로, 일사불성이라 봉사활동을 해야 하는 운명으로 활인업이 좋다. 일반인이라면 재물과 명예와는 인연이 없으며, 종교인이나 무속, 정신 세계로 나가기 쉽습니다. 하지만 이도 격이 좋고 길성이 중중하면 큰 어려움 없이 살아갈 수 있음이다.

1) 世의 공망– 나와 가정이 비어 있는 부실함을 말하기에 생활에서 가식과 거짓 언행을 하며, 게으르고 마음이 안정되지 못한 들뜬 상태가 많다. 가정은 허하여 외롭고 쓸쓸하며, 화목함이 없고, 주관이 약하여 유혹에 잘 넘어가는 편이다.

2) 父의 공망– 년지/년간이 흉하다면 부모가 별거하거나 일찍 사망 또는 본인이 타향에서 생활한다. 일생에서 문서/계약문제로 손재나 부도, 관재 구설, 명예훼손, 사기 등을 당하기 쉽다.

3) 兄의 공망– 친구나 알고 지내는 주변인들과의 관계에서 이익은 전무하고, 도리어 그들로 인해 손재나 근심의 유발이 있다. 또는 그들과 인연이 박해 친목이 없다. 월지/월간까지 흉하면 형제가 없거나 없는 것보다 못한 인연이 된다.

4) 孫의 공망–시간/시지까지 흉하다면 자녀의 근심이 있는데, 자녀가 낙상, 질병이 아니면 가출이나 방탕하여 불량자가 되기 쉽고, 시회에 성취를 못 이룬다. 孫만 공망이면 자신의 소유물로 인한 속상한 일이 있으며, 가축, 종업원과는 인연이 박하여 그들로 인해 근심할 일이 있다.

5) 財의 공망- 원명국에서 가정이 흉하면 이별하거나 서로 떨어져 지내며, 가정이 길해도 처에 공함이라 외로움을 느낀다. 원명국의 격이 흉하면 재물과 인연이 없고 재물로 인해 큰 고충을 겪는다.

6) 官鬼의 공망- 원명국의 격이 흉하면 관운과 인연이 없고, 여명은 남편/ 남자와 인연이 없다. 대운이나 신수면 직업의 변동운으로 실직운인데, 다만 왕성하거나 길문/길괘이면 승진영전 확장변동으로 본다. 관재나 재판에서는 승리에 유리하며, 특히 형사사건에서는 더욱 유리하다.

고허방(孤虛方)- 공망(空亡)이 자리한 방위는 고방(孤芳)이라 하고, 고방의 대충방(對沖方)을 허방(虛方)이라 하여 이 고허방(孤虛方)으로의 이동이나 이사, 직장, 가게, 회사, 여행, 수행, 기도, 은신처 등은 피해야 하는 방위이다.

참고로, 여행길이나 산에서 악인이나 짐승을 만나는 위급한 상황에서 고허방(孤虛方)을 이용하여 대처하면 환란을 잠재울 수 있는데, 즉 몸을 고방(孤芳)에 등지고 허방(虛方)을 향해 대적하는 것이다.

· 世가 공망이면 고독한 운명이다. 세가 거공이면 입산수도할 수 있고, 공망의 육친은 거리가 있는데, 왕하면 면함이며, 거공된 육친과는 인연을 깊이 할 수 없다. 그러나 자리에서 거왕이면 거공을 논하지 않는다.
· 世가 공망이면 부모와 인연이 없고, 부부와도 인연이 없다. 이때 공망인 世의 대충방에 時支가 있다면 그 경향은 더욱 짙고 일생 인고의

세월을 보낸다. 여기에 세궁이 귀문관살이 되면 더욱 흉하다. 더하여 앉은 자리의 궁과 홍국수가 다 같이 귀문관살이면 진귀문(眞鬼門)이라 하여 그 영향이 가장 크다.

· 世가 一六水로 천반으로부터 受尅되고, 함지(咸池)가 있다면 음란한 행동을 하는데, 욕지가 있다면 부끄러운 줄 모른다.

Q 총공

공망의 좌궁이 홍국수로 중궁에 있을 때를 말하는데, 총공이 있으면 평생 재산 손실이 크고 용두사미격으로 인덕이 없고 실속이 없으며, 계획이 중도 수포로 돌아가고 가정의 안정을 꾀하기 힘들다. 그러나 격이 길하게 비치면 문제 되지 않는다.

Q 거공살

공망이 좌한 것에서 공망-자리와 같은 홍국수가 드러날 때 거공이 된다.

· 世가 거공이면 입산수도할 수 있고, 거공의 육친과는 거리가 있으며, 삶에 애환을 말한다. 그러나 자리에서 왕하면 거공을 논하지 않는다.

거공은 삼합에 있어 매우 **중요한 작용**을 하는 데 있어 작용과 미작용이 있다.

제10장

세기(世氣)의 왕쇠(旺衰)

세기의 왕쇠 판단은 자리와 월령 그리고 천반, 이 3가지 기준을 통해서 판단하는데, 이 3가지 가운데 2가지의 생조를 받으면 왕한 것으로 판단하고, 1가지만의 생조는 세기가 약하다고 판단한다.

생조는 세기의 오행과 같은 오행이나 세기를 생하는 인성이 되고, 나머지 충이나 극, 설기는 약하게 하는 것으로 판단하면 된다.

그러나 중궁의 생함이나 삼합인성이나 삼합세기, 인성의 준동 등에서 세기를 생한다면 앞선 3가지에서 1가지만의 생조인 상태라 할지라도 세기가 약하지 않는 것이 된다.

🔍 世(세)의 왕쇠(旺衰)는 기준

거왕(居旺)/거쇠(居衰), 승왕(乘旺)/승쇠(乘衰), 수생(受生) 또는 겸왕(兼旺)/수극(受剋) 또는 설기(洩氣)]이들에서 힘의 우위는 첫째는-거왕(居旺), 둘째는-승왕(乘旺), 셋째는-수생(受生)/겸왕(兼旺)으로, '거왕(居旺), 승왕(乘旺), 수생(受生)/겸왕(兼旺)'의 셋 중에서 두 개 이상이면 世(세)가 왕(旺)

하다고 본다.

또는 거왕(居旺) 하나이지만, 년지(年支)가 정인(父)과 일간(日干)이 인성(父)으로 세생(世生)한다면 세왕(世旺)으로 볼 수 있고, 世에 일간(日干)이 동궁(同宮)하거나 일간(日干)이 형제(兄)에 있어도 세가 약하지 않는 것으로 본다.

- 기타가 혼재되면 모두 세약(世弱)으로 보면 된다.

1. 거왕(居旺), 거쇠(居衰)-기문의 고정된 구궁 자리는 아래의 구궁(九宮) 좌(坐)에서처럼 고유한 오행으로 정해져 있다.

辰,巳(火) 음력3,4월	午(火) 음력5월	未,申(金) 음력6,7월
卯(木) 음력2월	중앙土	酉(金) 음력8월
寅,丑(木) 음력12월,1월	子(水) 음력11월	亥,戌(水) 음력9,10월

낙서구궁(洛書九宮)

먼저 世(세)의 왕쇠(旺衰)는 구궁의 고유한 자리에서 거왕(居旺)인가. 거쇠(居衰)를 살피는데, 기준은 世(세)가 앉는 자리 구궁의 고유한 오행이 世(세)의 오행과 같은 '비견(兄) 또는 겁재(兄)'가 되거나 世(세)를 생하는 '인성(父)'이 될 때, 세는 거왕(居旺)하다고 한다. 이외에 世(세)를 설기(洩氣)하거나 극(剋)함은 거쇠(居衰)가 된다.

예를 들면, 世(세)가 三이면 木이기에, 木宮(목궁)인 丑, 寅, 卯궁(宮)에 앉으면 世의 오행과 동일한 비견(兄)이나 겁재(兄)가 되기에 世는 거왕(居旺)이 되며, 戌, 亥, 子궁(宮)에 앉으면 世의 木氣을 생하는 水氣인 인성(父)이 되기에 이 또한 거왕(居旺)이 된다. 기타 궁은 설기(洩氣)와 극(剋)이 되기에 거쇠(居衰)가 된다.

2. 승왕(乘旺), 승쇠(乘衰)-월령을 기준으로 승왕(乘旺), 승쇠(乘衰)를 판단한다.

월령은 1월에서~12월의 달(月) 오행을 말하는데, 世(세)와 오행이 같은 비견이나 겁재 또는 世(세)를 생(生)하는 인성(父)이면 승왕(乘旺)이 되고, 그렇지 않은 나머지 世(세)를 설기(洩氣)나 극(剋)을 하면 승쇠(乘衰)가 된다.

🔍 五十 土의 왕쇠

世의 十토가 손궁과 이궁에 있으면 거왕한데, 이때 월령이 사, 오, 진, 술, 축, 미-이면 승왕인 것은 十토는 火土동근으로 火氣로 보는데, 손궁과 이궁에 있을 때를 말한다.

世의 五土가 건궁과 감궁이 있으면 거왕이 되는데, 世의 五토가 이 자리에 있을 때, 월령이 해, 자, 진, 술, 축, 미-라면 승왕이 됨인데, 五토는 水土동근으로로 水氣로 건궁과 감궁에 있을 때를 말한다.

子	丑	寅	卯	辰	巳	午	未	申	酉	戌	亥
자	축	인	묘	진	사	오	미	신	유	술	해
11~12월	1월	2월	3월	4월	5월	6월	7월	8월	9~10월		
陽水	陰土	陽木	陰木	陽土	陰火	陽火	陰土	陽金	陰金	陽土	陰水

월 령

예를 들면,

世(세)가 五이면 土이기에, 월령이 巳월, 午월, 丑월, 未월, 戌월, 辰월에 해당하면 승왕(乘旺)이 되는데, 巳월, 午월은 火氣로 世의 土氣를 생하는 火氣인 인성(父)이 되고, 丑월, 未월, 戌월, 辰월은 世의 土氣와 동일한 오행인 土氣인 비견(兄)과 겁재(兄)가 되기 때문이다. 그렇지 않는 나머지 世(세)를 설기(洩氣)나 극(剋)을 하는 子월, 寅월, 卯월, 申월, 酉월, 亥월 승쇠(乘衰)가 된다.

3. 수생(受生) 또는 겸왕(兼旺)—世(세) 천반의 오행으로 수생(受生) 또는 겸왕(兼旺)으로 판단하는데, 世(세)의 천반이 世를 생함은 인성(父)으로 수생(受生)이라 하고, 世(세)와 동일한 오행은 비견(兄) 또는 겁재(兄)로 이를 겸왕(兼旺)이라 한다.

- 모든 궁(九宮)에서 홍연수(洪烟數) 아래의 숫자를 지반(地盤)이라 하고 위의 숫자를 천반(天盤)이라 칭한다. -

예를 들면, 世數의 지반(地盤)수가 四이면 오행으로 金인데, 世천반(天盤)수가 四, 九, 五,十이면 오행으로 金과 土가 된다. 이는 世에서 보면 천반四, 九는 世와 동일한 오행으로 비견(兄)과 겁재(兄)가 되고, 천반五, 十는 世를 生하는 土氣로 인성(父)이 된다.

고로 천반의 비견(兄)과 겁재(兄)는 世와 동일한 오행이기에 겸왕(兼旺)이 되고, 천반五, 十는 인성(父)으로 수생(受生)이 된다. 그렇지 않는 나머지 世(세)를 설기(洩氣)나 극(剋)을 하는 一六水, 二七火, 三八木은 世를 돕지 못한다.

Q 세토의 간방

世氣나 日干 그리고 다른 여타의 육신이나 육친도 왕 할수록 길하며, 약할수록 흉한 것에서-

진술축미방인 손궁, 곤궁, 건궁, 간궁에 오(五)십(十)토(土)가 좌 할 시에는 다른 육신(육친)과 더불어 세기의 왕쇠 판별은 그 운세를 판단함에 있어 양극단의 해단이 되기에 이는 매우 중요한 것에서 제2편을 통해 숙지할 수 있게 했다.

🔍 12포태(十二胞胎)

: 12포태 음양둔은 모두 순포로 포국한다.

12운성의 의미-

사람이 수태에서부터 죽음에 이르기까지의 인생 여정의 큰 틀을 비유한 시간의 연기적 흐름에서 생명의 변화를 12단계로 나누어진 법칙을 말한다.

絕(절)은-

달리 포(胞)인데 만물이 사멸된 자리에서 다시 정기가 모여지는 시기의 단계로 운세는 아직 미동한 상태로 움직임이 없는 단계이다.

- 世가 絕(절)이 되면 부부간에 소통이 안 되어 말썽이 많으며, 질병으로 고생하거나, 병으로 죽거나 횡사의 기운이 있다.
- 世가 사(死)절(絕)이 되어 약할 때 년지(年支)와 중궁(中宮)이 七과 九로 상전하면 사망한다. 물론 대운이 흉운이며 육의(六儀) 삼기(乙丙丁), 괘문성장도 살펴야 한다.

胎(태)는-

모체(母體)에서 태아로 성장하는 과정으로, 밝아오는 새벽의 단계로 볼 수 있다.

養(양)은-

모체(母體)에서 성장이 완료된 상태로 곧 새벽의 문을 여는 단계이다.

· 년지(年支)와 世가 동궁으로 양(養)이면 양자로 간다.

生(생)은-

태아가 출생의 문을 열고 나온 희망을 성취한 단계이다.

浴(욕)은-

몸을 벗은 상태로 목욕하는 단계로 벌거벗은 상태라 하여 패주살(敗走殺)로 보며, 손재(損財)와 색정(色情)을 말한다. 따라서 世가 浴(욕)이면 색란(色亂)이 일어난다.

帶(대)는-

사회적 안정을 말하고 출세를 말하기에, 입시, 응시, 취직, 진급, 출사, 결혼, 경사 등에 길하다.

綠(록)은-

명예와 관운에 대길한 것으로 의욕과 생기가 돋아나는 단계이다.
· 신수에서 綠(록)이 년지에 있으면 관직이나 직책을 맡은 일 등에 길하다.

旺(왕)은-

절정의 상태로 성취를 말하는 운세 극점의 단계이다.
· 여명에서 世가 王(왕)이 되면 사회적으로 성공할 수 있지만, 가정의 화합은 어렵다.

衰(쇠)는-

태양이 기울 듯 모든 현상이 기울어가는 시기로 인생무상을 느끼는 단계이다.

· 世가 衰(쇠)에 있으면 성품은 온순하고 내성적인 성향이며, 학문에 밝아 연구직 등에는 발복한다.

病(병)은-

몸과 마음이 노쇠하여 모든 기상이 쇠잔하는 단계로 의욕의 상실을 말하기에 몸의 병약을 말한다.

死(사)는-

결국 인생의 탄생에서 비롯된 삶의 모든 여정이 죽음으로 마치는 인생의 덧없음을 말하고, 인생은 비애라는 것을 말하는 단계로, 모든 일이 막히고 끝남을 말한다.

墓(묘)는-

인간이 죽음에 이르러 시간이 지나면 모든 명성과 인연들, 그리고 그가 느끼고 함께했던 생전의 산하대지까지 암흑으로 들어가는 단계를 말한다.

· 世가 病(병)死(사)墓(묘)에 앉아 있으면 용두사미의 경향이 있다.
· 世가 死(사)墓(묘)에 앉아 있으면 재물과 인연이 별로 없다.
· 世와 時支가 동궁으로 墓(묘)에 앉아 있으면 우환이 자주 발생한다.
· 중궁에 雙鬼가 있는데, 日干과 世가 동궁으로 墓(묘)에 앉아 있으면

요절한다.

- 絶(절) 胎(태) 養(양) 生(생) 浴(욕) 帶(대) 綠(록) 旺(왕) 衰(쇠) 病(병) 死(사) 墓(묘)에서

世가 三八木일 때—申에서 絶(절) 胎(태) 養(양)으로 시작되고,
世가 二七火일 때—亥에서 絶(절) 胎(태) 養(양)으로 시작되고,
世가 四九金일 때—寅에서 絶(절) 胎(태) 養(양)으로 시작되고,
世가 一六水일 때—巳에서 絶(절) 胎(태) 養(양)으로 시작되고,
世가 五土일 때—巳에서 絶(절) 胎(태) 養(양)으로 시작되고,
世가 十土일 때—亥에서 絶(절) 胎(태) 養(양)으로 시작된다.

그러나 실상의 世의 五十土는 辰巳午궁에서 旺하며, 12포태에서도 生(생)帶(대)綠(록)旺(왕)이 왕성한 것으로 대운과 신수의 달에서도 응용이 가능하다.

제11장

심성론

ꆼ 七火로 보는 심성론(心性論)

(七火 천반의 오행과 그 오행이 있는 지반의 괘문성장을 본다)

- 七火 자체로 심성으로 본다(칠화가 동처로 있어 타궁의 동처와 화금 상전을 하면 그 사람은 진실하고 의로운 척하지만, 마음이 진실하지 못하다).
- 칠화의 기운이 수생, 거왕, 승왕 중에 둘 이상으로 강하거나, 칠화의 기운이 수생, 거왕, 승왕 중에 하나에 해당되는 가운데 타궁의 동처에서 생을 받아 강하면 인품이 '고귀하고 원대'하나, 반면 '인품이 천하고 졸렬한', 상반된 경우를 보인다.
- 태왕(수생, 거왕, 승왕)하면 대범한 '마음'을 가진 사람이다.
- 이상에서 괘문성장(卦門星將)의 길함이 비치면 그 뜻은 더 강해진다.

꧃ 七火가

- 왕성하면(거공과 공망은 약하게 봄) 마음이 넓고 뜻이 높다. 그러나 천지반이 七七의 형옥살이면 말을 조심해야 한다.

- 쇠약하면 소심하고 의지가 약하고 내성적이다.
- 길문, 길괘가 같이 있으면- 포부가 크거나 마음이 넓다(인자하고 정직).
- 흉문, 흉괘가 같이 있으면- 시기·질투가 많고 이기적인 면이 있다.
- 景門, 絶命이 있으면 오락을 좋아한다.
- 驚門, 驛馬, 遊魂이 있으면 변덕이 심하고, 주관이 없다.
- 死門, 杜門, 歸魂이 있으면 게으르고 활동성이 부족하다.
- 七火가 천반에서 수극되고 공망까지 있다면 소심하고 자기밖에 모른다(동업불가人).
- 七火에 괘문성장(卦門星將)이 하나같이 다 吉하면 성품이 인자하고 고상하며,

  괘문성장(卦門星將)이 하나같이 다 凶하면 사기꾼이거나 말을 잘 꾸미거나 교활한 사람이다.

🔍 七火의 천반

−六水이면−

머리는 좋지만 술이나 색(色)을 좋아한다(한편, 잡기(雜技)에 능하거나 지략/잔 머리가 뛰어나 잘 감추는 성향이 있다. 늙어서는 욕심이 많다)

三八木이면−

인자하고 너그럽고, 인정이 많다.

二七火이면-

예의가 바르고 학문에 밝으며, 두뇌가 총명하고 위엄이 있다(위세나 기력
(또는 공로/칭찬)을 좋아한다. 뜻이 크다).

五十土이면-

조율을 잘하거나 잘 주고 잘 응하지만, 실리를 못 차린다. 이때 도화를
깔고 있으면 조건이 맞으면 몸까지 쉽게 준다.

四九金이면-

(모든 것을 자르기에)운수가 잘 막히고 한쪽으로 치우치는 경향이 있으
며, 노고가 많다. 의협심과 의리가 있는데 살성(殺性)도 강하다(일반적으로
잔인하고 편협하며, 즉흥적이다. 길문, 길괘가 있으면 착한 사람이며, 흉문, 흉괘가
있으면 좋은 생각도 이루지 못한다). 四九金에 상문, 절명, 화해가 다 같이 있
으면 흉독한 마음이라 좋은 결실을 보지 못한다.

제12장

길흉한 태생(띠)

Q 원명국의 길흉한 태생

　중궁암장의 지반의 홍국수와 합되는 태생이 길연이 되고,

　더하여 길한 태생은 복덕에 해당하는 홍국수의 태생이 된다.

　그러나 길한 태생이라도 운곡/기문학에서 밝힌 괘상으로의 궁합이 길
할 때가 되며, 원명국의 길한 태생이 신수에서 드러날 때 길연으로서의
작용은 강하다.

　흉한 태생은-중궁암장의 지반의 홍국수를 충극하는 태생이나 망신살
과 흉한 살성의 태생이 된다.

Q 신수국의 길흉한 태생

　45세 이전은 신수에서의 중궁지반의 홍국수가 되고, 46세 이후는 중
궁천반의 홍국수로 길흉한 태생을 본다.

　중궁의 홍국수와 합되는 태생은 길연이고 충, 극, 원진살 그리고 신수

의 명국에서 망신살에 해당하는 홍국수도 흉한 태생이 된다(생원진의 태생은 길연이 되지만 지속되지는 못한다).

제13장

오국(五局)의 분류

🔍 화국(和局)

홍국수 천지반이 대부분 서로 상생에 비화(比和)를 말하는데, 이런 사람은 성격이 느긋하고 마음의 여유가 있고, 대인관계가 넓고 친화력이 좋으며 정서가 풍부한 사람이다. 또한, 흉운에서도 견디는 힘이 강하고, 회생의 운기를 갖춘 명국이다. 단점은 게을러 자립정신이 약하다.

🔍 전국(戰局)

홍국수 천지반이 대부분 서로 극하는 가운데 비화(比和)를 말하는데, 이런 사람은 의지의 끈기가 약한 편이지만 집착심도 강하기에 적극성과 열성적 행동력은 안이한 평온을 도모하고자 하는 여당의 기질인 화국보다 야당성의 기질을 가진 전국이 강하다. 호운은 오래가지 않으며, 일의 성과가 미흡하며, 홍국수 천지반이 대부분 서로 극하는 가운데 비화(比和)를 말하는데 남들이 알아주지 않는다.

급하고 과격한 경향이 있으며 절제심이 부족하여 선악의 유혹에 약하다. 이는 선에도 잘 물들 수 있고, 악에도 잘 물들 수 있다는 것으로 진취적인 면이 있고 도약하려는 열정이 강하다. 지구력이 부족한 반면, 두뇌 회전은 빠르다.

🔍 상충국(相沖局)

홍국수 천지반이 3~4개가 서로 충(相沖)을 말하는데, 이런 명국은 조급하고 충돌하는 성격으로 부모에게 불효하거나 불효자가 되고, 처자식하고도 화목하지 못하며, 사람이 변덕스럽다.

상충국에서 世와 日干이 비충지이고, 재궁 등 용희신이 비충지이면 출세나 성취가 빠르다. 그러나 유년이 충지에 들면 액운이 찾아오고 대화(大禍)를 당한다.

상충국인 사람은 대체로 투기성이 강하고, 의욕이 강해 무모하게 일을 벌려 용두사미로 실패를 거듭하는 사람이 많다. 金木의 상충국은 정신적인 문제나 모험과 집착증, 투기성이 있으며, 水火의 상충궁은 정신적인 문제나 연구나 탐구정신이 높아 학자, 예술가, 발명가가 많으며 집착심이 강하다.

이 국도 능력과 자질이 뛰어나도 남들이 알아주지 않고 명성이 그늘지게 된다.

🔍 원진국(怨嗔局)

홍국수 상하가 원진이 되는 것을 말하는데, 밖으로 남에게 일 잘해주고도 원망과 의심을 사게 되고, 안으론 마음이 좀 안 들면 의심하고 미워하는 마음을 간직하는 사람으로 끊고 맺는 결단력이 부족하다. 그리고 조건이 어긋나면 갑자기 돌변을 잘한다.

직업적으로 밖으로 남에게 원망과 미움을 받고, 안으로는 의심을 잘하는 형무관이나 경찰, 형사, 세무원, 정보원이 많은 편이다.

🔍 형파국(刑破局)

홍국수의 천지반이 형충파해(刑沖破害)로 이루어진 경우를 말하는데, 이러한 명국은 양극단으로 치달을 수 있는데, 명국의 격이 좋으면 권력을 가질 수 있지만, 격이 흉하면 고충이 많이 따르는데, 나아가 신체이상자로의 불구나 병을 간직한 사람이며 부부간은 생사별을 하거나 육친은 무덕하고 고독하다. 일의 성사는 난성이 되고, 살기를 용하는 직업인이 많은데 공학자, 의사, 변호사, 운동감독 등이 좋다.

🔍 복음국(伏吟局)

전체의 구궁 가운데 연국이 천지반에 동일한 것으로 깃든 것을 말함인데, 독립적인 일이 길하며, 음성적인 일이 길하며, 모험적인 일이 길하다.

한 궁내에 연국(烟局)이 천지반에 동일한 것으로 궁에 두루 한 것을 말하는데, 복음국은 신수에서 특히 하는 일에 걸림이 일어나거나 집안에 근심이 생김을 말한다. 그러나 격이 그렇지 않다면 큰 흉액으로 작용하지 않는다.

🔍 반음국(反吟局)

전체의 구궁 가운데 연국이 천지반에 다른 것으로 대충궁에 천지반이 반대로 놓여 있는 것을 말함인데,

명쾌한 일에 길하며, 속전속결의 일에 길하다.

대칭궁에서의 천지반의 연국이 서로 교차되는 것을 말함인데, 반음국은 신수보다 원명국에서 특히 강력한 흉사로 작용하는 것으로 종교인이나 스님으로 살아가야 하는 세상에서 불성취와 배신, 사기, 갈등으로 매우 힘겨운 생을 살아가야 하는 흉액으로 작용한다.

🔍 사묘국(四墓局)

중궁의 지반수가 一이나 六이면 辰戌丑未의 향방이 入墓가 되는 것으로 四墓局(사묘국)이다. 사묘국은 특히 신수에서는 신액이 있거나 구설이

생김을 말하는데, 그러나 오기유통이나 신수가 길격이면 흉액의 작용은
미미하다.

제14장

질병과 오행의
신체부위

『질병자나 허약자는 원명국에서의 동처와 비동처를 떠나 구궁에 있는 홍국수 오행의 왕쇠, 그리고 화해살이 깃든 육친이나 오행으로 판단한다.

일반적으로 질병과 허약자는 세기가 약한 사람에게 드러나며, 세기가 왕해도 특정 장기가 약하다면 해당된다. 육친에 있어도 그 육친이 약하면 단명하거나 병자나 불구자의 삶이 된다.』

Q 오행의 장기

三八 木은- 간, 담, 신경, 정신.

二七 火는- 심장, 눈, 소장.

五十 土는- 피부, 위장(五土)(여성은-유방/자궁-五土),

四九 金은- 폐, 기관지, 대장.

一六 水는- 신장, 귀, 방광, 혈액.

三八木이 쇠약하면

　: 간, 담, 신경, 정신계통이 약하고 여기에 병이 발생한다.

二七火가 쇠약하면

　　: 심장, 눈, 소장계통이 약하고 여기에 병이 발생한다.

五十土가 쇠약하면

　　: 피부, 위장(여성은-유방/자궁) 계통이 약하고 여기에 병이 발생한다.

四九金이 쇠약하면

　　: 폐, 기관지, 대장계통이 약하고 여기에 병이 발생한다.

一六水가 쇠약하면

　　: 신장, 귀, 방광, 혈액계통이 약하고 여기에 병이 발생한다.

: 만약 오행이 두루 원만하여 약함이 보이지 않으면 두루 건강한 체질
　이지만, 약함이 엇비슷한 경우에는 화해살이 있는 오행이 약한 장기
　가 된다.

: 세왕으로 귀(鬼)성에 생문이나 휴문이 있다면 불치병에 걸리지 않으며,
　걸려도 쉽게 낳는다.

: 질병자가 위급한 경우거나 병중이 무거워도 대운이나 신수가 왕성하면
　쾌유할 것임을 알아야 한다.

: 원명국이나 신수에서 길신과 흉신은 나에게 길흉한 육신과 오행, 그리
　고 방위가 된다.

🔍 화해살의 오장

『화해살이 좌한 오행은 신체장기가 약하다.』

寅卯의 三八 목기에 화해살이 있으면-

신경계나 간이 약함에서 신경성 병이나 간장병이 걸리기 쉽다. 또한, 신경이 예민하여 소리 등에 민감한 반응을 보인다.

巳午의 二七 화기에 화해살이 있으면-

심장, 소장, 눈이 약함에서 이러한 것에 병이나 수술 등 신액이 발생한다(눈에서 二는 좌측 눈이 되고, 七은 우측 눈이 된다).

辰戌丑未의 五十 토기에 화해살이 있으면-

위장, 피부 (여명은 五土에 화해살은 유방, 자궁이 약함)가 약함에서 이러한 것에 질병이 발생한다.

申酉의 九四 금기에 화해살이 있으면-

폐, 기관지, 대장이 약함에서 이러한 것에 질병이 발생한다.

亥子의 六一 수기에 화해살이 있으면-

신장, 귀, 방광, 혈액이 약함에서 이러한 것에 질병이 발생한다(귀에서 亥는 왼쪽 귀가 되고, 子는 우측 귀가 된다).

🔍 오행의 신체부위 상해

: 신체부위를 오행으로 나뉜 이해.

三八 목기가 충극이나 살성, 공망 등으로 흉하면-

팔의 질환이나 손상을 말함에서 三은 우측 팔이 되고, 八는 좌측 팔이 된다.

二七 화기가 충극이나 살성, 공망 등으로 흉하면-

발의 질환이나 손상을 말함에서 二는 왼발이 되고, 七은 우측발이 된다.

五十 토기가 충극이나 살성, 공망 등으로 흉하면-

살점의 손상이나 아토피, 피부암 등의 흉액을 말한다.

九四 금기가 충극이나 살성, 공망 등으로 흉하면-

골절이나 뼈 손상 등의 흉액이 된다.

六一 수기가 충극이나 살성, 공망 등으로 흉하면-

머리 부분의 상해나 질환이 된다.

오행의 각각에 화해살이 더하면 가중된다.

🔍 세궁(世宮)이 좌한 궁의 질병

: 세기가 약하게 되는 시점이나 태약한 것에서 흉운일 때 발생한다.

1. 건궁(乾宮)-

폐병, 뇌, 신경계통, 두통, 머리손상 등 머리에 병이 생길 수 있다.

(세- 건궁자는 쇠로 된 물건, 옥, 둥글게 만든 물건, 과일, 말, 거울 등과 인연이 있다)

2. 태궁(胎宮)-

폐병, 얼굴에 생기는 병, 입 등에 생길 수 있다.

(세- 태궁자는 애첩, 색정을 밝힘, 강연, 악기 등과 인연이 있다)

3. 이궁(離宮)-

눈, 마음, 심장 등에 생길 수 있다.

(세- 이궁자는 빨간색, 꽃나무, 이별, 이사 등과 인연이 있다)

4. 진궁(震宮)-

간, 담 등에 생길 수 있다.

(세- 진궁자는 발, 목소리, 장남, 의사, 대나무, 악기 등과 인연이 있다)

5. 손궁(巽宮)-

눈병, 현기증 등이 생길 수 있다.

(세- 손궁자는 첫 자녀는 딸, 승려, 우산, 의류, 방송, 인테넷 등과 인연이 있다)

6. 감궁(坎宮)-

자궁, 생식기, 피부 질환 등이 생길 수 있다.

(세- 감궁자는 중년 남자, 선원, 도적, 비, 하천, 술, 이슬, 얼음과 눈(雪) 등과 인연이

있다)

7. 곤궁(坤宮)-

복통, 위장, 양기 부족, 비장 등이 생길 수 있다.

(세- 곤궁자는 작은 땅, 창고, 유순함, 자동차 등과 인연이 있다)

8. 간궁(艮宮)-

팔, 다리의 질환이 생길 수 있다.

(세- 간궁자는 어린 사내, 산, 높은 지대, 언덕과 관련 있다)

제15장
궁합·론

: 부부, 이성뿐만 아니라 나와 상대의 친밀함이나 이익과 손실을 알 수 있다.

일반적인 궁합 보는 방법은 '삼합'이나 '육합'으로 보며, 또한 '일간과 일간', '월령'과의 관계를 토대로 보지만, 운곡-기문궁합은 괘상을 통한 世와 世로 궁합을 보며, 명국에서 육친은 지반은 지반끼리, 천반은 천반끼리 보아 길흉을 논한다.

Q 원명국에서 육친의 궁합

: 원명국의 세궁에서 삼지와 삼간을 각 괘상으로 살핀다.

世와-年支, 世와-月支, 世와-時支와 괘상으로 궁합을 보며,
日干와-年干, 日干와-月干, 日干와-時干와 괘상으로 궁합을 본다.

일반적 삼합 궁합은 나의 태생과 상대방의 태생이 같은 삼합 가운데 들면 좋은 궁합으로 보는데, 인(범)오(말)술(개), 사(뱀)유(닭)축(소), 신(원숭이)자(쥐)진(용), 해(돼지)묘(토끼)미(양)-가 삼합(三合)이다.

예)

내가 말띠면 상대방은 범띠나 개띠일 때 같은 삼합이기에 좋은 궁합으로 보며,

내가 용띠면 상대방은 원숭이띠나 쥐띠일 때 같은 삼합 가운데 하나이기에 좋은 궁합으로 본다. 반대로, 나와 상대의 띠가 충살이나 월진살이면 흉한 궁합으로 본다.

일반적 육합 궁합은 나의 태생과 상대방의 태생이 같은 육합이 되면 좋은 궁합으로 보는데,

자축, 인해, 묘술, 진유, 사신, 오미-가 육합(六合)으로 예로,

내가 소띠이면 상대방은 쥐띠가 육합이 되기에 좋은 궁합으로 보며,

내가 토끼띠면 상대방은 개띠가 육합이기에 좋은 궁합으로 보며,

내가 말띠면 상대방은 양띠가 육합이기에 좋은 궁합으로 본다.

반대로 나와 상대의 태생이 충살이나 원진살이 되면 흉한 흉합으로 본다.

일반적 일간과 일간의 궁합은 나의 일간과 상대방의 일간이 간합(干合)이 되면 좋은 궁합으로 보는데,

甲은 己와 갑기합토로 간합이 되고, 乙은 庚과 을경합금으로 간합이 되고,

丙은 辛과 병신합수로 간합이 되고, 丁은 壬과 정임합목으로 간합이 되고,

戊는 癸와 무계합화로 간합이 된다. 이상의 간합을 예로 들면,

甲일간인 사람이 己일간의 사람을 만나면 갑기합토로 좋은 궁합으로 보며,

庚일간인 사람이 乙일간의 사람을 만나면 을경합금으로 좋은 궁합으로 보며,

丁일간인 사람이 壬일간의 사람을 만나면 정임합목으로 좋은 궁합으로 본다.

반대로, 일간과 일간이 간충(干沖)이 되면 흉한 흉합으로 보는데,

甲庚충, 乙辛충, 丙壬충, 丁癸충, 戊壬충, 甲戌충, 乙己충, 丙庚충, 丁辛충, 己癸충-이 간충이다.

일반적 월령 궁합은 내가 태어난 월지와 상대가 태어난 월지 간에 서로 간 육합(六合)이면 좋은 궁합으로 보고,

충살(沖殺)이나 원진살(怨嗔殺)이 되면 둘은 흉한 궁합으로 본다.

충살은 子午충, 丑未충, 寅申충, 卯酉충, 辰戌충, 巳亥충이며,

원진살은 子未원진, 丑午원진, 寅酉원진, 卯申원진, 辰亥원진, 巳戌원진이다.

🔍 궁합 보는 법

1. 나의 원명국 자체 안에서 나인 世와 육친(부모·형제·처자)과의 궁합 보는 법, 육친과 육친끼리 보는 법,

2. 나의 원명국과 신수내에서의 길흉한 태생의 띠를 보는 법,

3. 나와 상대와의 원명국에서 世와 世끼리로 궁합 보는 법이 있다.

1은-

원명국에서 나(世/日干)와 부, 모, 형제, 자매, 처(남편), 자-로 보는데,

支는 支, 干은 干으로의 괘상으로 보되,

世/日干은 천반(상괘) 되고, 支/干은 지반(하괘) 되어 괘상의 길흉을 살핀다. 육친끼리는 支를 천반, 干을 지반으로 본다.

1-1 나와 부친의 궁합은

日干과 年干의 괘상으로 보는데, 日干은 천반이 되고, 年干은 지반이 되어 둘 사이의 괘상으로 길흉을 본다.

예)

日干		
		年干

: 日干은 손위풍으로 천반이 되고, 年干은 태위택으로 지반이 되니,

이의 궁합은 풍택중부로 길괘가 되기에 나와 부친은 궁합이 좋은 궁합이 된다.

1-2 나와 모친인 년지의 궁합, 형제인 월지의 궁합, 자녀인 시지의 궁합은 世는 천반(상괘)이 되고, 年支, 月支, 時支는 지반(하괘)의 괘상으로 보아 이둘 사이의 괘상으로 길흉을 본다.

· 나와 손위 형제의 궁합은 日干과 月干으로 보는데, 日干이 천반 되고, 月干은 지반이 되어 둘 사이의 괘상으로 길흉을 본다.

예)

	日干	月干

: 日干은 이위화로 천반이 되고, 月干은 곤위지로 지반이 되니,

이의 궁합은 화지진으로 길괘가 되기에 나와 손위 형제는 궁합이 좋은 궁합이 된다.

· 나와 손아래 형제의 궁합은 世와 月支로 보는데, 世는 천반이 되고, 月支는 지반이 되어 둘 사이의 괘상으로 길흉을 본다.

예)

月支		
世		

: 世는 간위산으로 천반이 되고, 月支은 손위풍으로 지반이 되니,

이의 궁합은 산풍고로 흉괘가 되기에 나와 손아래 형제는 궁합이 흉

한 궁합이 된다.

1-3 나와 배우자(관귀/재성)의 궁합은 홍국수의 서열에서 양수는 천반

이 되고 음수는 지반이 되어 본다.

예)

	官,鬼 또는 財(四)	
世(三)		

: 세기는 삼목이고, 관귀 또는 재성은 유금이면-양수가 천반이니 삼목은

유금에 비해 양수가 되고, 유금은 삼목에 비해 음수이니, 곧, 산화비괘

로 산에 단풍든 것처럼 남 보기에는 화려하고 좋게 보여도 가까이 가 보면 그렇지 않는 것처럼 실상은 좋은 궁합은 아니다.

1-4 나와 자녀의 길흉에서 맏이는 日干과 時干으로 보는데, 日干은 천반이 되고, 時干은 지반이 되어 둘 사이의 괘상으로 길흉을 본다.

예)

		時干
	日干	

: 日干은 감위수로 천반이 되고, 時干은 곤위지로 지반이 되니,
  이의 궁합은 수지비로 흉괘가 되기에 나와 맏이는 등지는 것에서 떨어져 지내고 자주 접촉이 없어야 하는 궁합으로 흉한 궁합이 된다.

· 나와 자녀의 길흉에서 둘째 이후는 世와 時支로 보는데, 世는 천반이 되고, 時支는 천반이 되어 둘 사이의 괘상으로 길흉을 본다.

예)

		時支
		世

: 世는 건위천으로 천반이 되고, 時支는 곤위지로 지반이 되니,

이의 궁합은 천지비괘로 흉괘이니, 궁합은 흉함이 된다.

· 육친끼리의 궁합에서 부와 모는 년지가 천반 되고 년간은 지반 되며,

위 형제와 아래 형제는 월지가 천반 되고, 월간은 지반 되며, 맏이와

동생은 시지가 천반 되고, 시간은 지반 된다. 하지만 모든 궁합은 세궁

과 세궁끼리의 궁합의 비중이 크다(예문은 위 예처럼 보시면 된다).

2는- (나의 원명국과 신수내에서의 길흉한 태생의 띠를 보는 법)

원명국에서 길흉한 태생은, 중궁의 암장된 홍국수로 보는데 있어 45세

전이면 지반의 암장홍국수를 보고, 46세이후라면 천반의 암장된 홍국수

로 본다.

이 홍국수를 생합되는 태생은 길하고, 망신살과 겁살, 충극이면 흉한

인연이 된다.

3은- (나와 상대와의 원명국에서 世와 世끼리로 궁합 보는 법이 있다)

세궁과 세궁과의 괘상으로 궁합은, 남녀의 나이에서 연상이 천반이 되고, 연하가 지반으로 보아 괘상을 살핀다.

만약, 나이가 동갑이면-여자가 천반이 되고, 동성끼리도 상대가 천반이 되고, 나는 지반이 된다.

이때 천반이 空亡이면 지반이 되지만, 지반의 공망은 지반 그대로 보는데, 천반의 공망에 日干이 有하거나 空亡이 거왕 수생 되어 왕하면 면공이기에 그대로 천반에 머문다(世와 世끼리의 궁합이 매우 중요).

- 신수에서의 인연띠에서의 길/흉한 작용보다 원명국에서의 세궁과 세궁이 좌한 궁의 괘합으로 보는 것이 더 강하다.
- 태생은 음력 입춘을 기준으로 태생으로 띠로 상정해서 본다.

· 나의 世궁과 상대의 世궁이 앉은 좌궁의 팔괘와 팔괘의 64괘상으로 보는데, 괘상이 길하면 길한 궁합이 되고, 흉하면 흉한 궁합이 된다. 하지만, 괘상끼리 길괘로 좋은 궁합이지만 원명국에서 예로, 배우자 복이나 친구 복이 없다면 비록 세와 세끼리가 길괘라도 잠시의 인연 이며, 큰 이익은 없음이 되기에 원명국에서 육친의 복-여부가 우선이 된다.

그리고 세와 세끼리가 길괘로 좋은 궁합이지만 홍국수끼리 충이나 극, 원진이 되면 길함을 감한다. 또한 동일한 세와 세끼리의 궁합이 좋다면 태생과 삼합이 되는 인연이 더욱 길하며, 세와 세끼리의 궁합이 길해도 태생에서 망신살이나 겁살이면 인연의 길함은 감하며, 원국에서 겁재 곧, 친구나 지인과 인연이 없거나 흉한 명국자는 비록 세와 세끼리의 궁합이 좋아도 오래가지 못하거나 뒤틀리는 일이 생긴다.

- 원명국끼리 상대와의 궁합은 世와 世가 좌한 궁의 괘상으로 궁합을 본다.
- 내 명국에서 어떤 육친과의 괘상이 좋아도 세와 세끼리의 괘상궁합이 흉하면 궁합은 나쁜 편이다.

  반면, 내 명국에서 어떤 육친과의 괘상이 흉해도 세와 세끼리의 괘상 궁합이 길하면 궁합은 좋은 편이다.

  또한, 세와 세끼리의 괘상의 궁합은 흉하나 내 원명국에서 길한 육친이 되면, 즉 예로 배우자 복이 좋으면 세와 세끼리의 괘상의 궁합이 나빠도 무난한 궁합이 된다.

- 천반과 지반에 日干이 有할 시: 궁합뿐 아니라 원명국, 대운, 신수, 달 운에서 마지막에-천지반을 반대로 본다.

🔍 양성과 음성

: 양성이 천반, 음성이 지반으로 볼 것.

음성의 큰 것에서 작은 것의 순서는

(大)五: 지하수 ~ 一 ~ 六 ~ 九 ~ 四(小)

양성의 큰 것에서 작은 것의 순서는

(大)七 ~ 二 ~ 三 ~ 八 ~ 十: 지하온기(小)

[五土는 땅속의 물로 음기가 제일 강함으로 一六九四보다 음성이 더 강하기에 一六九四과의 인연에서 지반이 되고,

十土는 땅속의 불로 양기가 제일 약함으로 七二三八보다 양성이 더 약하기에 七二三八과의 인연에서 지반이 된다.]

– 원명국과 대운, 신수(달운)에서-年支와 世의 관계에서 괘상으로 운기를 살피는데, 양성은 천반, 지반은 음성이 된다. 천반이 공망이면 지반으로 내려와 천지반이 바뀐다.

이때 천반의 공망이 거왕과 수생(겸왕)으로 왕하거나 日干이 有하면 면공이 되어 空亡으로 논하지 않는다.

그러나 지반의 공망은 그대로 지반에 머물러 변화가 없다(천지반 바뀌지 않음).

: 곤궁이 공망이면 중궁의 육신도 공망이다.

⚲ 세기와 년지의 괘상으로- 타고난 습생

: 世氣가 천반이 되고 年支는 지반이 된다.

원명국에서 世와 年支로 선천의 타고난 사회적 성취와 기질을 살피는데-

길한 괘상은 일생의 성취와 성공으로의 길을 말하고,

흉한 괘상은 일생의 좌절과 곤궁으로 불행한 삶, 질병, 불구자로 많은 풍파를 겪으며 사는 삶이며, 흉한 괘상으로 명국이 청빈하면-수도자, 성직자가 된다.

예)

산풍고가 되어 흉격이면, 삶에 있어 가난이나 병고, 불구자 등으로 고통을 받으며 살며, 길격이면 불우한 이들을 돌보는 사회사업가나 봉사, 또는 질병이나 형법과 관련된 일에 길한 이가 된다.

천화동인이라면 물질적 족함은 물론 대인관계가 좋아 여러 사람들과 더불어 하는 일에 길하며, 무리를 이끌 수 있는 사람, 더불어 함께하는 집단생활에 인연 있는 이가 된다.

그리고 여기에 오행도 매우 중요한데,

오행은 년지를 보는데 예로 천화동인에서 목기이면, 옷, 종이, 섬유계통이나 몽둥이니 야구선수 등이 된다. 또한 목기는 인술이니 신약이나 섬유계발 등 신소재 개발의 연구원도 길할 것이다.

🔍 대운의 괘상

: 대운의 운기는 원명국에서의 卋가 자리한 좌궁과 동한 대운이 자리한 좌궁과의 팔괘로 보되, 지반대운에서는 양성이 천반이 되고 음성이 지

반이었지만, 천반대운은 지반대운처럼 보되, 그 괘상의 결과를 반대로 본다.

이때, 대운에 日干이 좌하면 지반대운처럼 본다.

그러나 대운천반에 다시 공망이 들면 지반대운과 천반대운의 천지반은 다시 바뀐다(공망의 면공은-수생(겸왕)과 거왕일 때 면공).

천반대운이 世와 동일한 비견이면-
남명은-천반대운이 천반이 되고, 세궁의 괘는 지반으로 본다.
여명은-천반대운이 지반이 되고, 세궁의 괘는 천반이 된다.

· 길괘 대운이라도 홍국수가 음수는 좀 늦게 일어나거나 양수에 비해 상대적으로 적게 얻고, 홍국수가 양수이면 음수에 비해 상대적으로 빠르게 성취되고 얻음도 많음이다.

· 흉괘 대운이면 홍국수가 양수이면 흉액은 크게 일어나고, 음수이면 상대적으로 늦거나 적게 일어난다.

🔍 신수의 괘상

신수의 길흉은 세와 년지 가운데 양성이 천반이 되고, 음성이 지반이 되는데,

그러나 천반에 공망이 들면 지반으로 보지만, 지반의 공망은 그대로 지반이 된다. 그러나 그 천반공망이 수생(겸왕)과 거왕하여 왕하거나 日干이 동시 되면- 면공.

- 신수에서 천반의 거공은 공망으로 보지 않음. 총공은 공망으로 본다.
- 공망의 면공은-수생(겸왕)과 거왕이 이 둘이 동시 되면 면공이다. 그 외 하나는 공망.

ℚ 신수의 괘상으로 이성을 만나는 띠

: 신수에서 이성을 만나는 띠는-

1. 복덕 2. 도화 3. 육합 4. 목욕 5. 홍염이 있는 홍국수의 바탕에 좌한 12지지의 띠로 보는데, 이 가운데 세궁의 괘와 더 나은 길함이 되는 괘에 해당하는 띠와 인연이 된다.

만약 복덕, 도화, 육합, 목욕, 홍염 가운데 괘의 합이 흉한데, 인연을 맺으면 인연이 장구하지 못하여 결국 파탄하거나 화평이 없다.

- 신수에서 중궁에 홍국수가 나타나 있지 않은 암장된 띠와 세궁과의 괘상으로 길흉의 판단은, 암장된 홍국수가 음수는 감궁, 양수는 곤궁으로 보아 판단한다.

🔍 신수의 괘상으로 길흉한 인연의 띠

: 세궁의 괘와 길흉하게 되는 궁의 괘에 있는 홍국수를 보면 되는데,
그 인연의 방위는 상대의 홍국수에 해당하는 팔방을 본다.

· 신수의 명국 내에 있는 상대 태생(띠)과 세와 관계에서의 괘상은 나
와의 이해관계에서의 괘상으로 보지만, 간혹 상대가 그런 기운에 놓
여 있는 태생이 된다.

예)
신수 내에서 상대 홍국수의 태생(띠)이 나와 지화명이로 나온다면 이
태생은 금년 나에게 도움이 안 되는 띠의 인연이다.
하지만 경제적으로나 정신적으로 도움을 준 인연이면 그 태생은 지금
매우 힘겨운 처지에 놓여 있는 사람이라는 것이다.

🔍 괘상으로 육친궁합

년지/년간, 월지/월간, 시지/시간, 이들의 음양에 의한 천지반에서의 괘
로서 인연관이나 성향을 본다.

예)
월지와 월간이 화산여-이면

이들 형제는 가까이 살지 않음을 말하고, 천지비이면 소통이 안 되거나, 없는 것처럼 지낸다.

년지와 년간이 산뢰이-이면

서로간 잘 따르고 봉양하는 관계로 사이가 좋음을 말하고, 풍화가인-이면 한 집에 거하여 직업 등으로 떨어져 지내지 않음을 말한다(원명국에서 世와 日干은 나의 성질과 성향을 보는데-日干이 무조건 천반, 世가 무조건 지반으로 볼 것).

- 원명국에서 육친(부모·형제(친구)·자매)을 볼 때는 상대 육친을 천반으로 世를 지반으로서 괘를 살펴 길흉을 본다.

- 배우자는 일반적 음양론에 따라 양성이 천반 음성이 지반으로 공망과 면공, 일간을 더하여 평한다.

- 육친은- 부친은 건궁과 세의 괘상으로 길흉을 보고,

　　　　 모친은 곤궁과 세의 괘상으로 길흉을 보고,

　　　　 장남은 뇌궁과 세의 괘상으로 길흉을 보고,

　　　　 장녀는 손궁과 세의 괘상으로 길흉을 보고,

　　　　 차남은 감궁과 세의 괘상으로 길흉을 보고,

　　　　 차녀는 이궁과 세의 괘상으로 길흉을 보고,

　　　　 소남은 간궁과 세의 괘상으로 길흉을 보고,

　　　　 소녀는 태궁과 세의 괘상으로 길흉을 본다.

- 건궁은 부친, 노부, 장남/장녀로 보고,

　곤궁은 모친, 노모, 장녀/장남로 보고,

　뇌궁은 장남(장녀), 아저씨로 보고,

손궁은 장녀(장남), 아주머니로 보고,

감궁은 차남(차녀), 총각으로 보고,

이궁은 차녀(차남), 아가씨로 보고,

간궁은 소남(소녀), 아동으로 보고,

태궁은 소녀(소남), 아동으로 본다.

나와 육친(부,모,장남,장녀,중남,중녀,소남,소녀)의 친밀도와 대립, 인연관-

世

- 좌궁의 괘와 乾궁의 天괘로 나와 부친의 소통과 불소통, 인연관을 본다.

世

- 좌궁의 괘와 坤궁의 地괘로 나와 모친의 소통과 불소통, 인연관을 본다.

世

- 좌궁의 괘와 震궁의 雷괘로 나와 장남의 소통과 불소통, 인연관을 본다.

世

- 좌궁의 괘와 巽궁의 風괘로 나와 장녀의 소통과 불소통, 인연관을 본다.

世

- 좌궁의 괘와 坎궁의 水괘로 나와 차남의 소통과 불소통, 인연관을 본다.

世

- 좌궁의 괘와 離궁의 火괘로 나와 차녀의 소통과 불소통, 인연관을 본다.

世

- 좌궁의 괘와 艮궁의 山괘로 나와 소남의 소통과 불소통, 인연관을 본다.

世

- 좌궁의 괘와 兌궁의 澤괘로 나와 소녀의 소통과 불소통, 인연관을 본다.

(자녀 6명에서 소남/소녀 이후에 자녀는 차순에 해당하는 궁을 볼 것)

나와 밖으로의 대인관계에서-

乾궁-아버지는 유부남/할아버지.

坤궁-어머니는 유부녀/할머니.

震궁-장남은 노총각/힘 있는 남자.

巽궁-장녀는 노처녀/힘 있는 여자.

坎궁-중남은 총각/젊은 이.

離궁-중녀는 아가씨/젊은 이.

艮궁-소남은 어린사내.

兌궁-소녀는 어린 여자.

[巽궁의-五토는 용띠/十토는 소띠, 坤궁의-五토는 개띠/十토는 양띠,

艮궁의-五토는 용띠/十토는 소띠, 乾궁의-五토는 개띠/十토는 양띠]로

볼 것(단, 육친은 원명국으로 볼 것).

五土가 양둔에 있으면 용띠로 보고, 음둔에 있으면 개띠로 보고,

十土가 음둔에 있으면 양띠로 보고, 양둔에 있으면 소띠로 본다.

(五土가 陽遁에 있어 없는 개띠와 十土가 陰遁에 있어 없는 소띠는 무해무득으로

보는데, 이때의 무해무득한 없는 띠는 원명국을 보고 길흉을 판단)

제 16 장

64 괘상 _(卦象)

: 괘는 면공을 논하지 않음.

· 남녀(또는 나와 상대방)의 궁합은

　원명국에서 세와 세끼리 보는데, 연장자가 천반이 되고, 연하자는 지
반으로 괘상을 보며, 동갑이면 여명이 천반이 되고, 동성끼리는 상대
가 천반이 되고 나는 지반이 된다.

· 내 명국에서의 원명국과 대운 그리고 신수에서의 괘로서의 길흉은

　세와 년지로 보며, 대운은 세와 대운의 괘로서 판단하는 데 있어 음
양의 기운에서 양성을 천반으로 보고, 음성을 지반으로 보고 판단
한다.

　또한, 신수에서의 길연은 세와 홍국수로 보아 괘상이 길하면 길연이
며, 괘상이 흉하면 흉연이 되는데, 원명국에서 길연이면 더욱 길연이
되고, 원명국에서 흉연이면 더욱 악연이 된다.

· 내 명국 안에서의 배우자 등의 육친은

　상대가 천반이 되고, 세는 지반으로 본다.

　예로, 여명에 세가 건궁에 있고 관이 태궁에 있으면 남편과의 괘상은

관이 천반이 되고, 세는 지반으로 해서 괘는 택천괘로 흉한 괘상이 된다.

· 원명국에서 육친의 궁합은 지지는

　지지끼리 보고, 천간은 천간끼리 본다.

　즉, 년간, 월간, 시간은 천반으로 일간은 지반으로 해서 각각 괘로서 길흉한 궁합을 판단하며,

　년지, 월지, 시지는 천반으로 世(일지)는 지반으로 해서 각각 괘로서 길흉한 궁합을 판단한다.

[일간 또는 타 육친이 중궁에 있을 때 팔괘는 곤궁이나 감으로 나눠야 하는데,

육수, 칠화, 삼목, 사금, 십토는-곤궁에 좌궁으로 보고, 일수, 이화, 팔목, 구금, 오토는 감궁에 좌궁으로 본다.]

· 원명국에서 궁합이 길하더라도 신수에서 흉한 띠가 되면 그 해는 관계 원만이 어렵거나 도움이 안 된다.

· 명국에서 띠와의 길흉은 세와의 괘상으로 보는데, 육친은 띠로 보지 않고 육친으로의 세(일간)와 길흉으로 한 괘상으로 논한다.

· 대운에서 괘상을 볼 때, 천반은 천반대운의 그 자리 그대로를 괘로서 보며, 대운천반의 12신살은 본래의 지반에 좌한 신살로 본다.

🔍 64괘상 해석

1. **乾爲天(높음, 허공-천): 궁합/대체로 거의 길(재결합 가능) 방위: 길방**

 * 원명국-힘, 큰 포부, 거만, 꾸준한 노력-성취. 대운/신수- 윗사람 과 동료와 친근함이 길

 더없이 넓고 높은 창공을 말함이니-입학, 소송, 승진 등 경쟁적인 일 에는 吉이나, 호운을 누린 사람은 하늘의 멀어짐으로 쇠운의 징조, 포부, 절도, 절제, 노력, 겸손, 정도-길함.

2. **天澤履(밟다. 신다-리): 궁합/불합(망신, 손실, 불쾌, 인연 안 됨)/ 재물, 고객, 제자, 전수자는-이득을 본다. 단골-길, 나를 따른다. 방위: 흉방**

 * 원명국-불성취. 대운/신수- 잘못 건드림. 판단오류, 투자손실, 행동 과실

 연못이 하늘에 뒤덮인 것이니-남의 충고나 지시는 따라야 하며, 후를 취해야 하며, 예의, 겸손/겸양 존중, 유순, 조심, 인내심, 전례를 따름. 또한, 하늘은 양성으로 나가 되고, 연못은 음성으로 상대가 되니 하늘이 연못에 담기는 것처럼 이성의 유혹이나 이성에 매이면 낭패를 당함. 선흉후길(先凶後吉).

3. 天火同人(공동, 동업, 함께-동인): 궁합/길. 방위: 길방

  * 원명국-성취, 성공. 흉명이면- 게으르거나 무능한 사람, 이익 없는 사람과 어울림. 대운/신수-성취, 성공. 다른 사람과 같이함, 동거, 바람남.

  밝은 대낮에 만물이 모여드는 것과 같고, 어두운 밤길에 등불을 얻는 것과 같아-협력으로 큰일의 성취, 현재는 암울하나 대길할 징조, 협동, 사업, 결혼, 입학 등 모든 일에 대길, 하지만 대낮에 등불은 무의미하기에 가족 간의 공동업은 흉하며, 공적인 일에는 길.

4. 天雷无妄(거짓, 허망- 무망): 궁합/불길하나 명국에서의 배우가 길하면 헌신적으로 좋을 수도 있는 양극의 궁합이다. 방위: 흉방

  * 원명국-욕망 없음, 자연에 순응. 대운/신수- 좌절, 허사, 그만둠, 불이익, 순리를 따르고 내실 다짐.

  허공의 번개로 땅에 떨어지지 않음이니-공갈, 거짓, 감언이설, 무실속, 욕망도 작위도 버리고 자연 품속(또는 그러한 마음이 강력하게 일어남), 물질적인 풍요나 결실은 없으며, 명예추구, 정신세계, 순리를 따름, 무관은 길.

5. 天風姤(만남, 우아, 추함, 보기 흉함-구): 궁합/대흉(장애-흩어짐) 방위: 흉방

  * 원명국- 굴곡多, 만남(휴게실), 추하다(육신: 모텔), 화류계-길, 여자, 무당(스님, 목사). 결합은-금물, 대운/신수- 길운: 재수 有, 만

나다, 분수, 방심 금물, 깊이 생각, 냉철한 판단, 흉운: 뺏긴다, 나 간다~추한 사람 만남, 시험낙방.

※ 五陽이 一陰에 의지함에서 일음의 배신은 모든 것을 잃기에 水/밤/어둠/비/여자/전기/사기꾼/도둑으로 인해 치명타를 입는다.

하늘의 바람은 태풍이니 달은 구름에 가려지고 오곡백과는 떨어지니-불운, 장애, 무결실, 결혼은 흩어짐, 사기도난, 교통사고, 그러나 우연한 만남, 바람은 음성으로 여자가 주체하는 사업은-길, 하늘의 바람으로 맑고 흐림이 왕래함이나 격이 좋으면 재복은 있다.

6. 天水訟(송사, 시비, 논쟁-송): 궁합/흉 방위: 흉방

* 원명국- 호소, 시비, 영업, 논쟁, 다툼, 재판. 대운/신수- 외지에서 병이나 봉변을 당함. 따라서 만남, 상봉, 친구나 새로운 사람과의 만남은 흉액, 하늘에서 비가 내림은 어떤 일을 결말을 암시라 흉운자는 죽는다.

맑은 하늘을 구름이 가린 것과 같고, 하늘 가득 장대비와 같아-시비, 다툼, 소송, 재판을 뜻하고, 쇠운으로 겸손과 양보로 타인 존중. 충고를 따르는 것이 현명, 언행 조심.

7. 天山遯(달아나다, 숨다, 피하다, 도망가다-돈): 궁합/흉(애먹임, 살지 말아
야)- 제자, 수강생, 배움자로 기존에 알고 지내는 이는 떠나가는 등 흉연이
지만, 모르는 이의 인연은 나에게 안긴다. 방위: 길흉방.

 * 원명국-산이 하늘을 뚫고 나가려는 상이며, 하늘에 짓눌린 상으
로-돈이 잘 새어 나감, 짠돌이, 쫓기는 인생/일사 불성/나서지 말
것, 쇠약자-단명.

 ※ 길명-짠돌이, 즐김/편안-삶. 대운/신수- 휴식, 도망, 좌천, 변동, 이혼,
면허취소, 퇴직, 은거, 출가. 원명국에서 길방이나 길띠가 신수에서 천산
돈이 되면 이런 방위나 인연에 기대야 한다.

 貴人(天)이 산속에 숨은 象으로-물러남, 후퇴, 은거, 출가, 도주, 도망,
피함, 입원, 때를 기다림, 후일을 기약.

8. 天地否(아닐, 막힐-비): 궁합/대흉(주말부부) 육친/불화-화합지 못함(좋다
면-떨어져 살게 됨). 방위: 흉방
 * 원명국-막힘, 어긋남, 곤궁, 관대, 소통에 심혈. 대운/신수- 왕따,
고독, 불화, 헤어짐, 답답, 장애, 불성취, 은거, 자중.

 하늘은 오르고 땅은 아래로-서로 간의 불화합, 반목, 어긋남, 하늘이
땅을 뒤덮은 것으로-막힘, 답답함, 불성취.

9. 澤天夬(결정, 결단, 터 놓다-쾌): 궁합-대흉(뺏김, 도와줌) 방위: 흉방
 * 원명국- 정리정돈, 결단. 대운/신수- 어긋남, 이별, 청산, 결단,

불원만, 판단오류, 힘겨움.

하늘 위에 구름이 몰려 있음이니-욕심(많은 비)은 재앙, 낭패, 윗사람을 가두고 밀고 나가는 저돌적인 상태, 고립무원, 양보와 겸손, 무욕이 상책.

10. 兌爲澤(못, 윤이남-택): 궁합/길(받음, 사장, 무해무득) 방위: 길방

 * 원명국-기쁨, 즐거움, 온화. 대운/신수- 좋은 일 생김, 희망적, 교제

연못이 호수로 변하는 격이니-즐거움, 평온함, 언론, 출판, 외교관, 화술을 사용하는 사람에게 좋으며, 앞으로 나갈수록 호전되는 운, 물은 소리니 구설 조심.

11. 澤火革(가죽, 피부, 투구-혁): 궁합/ 방위: 길흉방

 * 원명국-혁신, 개혁가, 투쟁. 대운/신수- 개척, 변화, 혁신, 물러남, 자리이동. 신수에서 최악의 운기에서 택화혁의 방위는 최악을 벗어나는 길방이 된다. 궁합도 최악의 이성운기에서 기분을 전환하는 길연이 된다.

연못에 생명이 깃드니 옛것은 물러가고 새것을 취하는 象으로 밖으로 개혁, 개척, 혁명에 길함이며, 안으론 이사, 증축, 개축, 전업이 좋은 시기, 박력과 결단이 길.

12. 澤雷隨(따르다, 맡기다, 허락, 잇다, 거느리다-수): 궁합/길(제자, 종업원, 도와줘야) 방위: 길흉방(주체는 흉방이며 객체로 따름은 길방이다.)

   * 원명국- 리드가 될 수 없음. 대운/신수- 회사 入, 따른다, 순리, 순종, 원만.

   연못이 큰 소리를 낸다는 것으로 세찬 물길을 거슬릴 수 없음이니-순리를 따른다, 순종한다, 남의 일로 바쁘거나 타인의 뜻을 따름이 되고 받아들임이 된다.

13. 澤風大過(과오, 지나침, 초월-대과): 궁합/불륜(받기 힘듦, 인연 안됨, 손실/피해) 방위: 흉방

   * 원명국- 중도, 분수를 잃음, 재물이 흩어짐. 대운/신수- 초상, 이동, 과오실수 또는 지나친 과분으로 (승진/상복)큰 성취.

   바람이 못물을 넘치게 하는 것과 같아-벗어난 것을 뜻하며 진퇴양난을 말한다.
   바람으로 못물 가운데 고기를 얻는 것과 같아-도박, 일확천금, 여명은-애정행각.
   바람(여자)이 물을 흩어지게 하니 남명은-여자로 인해 손실/피해.
   중요한 일만 처리 작은 일은 보류해야 한다. 속은 곪은 상태.

14. 澤水困(괴롭다, 부족, 통하지 않음, 방해-곤): 궁합/흉(괴롭힘, 불신뢰) 방위: 흉방

* 원명국- 고통과 번민의 업종, 교도관, 병원, (정신)동물병원, 도살, 어부/ 영세민, 곤궁한 삶, 병자, 불구자. 대운/신수- 난관, 곤궁, 방해, 제약, 장애, 고통과 고민, 불통, 병고/죽음. 매사 신중하고 꼼꼼한 삶과 여성에게 리더를 맡기거나 따라야 행복

못에 물이 새어나가는 것과 같아-봉착, 자금난, 생활난, 좌천, 실직, 실속 없음, 죽음, 때를 기다림, 물 없는 못에서 고기는 고통을 말하니- 고통/괴로움, 제약, 고진감래, 은인자중, 유흥과 음주, 낚시, 잔꾀 등의 단절에서 나와 가정의 밝음이 있다.

15. 澤山咸(다, 모두, 두루, 널리 미치다-함): 궁합/대길 방위: 길방
  * 원명국- 결합, 성취·성공, 선생. 대운/신수- 감각, 감정, 느낌, 화합, 교감, 호응-길

산 위의 못이라 명산이 되고, 생명이 깃드는 것 곧 번창을 말하기에- 취직, 입학, 경마, 증권, 도박, 직감적으로 경쟁하는 일에 좋으며, 친지나 선배의 원조를 얻어 성공, 크고 넓은 것에의 성취, 결혼-대길

16. 澤地萃(모일, 모이다, 이르다-췌): 궁합/대길(도움)-투자는 신중(못의 물은 아래로 흐름이니 아랫사람은 이롭고 윗사람은 손해를 본다) 방위: 길방
  * 원명국- 모여서 번성, 성취·성공. 대운/신수- 통합, 취직, 성취·성공, 나아간다.

대지에 큰물이 모여드는 것이니-모임/모이는 곳이 좋은 기회, 재물성
취, 사업번창, 입학, 취직, 승진, 결혼-길.

땅에서 물이 솟아나 못이 되니-단절시키지 말라, 오픈, 지하실/땅속,
온천, 목욕탕, 축구, 신발, 양발, 발, 다리의 길함, 사고로 다리를 다치
고 하반신을 다치고 운명이 보상 등으로 길함으로 흐르기도 함.

(택지췌가 오행으로 火이면 더욱이 불은 위로 오르니 다리의 소실이나 불구가 됨)

17. 火天大有(있음, 존재, 많이, 넉넉함-대유): 궁합/대길. 방위: 길방

* 원명국- 크게 소유, 지도자. 대운/신수- 행운, (중녀로)여성 주도,
리더십/권위적 결정-길.

하늘에 태양이 밝음과 같고, 가을의 풍성함과 같아-크게 만족, 즐거
운 상태, 명예, 학문, 사업대길, 쇠운은 지혜가 필요.

18. 火澤睽(어기다, 떨어져 있음-규): 궁합/불화반목/주말 부부.(도움 안줌, 말 안따름) 방위: 흉방

* 원명국- 성질 깔끔, 여자로 신세 망침, 불화 반목, 경쟁, 자주 주거
옮김, 큰일 불취, 출가자, 배신, 고요, 외딴곳. 형제, 친구-적음.

※ 명국이 길하면 온기가 냉기를 데우니 자수성가/끈기 필요. 맑고 고
요한 곳에서 밝음(촛불/정성)은 모든 고뇌가 떨쳐나감. /유흥업자-길.

대운/신수- 서로 등짐, 지나가는 잠시 인연자다, 노려봄, 험난, 외면, 반
목, 의견차, 출가. 길방-북쪽의 고요한 곳(지식정보)/자연 속이-밝음이 된다.

온화한 마음으로 대처하면 모든 인연이 복으로 찾아온다.

(차가운 연못은 화기로 온천물이 되는 것으로 사람들이 다가오는 것과 같음)

해가 연못에 떨어진 것으로 남자가 여자에 빠진 상으로-여자로 인한
화액, 여자(계략에 말려 듦) 때문에 신세를 망칠 수 있음./화류계-길.
해가 못 위에 잠시 머물다 지나가니-작은 일이나 잠깐은 취하고 얻음.
배신을 당함, 남을 믿지 말 것, 큰일 못함, 주거불안(이주 多), 지출 多.
화의 중녀와 못의 소녀는 동성이나 곧 떠나감이니-친구·형제를 믿지
마라. 반목, 시기, 불화, 장애 등지다, 노려 봄.
구름(澤)이 태양(火)을 가린 것이니-장애, 시비, 쟁송, 암투, 언행 조심.

- 연못은 생명체들의 식수이니-봉사와 보시를 많이 해야 육신과 건강,
나아가 가정에 밝음이 찾아온다.
연못은 고요의 상징으로 세상(火)을 삼키니-출가자, 도인, 수도자, 은둔
자로의 삶이 최고. -

19. 離爲火(불, 타다, 태우다-화): 궁합/길. 방위: 길방.

* 원명국- 앞날의 밝음, 정열, 화려함. 대운/신수- 전망 밝음, 성급/
  경솔 주의, 통신, 전자, 변화-길.

찬란한 햇빛이 신록 위에 쏟아지는 象. 태양과 같은 정열 밝음 약동
을 상징. 불같은 성격, 큰일에 성공한다. 매사 신중하여야 하며 협력
자나 여성의 도움이 있다.

20. 火雷噬嗑(씹을-서, 말 많을-합): 궁합-불화 방위: 흉방

  * 원명국- 무언/고요/조용/명상/활력-길. 대운/신수- 노력/정진-성
    취, 생성과 일어남에는 난관, 불청객, 말썽, 재난, 나중에 화합.

  입안의 소리로 음식을 많이 씹고 있음이니 입을 다물라는 뜻으로-턱
  을 상징하며, 인간사의 곤란함 장애물을 상징한다. 힘에 겨운 일이 많
  고 가정에도 불화가 있으나 머지않아 기쁜 일이 많다.

21. 火風鼎(솥, 존귀하다, 이제 한창-정): 궁합/길 또는 재혼길. 방위: 길방

  * 대운/신수- 대립, 불화-해결, 재혼, 불이 바람을 만나 잘 타오르
    니 모든 것의 성취, 해결, 구족, 공동, 전환, 연금술.
  * 달운/일진(여자/술)-양기를 일으킴. 결과 여부는 두문/절체 등은-
    성사 안 되고, 개문/생기 등은-성사됨.

  태양의 화기가 솥 아래의 불로 비유한 것인데, 바람으로 잘 타오르는
  것으로 솥 안의 음식이 잘 익어가는 것이니-신선의 선약, 공동, 협력
  사업은 길, 무리의 장으로 일을 추진, 전환/결혼-길, 이익 배분에 공
  평해야 함.

22. 火水未濟(아닐-미, 건너다, 빈곤이나 어려움-제): 궁합-흉(주말부부-길)
    방위: 흉방

  * 원명국- 미완성, 중간일. 대운/신수- 물 가운데 달이라-이별과

축소, 갈등과 대립, 재액과 사고. 미완성.

화기는 위로 오르고, 수기는 아래로 흐르니-불통, 미완성, 어긋남./근심 가운데 기쁨, 절망에서 호운.

23. 火山旅(군사, 무리, 많은 사람, 많은, 많이-여): 궁합/이별(언쟁, 독신)- 지는 해는 산과 이별함. 방위: 흉방

* 원명국- 무리생활/많은 사람, 대중-빛. 대도시, 학교/학원, 가축, 단체, 짧게 하는 것, 속전속결, 산에서 이익, 독립/나그네, 여행, 곤궁. 대운/신수- 이사, 이별, 멀어짐, 여행, 고독, 은둔, 나그네. (도시 入, 종교, 예술, 철학, 연구, 기도-길) 부부 애정-불길

· 길방: 山 위의 火로, 많이 사람이 운집한 대도시로 火이니, -남쪽의 대도시나 남쪽의 대중과 어울림이 밝음이 된다.
· 대처: 내면에 충실하거나, 내면의 밝힘에서 행복이 찾아온다(둘러싸인 산(心)에서의 빛은 내면의 빛).

서산을 넘어가는 해로-갈 곳을 찾는 모습, 여행, 멀어짐. 본의 아니게 이별이나 별거/사업, 결혼, 건강, 소송 등에는-매우 불길
사라지는 저녁노을-주거불안, 운세는 기울고, 이동, 곤궁. 열심히 山에 오르면(노력/부지런함)-성취(火). 불타는 산-잃음, 방황, 나그네
산속의 촛불-정성, 기도, 학문, 연구, 예술, 기획-길.

산은 많은 흙이 모인 것이니-강의 등 사람이 많이 모인 곳이나 모이게 하면 밝음을 찾거나 밝음이 된다.

산에 가면- 건강 등 밝음을 찾게 되고/높은 명산에서 촛불을 켜고 정성을 드리거나 공부를 하면 -밝음을 얻는다.

24. 火地晉(나아갈, 억누름, 억제, 꽂다, 끼우다-진): 궁합-대길(발전, 두터움) 방위: 길방

* 원명국- 발전, 성취. 대운/신수- 공명, 성취, 희망, 발전, 전진, 보상.

· 길방: 화기로 땅의 생기가 돋아나고, 온기가 오르는 땅이라-산업단지, 활동적이고 역동적인 곳, 시장, 산업현장, 대지가 높은 곳.
· 대처: 대지를 비추는 태양은 높음을 상징하기에-어른, 위 사람, 상사, 국가의 보살핌이나 배려, 관직에서 행복이 열린다.

태양이 대지를 비추니 만물이 생동함이라 얼었던 대지가 풀리니-좋은 인연, 태평, 사업번창, 확장, 승진, 영전/서둘면 실패.
- 몸을 밝게 단장하고 미소의 밝음에서-사람의 마음을 움직이고, 운동과 스포츠가 몸과 정신의 안락이 된다. -

25. 雷天大壯(크다, 넓다, 두루-대. 씩씩함, 기상, 성함-장): 궁합/길연, 방위: 길방

* 원명국- 크게 왕성, 위세, 권력, 장엄험. 대운/신수- 실천한다. 성대, 권세, 성취.

자신의 원명국에서 배우자의 육친과 세와의 괘상이 뇌천대장이 되면 결혼을 빨리하는 편이다.

범에 뿔난 상/하늘의 우렛소리로-힘차다, 성대하다, 비가 올 듯 오지 않는 상, 투쟁적/활동-길, 자만-흉. 교통사고 주의. 여명은 남자 이상 사회 활동.

26. 雷澤歸妹(돌아갈-귀, 누이, 소녀-매): 궁합/흉:정상적인 결혼 아님(배신, 외도 발생, 인연 안됨) 방위: 흉방

 * 원명국- 출장, 역마, 비정상. 대운/신수- 도로아미, 칩거, 은둔, 감옥, 병원.

물이 넘치는 연못 위에서 비의 징조 번개는 무의미로 번개는-귀환, 못은 관망, 때를 기다림. 여자가 첩으로 시집가는 모습, 일의 시작의 중요, 가정불화, 파산의 징조.

27. 雷火豊(풍족, 풍성-풍): 궁합/길(외도 가능) 방위: 길방

 * 원명국- 크게 왕성, 위세, 권력, 장엄험. 대운/신수- 성대, 권세, 성취. 흉운은 시험 낙방 등 불운.

어둠을 등지고 밝은 곳으로 향하는 象. 풍족한 상태나 쇠운의 도래를 암시, 내리막길로 사전 준비단계. 전진보다는 내실을 기해야 하며 결혼 임신을 뜻한다.

28. 震爲雷(우뢰, 큰소리-뢰): 궁합/가정불화. 방위: 흉방
 * 대운/신수- 가정불화, 큰 명예. 두 마리의 용이 여의주를 놓고 다투는 象.

 왕성한 활동력을 지닌 사람이나 독선적이고 성급하여 실패하기 쉬우며 실속이 없을 수 있다.

29. 雷風恒(항상, 늘, 언제나, 변하지 않음-항): 궁합/길: 권태기 있음. 방위: 길방

 - 원명국에 배우자 불운은 타고난 배우자 복이 변하지 않음 -

 * 원명국- 일(雷)·월(風)이 변하지 않는 상으로 모든 일의 성취, 성공으로 안정, 순종, 지속, 화합, 단합. 대운/신수- 지속해 나감, 변치 않음. /흉운-사고, 죽음, 이별, 권태, 큰 풍파가 일어난. 길방: 관공서, 국가기관, 예식장, 공원.

 언행일치, 약속이행, 연락 옴, 성취, 중남과 중녀가 천지에서 화합함이니-변함이 없다, 발전, 안정, 지속. 번개가 치면 바람이 부는 것이 순리니-남성이 주가 되고 여성이 보좌. 흉운이면 번개와 바람에 초목이 뽑히니-사고, 병고, 죽음, 행방불명.

30. 雷水解(풀다, 용서, 화목, 깨침-해): 궁합/길. 평생운명-발전. 방위: 길방

 * 대운/신수- 계약파기, 이혼, 출가/산속/은둔은 불가, 달운/일진-
   해결.

 눈 맞은 초목이 봄을 만난 象. 풀린다. 고난해소를 의미. 사업 진학 등
 을 실천할 기회이나, 계약 파기 친지와의 이별수가 있다.

31. 雷山小過(적은 것의 초월-소과): 궁합: 무난, 행복지수 낮음. 방위: 길방

 * 대운/신수- 학마운, 높이 날던 새가 아래로 내려오는 象. 인연은
   길하니 잘 붙잡도록 하라.

 못한 곳으로 이동/좌천, 소인배들이 권좌에 버티고 있는 상. 대인관계
 에 있어서 불상사가 잦으며 매사에 조심하고 은인자중하며 집안 가
 출자 있다.

32. 雷地豫(미리 하다, 즐기다- 예): 궁합/길 방위: 길방

 * 대운/신수- 성공, 성취. 흉운의 노인이나 중환자는 사악한 기운이
   땅속으로 들어감이니-죽음.

 봉황이 새끼를 낳는 象. 즐거움을 뜻하며 씨앗이 땅속에서 올라온
 모습. 지금까지의 노고를 인정받아 대가를 받는다. 예측한다는 선견
 지명이 있어 부동산, 증권, 투자 길. 득남한다.

33. 風天小畜(적게 쌓다, 모이다-소축): 궁합/흉(보통): 가난이나 큰 행복 없음, 방위: 흉방

* 원명국- 뿌리가 허공에 있는 것이 되고, 옥(天)이 진흙(風)에 묻히는 형국으로-큰일을 못 이룸/단명.

※ 길명-큰 돈보다 적은 돈이 지속적으로 모여져서 부자가 됨(또는 몇 가지 일을 함).

* 대운/신수- 소인배를 만난다. 도둑, 해악자가 접근해 온다./ 만난다. 월운/일진-하늘에 바람이 불지만 비를 기다리는 흉운의 사업가는 부도, 중병자는 죽음.

바람이 불어 구름을 쫓는 상으로 교체나 새 단장은 길한 괘.

비 오기 전의 음울한 하늘과 같은 운세. 어려움을 인내와 절제로 극복하면 호운이 오며 부부관계 원만치 못하다.

34. 風澤中孚(믿음성 있다, 껍질, 붙다, 붙이다-중부): 궁합/대길(이익, 도와줌 또는 언어) 방위: 길방

* 원명국- 재물 성취, 어미 새가 알을 품고 있는 象(진실하고 헌신적인 사랑)으로-재물성취, 지도자, 코치, 선생.

※ 지나친 수기로 나무의 고사-단명, 바람피움.

* 대운/신수- 대인관계 공동사업 결혼에 길. 바른 마음 바른 태도를
지녀야 오래 지속되며, 연인 부부에 특히 좋으며 잉태할 상.

음기가 발동하니-외도/바람피움, 소리 내는 일-아나운서, 음악/악기,
에어로빅 강사.

35. 風火家人(집안 사람-가인): 궁합/길, 여명은-현모양처. 육친/대외에 큰일
을 못하고 가정에 안주-가정 화목을 꾀할 것. 방위: 길방

 * 원명국- 가내공업, 가족과 사업, 꽃이 떨어지고 열매가 맺히는 象
   (집을 지키는 사람(불). 대운/신수- 흉운: 집안 문제로 신경 씀, 바
   람이 불을 끄는 형국이라 운기-흉. 길운: 잘 타는 형국이라 안정,
   평온, 원만/하던 일을 하는 것이 좋음, 가족과의 일을 떠나지 말
   것. 새로운 이성을 만남. 양기가 일어나-바람남.

바람이 꽃을 떨구니 열매가 맺히는 상이라-길운: 승진, 성취, 명예-
득. 바람이 불을 끄는 상이니-외부활동보다 정적인 일, 큰일 못함, 운
전/역마-부적합,
따듯한 바람이 머무는 곳은 집이니-집/가내공업/가족 공동업을 떠
나지 않아야. 일가의 후계자로 물려받음, 풍화는 화기로-득남함.

36. 風雷益(더함, 증가, 유익-익): 결혼/길 궁합-길, 방위: 길방

 * 원명국-권세, 관운. 시냇물이 흘러 바다로 가는 象(우레가 바람을
   뚫고 올라감). 대운/신수- 귀인을 만나거나 도움을 받는 등으로 이
   익이 생기며, 자녀의 출산 등 가족이 늘거나 가축이 더해진다.

쇠운에서 성운으로 가며 노력의 결실을 보게 된다. 공익을 뜻하지만 농업 건축업에 좋으며, 이사 승진 비약적인 발전을 있다. 허영, 경거망동은 불의사고 발생하며 결혼에도 길.

37. 巽爲風(바람, 불다, 날아가다-풍): 궁합: (불륜-多) 방위: 길흉방(막힘에서는 길방이요, 순행에서는 흉방)

  * 대운/신수- 시험낙방. 길운-바람이 모이는 형국으로 재물이 모이거나 사람이 모여들어 권세, 재수-길. ~흉운-감언이설. 중풍손에 섭제는 모든 것이 흩어짐, 깨어짐, 이별, 무-성취(신수- 흉에 달운의 중풍손은 모든 것을 잃음). 평생운-권세, 관운.

   초목이 잔잔한 바람에 춤을 추는 象(봄바람을 상징)- 태풍으로 권력, 권세, 비행기, 허공.
   부지런하고 건실하나 우유부단하여 감언이설에 속기 쉽다. 장사에는 세배의 이익을 얻을 수 있으며 도난 예방.

38. 風水渙(흩어지다, 분산-환): 궁합/흉(친구-길), 명국에 배우자궁이 좋다면 주말부부나 잦은 출장으로 면함. 방위: 흉방

  * 원명국-무역, 해운, 수산업, 유학, 이민, 하루아침에 파산, 이혼의 암시, 위험과 난관/흉명-단명. 대운/신수- 흩어진다, 손해 본다, 해체된다. 노인과 병자는-죽음. 전환기, 이별이나 사별 후-풀림, 새 출발, 새로운 일, 시험낙방. 잔잔한 바다에 배를 띄운 象으로 의지/노력. 길방-바다가, 물가, 소통이 잘 되는 곳, 서늘하거나 추운 곳, 유흥/흥겨운 곳. 대처-물 좋고 공기 좋은 곳이나 유흥/흥

겨운 곳이나 그것으로 행복을 찾는다.

순풍에 향해하는 배로-침체에서 벗어남, 탈출, 곤란과 낙관에서 벗어남. 바람이 비를 동반한 것으로 풍랑이니-위험과 난관, 방심 금물.

- 바람은 풍악을 말하고, 물은 음성을 말하니-악기를 다루거나 언변을 통한 밝음을 얻는다.
바람은 신령이 되고 물은 용왕이 되니-방생을 많이 하거나 용왕께 정성이 나를 밝힌다.-

39. 風山漸(점점, 차차, 천천히 움직인다-점): 궁합/여명은 남자(山) 위에 오른 상으로 시집가면-길./남명은 여자(風)가 오른 상이니-가정불화. 방위: 흉방

* 대운/신수- 흉운자는-산에 새가 깃 더는 것으로 점점 나아짐. ~ 산에 있는 새가 날아가기에 관직자는-사표. 흉운자는-달에서 풍산점은 점점 나빠짐으로 나아감,-낙선. 노인과 병자는 정기가 빠져나가는 상으로-죽음.

시험과 도전은-정상에 앉은 새로 곧 합격, 당선, 성취, 성공을 뜻함. 수시낙방/정시 합격(일반시험: 초반-흉, 후반-길).
티끌 모아 태산을 이루는 象(큰 기러기가 수면에서 하늘로 비상하는 장면). 서서히 발전, 장기적인 안목이 필요한 사업(교육)체 길, 기혼자 여난(부부갈등)의 징조, 남의 씨, 해외 취업 여행의 기회가 옴.

40. 風地觀(본다, 보이다, 드러냄,−관): 궁합/길(평). 방위: 길방

* 원명국− 잘 살핌, 관찰, 심사숙고, 잘 응시/깊은 곳/어두운 곳/부 정적인 것까지 고려하여 꿰뚫어 보는 사람이다.
  ~또는 그렇게 해야 길하다. 식견이−중요. 직업은: 지도자, 교육자, 학자, 연구가−길.

* 대운/신수− 주거, 직장−이동운. 금전 소비−多. 잘−살펴라. 욕심 은−불운 당함. 재수: 좋지 못함. 소식: 여성의 방해, 생각 중. 소 망: 이루어지는데 빨리 안됨. 출산: 난산의 위험. 송사: 급히 서둘 면 낭패. 방위: 서방−길, 동남간방−흉. 길운: 대지의 봄바람으로− 유년에서 길문, 길괘를 갖추면−대길/당선, 성취, 원만, 안정. 흉운: 얼어붙은 땅에 시베리아 바람−도난, 女난, 고통, 환란, 무실천, 탁 상공론, 마음의 동요, 침착하지 못하면−허사, 중병, 죽음〉

바람이 구름을 밀어내니-일월이 창공에 밝게 빛나는 상이 되고, 바 람처럼 세상을 두루 살피는 것이 되니-세상의 정세, 동태를 잘 살핀 다./잘 살펴라.

대지 위에 바람이 부니-변화가 일어남, 이사는 길, 해외여행, 전근.

흉함은: 바람이 모든 것을 휩쓰니-도난, 바람은 음성이니-여난(女難), 남의 일에 말려들지 말아야, 생각지도 않는 고생, 물질만 따르는 사람 은 대흉/ 학문, 연구, 종교 등에는 대길.

41. 水天需(하다, 바라다, 기다리다−수): 궁합: 불길. 방위: 흉방

* 원명국−걱정, 근심 많음. 雲霧가 자욱한 象으로 길명−재물 모임
* 대운/길운: 신수− 재물 모임, 성사됨. 흉운: 때의 기다림의 중요함. 매사에 막힘이 많고 되는 일이 없다. 힘을 비축하면 성공이 크다.

42. 水澤節(마디, 뼈의 마디, 절개, 규칙, 제도-절): 궁합:(상하관계, 제자-길, 일반인 인연 안됨) 방위: 흉방

* 원명국- 원명국이 길명이라도 지속되게 한 우물을 파지 못함. 남녀 외국에 나가 살면-길. 배우자는 외국인-길.
* 대운/신수- 운기가 잘 이어가지 못함. 四時의 변화가 때를 어기지 않는 象 (마디 절도 절약). 계곡물.
  절도 있는 생활 절약에 힘쓰며 사세 확장, 신규 사업은 금물 결혼 길. 음기가 흘러나옴이니 이성의 유혹이나 애인이 생김.

  연못의 물은 넘쳐도 부족해도 안 되는 것처럼 절제/절도. 음기에 음기가 더하면 넘쳐-연애, 주색, 애인 생김/음기에 음기가 쇠하면 부족-외로움, 고독, 떨어져 지냄, 곤궁, 장애.

43. 水火旣濟(이미, 원래-기. 건널, 건지다-제): 궁합/길. 육친/화목, 화합, 소통, 상통. 방위: 길방

* 대운/신수- 선길/후난, 원만, 성취. 어진 신하가 밝은 임금을 만난 象(일생의 절정의 운세).

  지금까지는 만사형통이나 운세가 내리막이니 대비하여야 하며, 투자나 사업 확장은 금물이다.

44. 水雷屯(진치다, 수비하다둔): 궁합/무난 또는 흉: 새싹이 눈 속에서 봄을 기다리는 象(막히다. 고민하다. 받아 줄 수 있음). 해일, 방위: 흉방

* 대운/신수- 투자, 투기보다 안정을 택해야 하고, 때를 기다림이 길하다. 월운/일진-노인과 병자-죽음.

매우 어려운 상황. 큰 목적이나 희망이 있더라도 은인자중하여야 하며 진퇴양난에 빠지게 된다.

45. 水風井(우물-정): 궁합/고요한 물이 일렁이니 흉/불-화목. 방위: 흉방

* 대운/신수- 고통과 마음의 화핵이 생기는 시기이며, 흉운에서는 타인을 배려하다. 도리어 곤욕을 치르는 시기다. 달운/일진-관운-흉.

수면 아래의 나무라-하던 일의 지속은-길/새로운 것에의 도전은-흉. 시험합격. 구슬이 바닷속에 빠져있는 象(물의 중요함). 샘물을 퍼 올리려면 두레박이 필요하듯, 일을 성취하려면 노력과 의지의 필요성 역설. 점차 호운이 되며, 동업 부부관계 吉. 나무에 비가 내림으로 금전-길.

46. 坎爲水(물-수): 궁합/흉. 방위: 흉방

* 대운/신수- 배가 풍랑을 만나 암초에 걸린 象(검은 물이 흐르는 죽음의 강). 악운의 소용돌이 속으로 빠져들고 있다. 실패, 좌절, 파산, 병고, 고통스럽다. 시련을 통해 학문 연구 종교, 정신적인 면은 유지된다. 무사한 사람도 조심하여야 한다.

깊은 물에서는 싹을 틔울 수 없고 마침내 썩어버리는 것과 같고, 운성을 가리게 되어 타락의 길이 된다.

47. 水山蹇(절, 멈춤-건): 궁합/불합, 명국에 배우자 복이 있다면 각방을 쓰는 등으로 교합이 뜸할 것이다. 방위: 흉방

* 대운/신수- 좋은 협조자나 안전으로 가면-길. 외톨이, 명국이 길 명이면 관직.

  기러기가 짝을 잃고 슬 피우는 象(다리를 절다). 운세가 완전히 쇠운. 작은 산을 넘으면 큰 산이 기다리고, 작은 내를 건너면 큰 강이 앞을 가로막는다. 자금투자 가장 흉. 여난 도난 사기 부상 잇달아 사고 발생. 은인자중하여야 한다.

48. 水地比(견줄, 본뜨다, 모방, 따르다, 좇다-비): 궁합/불길이나 양보면 길하다. 방위: 흉방

* 대운/신수- 등지다, 멀어짐, 이별. 일진-길.

  뭇별이 북두성을 좇아 모여드는 象(인화를 상징). 논에 물이 가득하다. 안정과 풍요로움. 신망 있는 집단의 우두머리 친화 있는 대인관계에 좋으며 부부길 이성간 흉.

49. 山天大畜: 궁합/길: 원명국 배우자가 흉운이면 불만이 많이 쌓임. 방위: 길방

* 대운/신수- 길운은 크게 얻는다. 취한다. 흉운은 크게 잃는다. 당한다.

食이 족하고 위엄이 진동하는 象(물질 풍요 정신적 안정). 어떠한 일에도 대길하다. 본인의 능력, 시운이 매우 좋다. 현재 불운한 상태라도 곧 성운이 옴. 결혼대길 촉망 능력 있는 자. 흉명이나 흉운이면 도리어 큰 근심이나 흉함이 발생함.

50. 山澤損(덜, 줄임, 감소, 잃다, 희생, 봉사, 상담-손): 궁합/대길(포용해줘야, 뭔가 줘야, 주면-큰 결실로 옴) 방위: 흉방

 * 원명국- 봉사나 희생정신으로 나가야 길. 대운/신수- 투자, 고진감래, 아픔을 겪거나 손해를 보지만 이득을 얻음, 승진/진급. 흉운-실패, 좌절, 일진: 길 또는 희생.

희생, 수술, 성형, 진실한 마음으로 우러나오는 봉사. 전진적 발전하는 운세. 장래를 생각하며 도움을 주면 반드시 좋은 결과가 있고 결혼에는 최고의 괘.

51. 山火賁(클, 꾸밀, 성낼-비): 저녁놀이 붉게 타는 象(겉만 화려한 모습). 궁합: 흉 방위: 흉방

 * 원명국- 밝은 곳/대도시-길. 겉만 화려함/허영심. 대운/신수- 산 아래에서 해가 움트려는 상으로, 뛰쳐나오거나, 빠져나오거나, 이탈하며 이로움이 있다. 노여움, 성냄. 등용(임용).

내면이 충실한 사람은 길하나 아니면 흉하다. 분수에 맞는 생활을 해야 하고 허세를 부리면 사기·도난을 당하기 쉬우며, 연예. 방송·藝術-吉.

52. 山雷頤(턱, 기르다, 봉양-이): 궁합: 불길. 방위: 흉방

* 대운/신수- 흉운이 모여 있는 상으로 힘겨운 삶. 일진-약속은
  응함.

惡을 쫓고 善을 좇는 象(턱, 기르다, 언어 음식과 관계). 입으로 인한
재앙이 일어날 수 있다. 말조심 음식 조심. 내면적으로 고통이 많음
을 암시하며, 곧 정력적으로 활동하게 되니, 실력을 기르면 좋은 결과
를 얻을 수 있다. 원명국은-종교, 신앙, 화술 직업.

53. 山風蠱(독, 벌레, 악기-고): 궁합/대흉이나: 길(각각의 배우자 복이 길하면 독은 도리어 약으로 사이가 좋음), 주말부부도 길함. 방위: 흉방

* 원명국- 길명이면 도리어 많은 사람을 살린다. 여명에 흉명은 男
  (山)의 재산을 파먹는다(風). 世/日干이 중풍손이면 치맛바람으로
  男 재산 유희.
* 대운/신수- 장애, 방황, 신액, 죽음, 곤란, 도둑, 꼬임에 빠짐. /시
  험, 경기 등 도전에서 길운은-성실한 노력인은 높은 장벽을 무너
  뜨리는 것과 같아 합격, 성취가 됨. 나태하면 흉하다.

산이 태풍에 무너지는 것이며, 산의 울음-곡소리, 산에 나무가 바람
으로 무너지고 낙엽이 떨어져 나가는 형국이라-재산 건강 청춘 의욕
이 사라짐을 의미, 고난은 과거의 잘못에서 생긴 자업자득, 개과천선
필요(원명국에 길명-치귀자로 건강, 의료와 관련 일은 길/ 흉명-의욕
을 잃음, 회의가 일어남).

54. 山水蒙(꿈, 환상-몽): 궁합/불길. 방위: 흉방이나 공부방위로는 최고(학원, 고시촌, 연구, 지혜를 요하는 일)

  * 대운/신수- 근심·걱정, 서서히 이익, 전반보다 후반-길.

산에서 물이 흘러내려 서서히 고이는 상으로 길운이면 반드시 시간이 지나면 세월이 보옥이 됨을 말함- 寶玉을 깊숙이 감춘 象(어리석다. 교육과 관련).
지금은 몽매하지만, 그 사람의 전도는 매우 유망하다. 대기 만성할 인물. 학문, 연구(특히 공부, 연구 방위-최고) 장기적일에 길하다. 처음 곤란-나중 태평.

55. 艮爲山(산, 무덤, 산신-산): 궁합: 흉-단절, 비왕래, 비소통. 방위: 흉방

  * 원명국- 원명국이 길명이라도 답답하고 막힌 삶을 벗어나지 못함.
    대운/신수-산 넘어 산이니-멈춤, 중단, 좌절/흉명으로 흉운자는-
    감옥, 감금, 중병, 병원, 죽음.

분수를 지켜 옛것을 따르는 象(정지 전진할 수 없는 상태), 근면 성실한 사람에게는 매우 좋은 괘, 때를 기다려라. 움직일수록 건강 재산 손해를 본다.- 좌절, 슬픔, 입원, 감금.

56. 山地剝(벗길, 괴로움, 상처-박): 궁합/불합(무너짐, 붕괴, 부도) 방위: 흉방

  * 원명국- 붕괴, 부도, 불평불만, 부인이 주도. 대운/신수- 산이 무너진 것이니-낙선, 실패, 배신, 중병이 찾아옴, 실각, 파산, 육친-

이별, 죽음. /길운-(긍정으로)벗어남/빼앗다.

소인이 극성을 부려 군자가 숨은 象(벗기다. 태산이 깎여 무너지는 상). 내면으로의 붕괴 믿었던 사람에게 배신을 당하며 최악의 상태 시 이괘가 나오면 오히려 운이 호전된다.

57. 地天泰(클, 넉넉, 편함-태): 궁합/대길. 방위: 길방
 * 대운/신수- 풍년이 들어 백곡이 풍성 한 象(크다, 태평하다. 대길 한 괘지만 흉운이면 크게 흉한 일 일어남).

하늘과 땅이 본래의 자리로 돌아가려 한다. 매우 순조롭다. 호운일수 록 조심해야 한다.

58. 地澤臨(임함, 내려다보다, 다스림, 어루만짐-임): 궁합/길(원명국 內-배우 자 육친과는 가정불화/이혼) 방위: 길방
 * 대운/신수- 선생, 의사, 관직인에서는 경사가 있음이다.

용이 하늘에서 천하를 굽어보는 象(순서를 밟다, 군림하다). 군림하 는 정치인, 우두머리에게 최적길. 지도자의 아량과 덕목, 직장인은 무난.

59. 地火明夷(밝음, 오랑캐-명이): 궁합: 흉. 방위: 흉방

* 대운/신수- 명국에 겁살 有는-사고. 좌절 실패, 가정파탄, 부도,
  이혼, 사고, 부모 흉난.

애타게 갈구한 부분에서는 어두운 지하(土)에 서광(火)이 든 것이
라-성취, 만남, 해결, 원만, 화합, 상통, 사랑 등-호운.

태양이 서산에 지는 象(암흑세계의 도래). 해가 졌으니 이제 밤이다.

학문 연구 종교 외는 불길, 자중해라. 섣불리 행동하면 위험에 빠진

다. 지금까지 고난을 겪은 사람은 호운이 닥친다.

60. 地雷復(돌아오다, 뒤집다, 현재의 반작용-복): 궁합/흉 또는 재혼자. 방위: 흉방

* 대운/신수- 땅 밑에 천둥은 지진이기에 갈라짐 고로 이별(선흉 후
  길 회복), 나그네가 고향에 돌아오는 象(돌아오다, 회복하다, 금의
  환향) 절망을 극복하고 새로운 희망, 타향살이 후 성공, 좋은 계획
  을 세워라.

하산, 칩거에서 나옴, 회복, 석방, 보냄, 이별, 직장인은 명퇴나 퇴직,

직장 나옴.

61. 地風升(오른다, 번성한다, 들어온다-승): 궁합: 길 방위: 길방

* 대운/신수- 성취, 성공. 연애, 사랑-길.-탈출, 사회진출, 취직.

시냇물이 강을 이루어 바다에 모이는 象(솟아오르다, 번성). 가장 순조로운 성장을 암시. 전진과 젊음을 상징하는 좋은 괘 땅속의 나무가 싹을 터 무럭무럭 자란다.

62. 地水師(스승, 지도자, 집단, 군대-사): 궁합/불길:재혼-길. 방위:길방

* 원명국- 집단, 단체, 크게, 많이, 풍성, 후반기 풍족, 교사/교수, 권세/권력, 대운/신수- 물이 대지에 몰려드는 것으로 성공, 성취. 그러나 고인 물이라 노인이나 환자는 썩는 물로 곧 죽음을 암시함. 이성은 대지 속의 물이라, 흩어지지 않기에 무-이별로 안전. 일진: 길-가르침, 선생 노릇. 길방-중심자리, 요지, 시내 중심, 서울 수도, 낮은 지대, 하향 지원, -지식과 정보에 능통하거나 친화력으로 행복을 얻을 수 있음(물의 친화력은 세력이 되고, 물은 지식과 정보를 말함).

흙(댐)이 튼실해야 물이 모여들 듯, 마음이 곧고 발라야-재물이 모이고, 사람이 모여듦.

많은 사람의 다스림은-리더십, 지휘자, 우두머리, 스승, 선생, 지도자, 포용력.

사방에서 물이 모이니-집단, 재물, 풍족-땅속의 물은 지하수가 되고, 흐름이 되고 생명이 되기에-지하, 야간에서의 이익을 구하거나 일의 도모가 유리하다.

63. 地山謙(겸손, 공손, 덜다, 감할-겸):-궁합/불만족 방위: 길방

* 원명국- 봉사, 희생, 공익, 명예/신용 지키면-재물 길. 일터/직장 방위-길. 대운/신수- 겸손, 낮춤, 무언, 붕괴, 사고, 무너짐, 인연 자는-숙이고 들어옴. 흉운자-낙선.

산이 내려앉은 형상이니 고개 숙임이 되니-겸손, 공손, 보시, 무언, 침착.

64. 坤爲地(땅, 토지신-지): 궁합/길 방위: 길방

* 대운/신수- 나가다가 망치는 경우가 있음이며, 여성의 말에 귀 기울여야 하고, 신에게 기원은 성취가 된다. 회사는 아래 사람의 다스림이 중요하고, 집안의 근심은 밝은 지역으로 이사가 길하다.

기름진 땅에 오곡을 심는 象(64괘의 근원 땅 어머니 아내). 포용력, 인내, 유순한 마음으로 맡은 일에 충실해야 한다. 현재는 침체된 운. 윗사람의 뜻에 잘 따를 것. 주변과 맞서면 화를 초래한다.

· 乾: 말 머리 서북방 노부 戌乾亥 1(6白) 강직 위엄 무곡 년년
· 兌: 양 입 정서방 소녀 庚酉辛 2(7赤) 희열 색정 파군 절명
· 離: 꿩 눈 정남방 중녀 丙午丁 3(9紫) 강렬 솔직 염정 오귀
· 震: 용 발 정동방 장남 甲卯乙 4(3碧) 뜻이 크다 탐랑 생기
· 巽: 닭 정강이 동남방 장녀 辰巽巳 5(4綠) 성정화순 보필 복위
· 坎: 돼지 귀 정북방 중남 壬子癸 6(1白) 험한위엄 문곡 육살

· **艮**: 개 손 동북방 소남 丑艮寅 7(8白) 안정 정지 거문 천을
· **坤**: 소 배 동남방 노모 未坤申 8(2黑) 유순 관대 녹존 화해

제17장

당·사·주 요약

: 태어난 태생(띠)에서 바로 태어난 날(日)로 집어 성격을 본다.

子

(了에 一이니) 몸에 칼(비수, 수술)이 들어온다. 머리(子는 첫째이니 머리)를 다치거나 수술(또는 머리가 복잡하다). (亥子는 물이니) 표면적으로 사람은 유하지만 마치 물이 거칠면 강하듯 거칠 땐 대단히 강하다.

그 속은 알기 어렵다. 머리를 잘 쓰면 성취하지만, 머리를 잘못 쓰면 고난을 면하기 어렵다. (子는 음양을 물고 있음으로) 아들과 딸이 있다. 잘 바뀐다. 물을 좋아한다.

남자는(子는 陽으로 첫째 먼저이니)
: 머리가 일등/비상하고 총명하다. 인정받고 대우받는다.
여자는(子는 陽으로 첫째 먼저이니 여자는)
: 고집 세고, 자기 고집대로 하려 한다. 성기(자는 물로 자궁을 뜻하는데 了에 이니) 칼 댐 주의, 남자가 들어옴/남자 상대업을 한다.-선녀

丑

축천액이라 액운이 많고 고달이가 많다. 걱정이 많고 마음고생 많이 한다.

남자(수소)는

: 인자하다 묵묵히 행동하는 사람이다.

여자(암소)는

: 시집2~3번 간다(가정이 좋다면 남자가 2~3명 지나간다).

불전에 기도 많이 하고 물질과 말과 표정, 그리고 몸으로 보시를 많이 하라.

- 객사, 중풍으로 죽은 조상, 애기 혼신.

寅

권력을 가진다. 또는 단(홀로)업 한다. 독립성이 강하다.

여자는

: 뜻은 넓은데 현실이 안 따르니 근심·걱정이 많다.

남자는

이상은 큰데 덕이 부족하여 인덕이 없으니 덕을 쌓아라. 아들만 있다. 딸이면 사내처럼 산다. 산정기가 으뜸.

- 나의 혼신/동자, 혼인 못 하고 죽은 조상.

卯

부서진다, 파산, 몇 번의 실패, (배우자나 자식 돈, 명예 등) 쓴맛 본다. 성질 급하다, 인덕 없다, 직업 몇 번 바뀐다. 파하는 직업(의사/약사/검사/변호사/감독/운동), 아들과 딸 있음 또는 아들이지만 딸, 딸이지만 아들 같은 자식이 있다. 관세음보살 기도 으뜸.

- 부모 동기간에 객사한 사람, 청춘에 간 사람.

辰

최고다, 최고/뛰어난 게 있다./높은 자리 갖는다. 인덕이 없다. 이성이 많다.

남자는

: 착하다. 법사다. 나를 드러내려(잘난 체) 한다. 관직.

여자는

: 고집 세고 자기밖에 모른다, 성기가 잘 생겼다. 술장사/음식점. 아들이나 아들만 있다. 딸이라면 사내 같다 또는 아들 역할.

- 불도 닦다 죽은 조상, 의술/점술 하다 죽은 조상.

巳

나간다(들어올 수도 있다), 돈거래 금물, 확고한 성격, 주관이 있다, 고집 세다. 돈 때 이는 일이 있다. 보증 금물. 착하고 깔끔하게 생겼다. 성질 급할 때 급하다. 주야 교대 일(밤일)/두 가지 성격/두 가지 일을 한다.

남녀 청춘 업종. 급하게 움직이나 때론 이익을 위해 서서히 움직인다(면면히 살핀다). 학문/문학/선생/깔끔한 일/서점. 딸 많고 아들 하나, 적어도 아들과 딸 하나 있다

- 자식 없는 조상.

午

천복 최고다, 화려한 업종 드러내는 업종(미용/화장품/의류), 가스/주유소/화학/ 여자는 걱정 복, 화려한 옷. 유산을 물려받거나 인기가 있다.

딸이면 둘이요, 아들이면 하나 또는 아들 하나에 딸 두 명.

未

(남녀)손이나 발을 많이 움직이는 일을 한다.

여자는

: 남편도 없고, 돈도 없다. 성질 급하고 고집 세다. 경찰/땅 파서 하는 일(상수도/농사), 마트, 침술, 부동산이나 흙에서 이익을 얻는다.

딸이면 3명이요, 또는 아들 둘에 딸 한 명.- 객사 귀신, 동기간에 청춘에 죽은 조상.

申

외롭고 고독하다. 혼자 하는 일/재주가 있다.

여자는

: 혼자다.

남자는

: 최고, 정치인, 공직자, 자녀가 아들이면 한 명이거나 딸이면 외롭다.

인기 업종/연예인/이름 있는 정치인 명예인/ 일등-손재주 있다.

- 법사/보살, 무자 조상.

酉

몸에 흉터, (돈/배우자/자식 등 뭔가) 없다. 역적 행동. 이복형제. 중도 포기 잘하고 싫증 빨리 느낀다. 좌절 잘함, 학교공부 끝까지 못하거나 휴학함이 있음, 남에게 지고 못 산다. 독신 또는 부부 정이 없다.

판사/외과 의사/재단업/철학관/금은 방/깔끔한 사람이면서 곧게 처신하며 곧은 일을 한다. 끊고 맺음이 정확하다. 구도자/ 선각자. 엉뚱한 짓할 때 있다. 자녀가 없거나 딸 한 명.

- 수술하다 죽은 조상, 전사 조상, 애기 혼신, 중풍으로 죽은 조상.

戌

한 번 사람을 믿으면 끝까지 믿는다.

남자는

: 착하다.

여자는

: 이익을 먼저 생각한다. 남편 없거나 없는 듯 지낸다.

(남녀)유혹에 약하다/끼가 있다. 일 잘하고도 싫은 소리 듣는다. 가까운 사람에게 배신을 당한다. 기술/예술/돌아다니는 업/비서/심부름/봉사 업. 전생에 보살-철학. 술 귀신 할머니 5~3대 빌든 할머니.

亥

남자는 식복, 여자는 액운.

일할 때 정신없이 일하고 필요할 때만 손잡는다. 피(의사)나 물 직업 또는 물을 필요로 하는 일(농사/수목업종), 맑히고 밝히는 업종(간판/목욕/찜질방 등), 역마 업종, 세상에 욕심이 없다면 이성에 욕심이 많다. 지식인이나 지혜로운 이를 좋아함. 머리를 잘 쓰면 길하지만, 머리를 잘못 써 고통을 당한다. 딸 두 명/아들 두 명이면 아들은 여성적인 내성적인 성격(자식 다산일 수 있음).

- 청춘에 죽은 조상(누나 동생), 술주정뱅이 조상, 본인 피붙이 혼백, 애 낳다 죽은 조상.

()()()()-(띠)

(4)(3)(2)(1)가 전체 양이나 전체 음이면 잘살고, 혼합이면 가난. 그리고 陽 대운에 운세 피고 陰 대운은 운세 기운다. (1)이 陽이면 30세 후 결혼하고, 陰이면 30전 결혼 또는 사귀던 사람이 있었다. 양(陽)은-子, 寅, 辰,

午, 申, 戌이며, 음(陰)은-丑, 卯, 巳, 未, 酉, 亥이다.

Q 붙어 있는 해석

(4)(3)(2)(1)에서 연이어 붙어 있을 때의 해석-
예) (4)(3), (3)(2), (2)(1)

子子

일등. 머리가 아프다. 비수/수술. 행동이 없다. 고집이 세고/아망이 크다.
先陽子라 일등이다. 그러나 선두가 겹치니 머리가 아프다. 了에 一이 들
어오니 비수가 들어온다, 수술한다. 비수/수술하니 행동이 없다. 출격하
는 양성의 先이니 고집이 세고 자기 하고 싶은 대로 한다.

子丑

불구, 촉새/말을 많이 하는 편이다. 여명은 첩/액운. 조상에 빌고 얻어먹는
귀신이 있다.
소 발굽에 쥐가 밟히니 불구다(돈/부부/자식/부모/직장 등). 밟힌 쥐꼬리
놓으라고 아우성이니 촉새다 말을 많이 하는 편이다. 여명은 자가 음토와
합하여 음토가 되니 ,첩으로 가든지 액운이 있다. 소는 조상이니 쥐가 밟
힌 자신의 꼬리를 놔 달라고 소한테 비니 조상께 빌고 얻어먹는 귀신이다.

子寅

절손-문을 닫는다-걱정/인덕 없다. 큰 칼/최고. 법사-스님, 산신 기도.

십이지지 先陽性이 次陽性인 寅木을 생하여(水生木) 선양성 子가 소멸된 것이라, 번창할 선양성의 소멸은 절손이며 先이니 門이라, (무엇이든 어떤 경우든)문을 닫는다는 의미가 따르는 사주이다. 그러므로 걱정이 많다. 선양성인 자가 자신의 노력에도 불구하고 인목으로 입하니 인덕이 없다. 하나 寅은 寅天權이라 권세이니 큰 칼을 쥔 사람이라, 파워 있는 사람이다. 최고를 뜻하며, 따라서 자기 자리에서 위치를 차지하는 사람이다. 인목양성은 산이 자신의 집이라 법사나 스님이 되는 경우도 있다.

子卯(卯子)

머리가 아프다/머리를 다친다. 신경 예민하다. 묘가 없다. 인덕이 없다. 부숴 먹는다. 여명은 과부/남자 (하는 일이) 안 된다.

子卯가 刑殺이라 子天貴가 卯天破의 형살을 맞으니 머리(子)가 아프다. 머리(子)를 다친다. 고로 신경이 예민하다. 인덕이 없고 부숴 먹는다. 子는 선조라 무덤이 묘천파라 묘가 없다. 여명은 陽性子(남자)가 破의 형살을 맞으니 없는 것이라, 과부가 되거나 남자가 하는 일이 안 된다.

子辰

체통을 많이 찾는다. 두루 호걸/최고다. 사람은 좋은 사람이지만 인덕이 없다. 잘났으니 남에게 몸으로 피해를 준다. 여명은 남자가 안 된다.

子天貴 용으로 귀한 용이라 체통을 많이 찾는다. 비(子陽水)를 뿌리니 두루 호걸하고, 최고다. 비를 내리니 사람은 좋은 사람이지만 (고마워하는 이가 없으니) 인덕이 없다. 자천귀의 귀용이라 잘났으니 남에게 몸으로 피해(홍수)를 준다. 여명은 남자가 안 되는 이유는 양성용은 하늘로 올라가 버리고 양성쥐는 어둠에 묻혀 있기에 천지양성이 없으니 남자가 안 된다.

子巳

허사다/봉사로 일관한다. 본인 것은 아무것도 없다(돈, 보증 금물)./남의 살림 산다. 확고한 성격, 고집이 세다.

쥐가 뱀의 먹이가 되니(부지런한 쥐가 몸을 찌우고 양식을 모아 놓았는데 뱀의 먹이가 되고 마니) 허사가 된다. 뱀에게 봉사하는 꼴이니 봉사로 살아간다. 몸과 먹이를 뱀에게 빼앗기니 본인의 것은 아무것도 없다. 남의 살림을 산다. 쥐를 잡아먹는 뱀의 입장에서 보면 먹이를 다시 놓지 않으니 확고한 성격이고 고집이 세다.

子午

미인이다. 생동감 있는 행동.-복이 움직인다.-천복이 들어오고 나간다.

사계절의 중심축은 子午卯酉인데, 이것이 명리학으로 지반에 다 갖추고 있으면 양귀비의 미인이라고 했다. 그중에 子午는 음양의 중심축이니 드러남이 뛰어남인데, 해서 미인이다. 음양이 이로 활동하니 생동감 있는 행동을 한다. 午天福은 子의 기운을 넘어 움직이니 복이 움직인다. 천복이 들어오고 나간다.

子未

성질이 급하지만 머리는 영리하다.-외통수. 신경통/머리가 혼돈된다. 자식이 없거나 약하다/희미하다. 할머니가 두 분. 조부모 묘가 없다(화장 하는 수가 있다).

先陽性 子-천귀가 未天驛 역마(未)이라 역마(이동하는) 쥐라 성질이 급하지만 머리는 영리하다. 선두(子)적인 역마(未)라 외통수다. 이동을 많이 하는 쥐니 신경통이 있고 머리가 혼돈된다. 子未 원진극이라 子가 극 받으니 자식이 없거나 약하다/희미하다. 또 子는 아들로 자식을 태우고 밀어주는 未天驛은 할머니이니 친가 외가 합 두 분이니 나(子)를 태워주고 업어주신 할머니(未)가 두 분이다. 자미 원진극이라 자(조부모)가 없으니 이는 조부모의 묘가 없다. 때론 화장 했다고 본다.

子申

머리가 일등: 총명-주관이 확실함. 여명은 신랑 없고-외롭고 고독하다.

子는 선두고 먼저이니 머리이다. 따라서 머리가 좋은데, 申金인 陽性의 生을 받으니 더욱 子는 왕성하니 머리가 일등이다. 그리고 선두적인 기질이 매우 왕성하니 주관이 확실한 사람이다. 여명은 깊은 밤(子)에 외롭게 (申天孤) 있는 형국이니 신랑이 없거나 외롭고 고독하다.

子酉

교도소(경찰서) 가는 일이 있다. 묘가 없다.

先陽性 子는 활동적인 기질이 매우 강한데 陰金인 酉 속에 있는 것이라 이는 쇠창살 속에 쥐니 감옥에 갇혀 있는 것이니, 교도소(경찰서)에 가는 일이 있다. 子(선조)의 양성(무덤)이 陰金에 들어간 것이라, 묘가 없다고 본다.

子戌

구비를 갖춘다. 끼가 있다. 착한 남자, 나쁜 여자, 조상이 불구, 묘가 없다. 할머니가 2분.

십이지지 짐승 중에 인간의 보호 아래 개가 치장함이 으뜸이고, 쥐는 스스로 부지런한 습관으로 구비하니 자술이 있으면 구비를 갖추고 사는 사람이다. 개(戌)가 자식(子)을 두니 끼가 있고 수캐가 자식을 두는 것은 착하지만, 암캐의 자식은 여러 수캐의 자식을 둔다는 의미가 있어 나쁜 여자이다. 조상이 불구(신체/가정/자식 등)인 것은 子(陽水)는 선조로서 土(戌)의 극을 받기 때문이며, 묘가 없음은 子陽水가 선조의 무덤이니 흙(陽土)에 묻힌 것이기 때문이며, 할머니가 2분은 많은(子陽性) 자식이 넓은(陽性) 마당(土)에 뛰놀고 있는 것이 많은 지식들이 있음은 할머니가 많기 때문이라 할머니가 두 분이다.

子亥

양자 간다. 식복-학문. 갈라 먹기를 한다. 여명-액운.

亥時가 다음 시간 子時로 넘어가니 오늘에서 내일로 넘어가니 양자로 간다. 돼지(亥)는 식복이니 식복이 있고, 쥐는 총명하니 학문을 한다./학문을 좋아한다. 亥時와 子時가 함께하니 두 시간이 하나 된 물(水)이니 둘이 한 우물을 먹는 것이라 갈라먹기 한다. 여명은 물이 많으면 눈물이 많은 것이라 액운이 많다.

寅丑

남의 살림 산다-소개비/노름/심부름, 시집 여러 번 간다.

寅時에 나가는 소는 남의 농사를 짓기 위함이니 남의 살림 산다. 주인이 대가를 받고 빌려주는 것이니, 직업이 대가를 받고 하는 일을 한다. 소개비/심부름/노름 등. 여명은 암소(丑)는 힘있는 황소(寅)를 맞이하여 새끼를 많이 낳아야 하니 시집 2~3번 간다.

寅寅

욕심이 대적-배다른 형제-절손. 미친 여자/여러 남자 잡아먹는다.

양성 인천권의 권세가 등등으로 두 마리의 범이 하나의 먹이를 가지고 다투는 형국이니, 서로 간에 욕심으로 싸우다 먹이를 놓치고 마는 것이니 욕심이 대적이라, 욕심을 내면 안 되는 사주이다. 범이 서로 간 싸우는 것은 같은 형제가 아닌 배다른 형제이기 때문이라 배다른 형제가 있다. 범이 서로 간의 싸움으로 상해를 입어 자식을 둘 수 없으니 절손이다. 여명은 두 수컷의 범의 싸움에 놀라 미쳐버리니 미친 여자나 정신이 오락가락하는 사람이다. 그리고 여자는 자체가 음성으로 무엇이든 감추고 삼키는 습생이라, 양성의 두 마리의 범은 곧 굶주린 범이 되니, 남자를 잡아먹는 상이라 여러 남자를 잡아먹는다고 하는 것이다.

寅卯

불구, 돈 파괴-사람 파괴, 성질 급하다. 자신이 불구. 다 부숴 먹는다. 모든 일이 잘 안 된다. 자기 일은 파괴-남의 일은 잘하고 잘 보살핀다.

양성 범의 권세를 묘천파가 임하니 불구다(신체/돈 파괴/사람파괴 등). 범의 권세가 파하니 성질이 급해져 다 부숴 먹는다./모든 일이 잘 안 된다. 한편, 묘천파는 내적 음성으로 자신이니 자기 일은 파괴이고 인천권은 외적 양성이니, 남의 일은 잘하고 잘 보살핀다.

寅辰

팔방미인. 잘 살고 부모 덕으로 자식 키운다. 법관 자식 또는 훌륭한 자식. 여자는 남자가 안 된다.

하늘엔 최고인 용이 있고 땅에는 최고인 호랑이가 있으니, 하늘과 땅을 휘저으니 팔방미인이다. 고로 잘 산다. 그리고 진은 하늘에서 왕이니 아버지가 되고, 호랑이는 땅에서의 왕이니 어머니인데, 이를 다 구비한 것이니 부모 덕으로 자식을 양육할 수가 있는데, 인천권과 진천간은 선두 양성인 子 다음인 양성으로 寅辰이라. 자식이 되니 자식이 하늘을 나는 용과 땅의 권세인 범이니, 자식이 법관이거나 훌륭한 자식이다. 여명은 남자가 안 되는데, 범은 홀로 다니는 양성 동물로 남자가 집을 나간 것과 같고, 양성용은 하늘로 올라가 없으니 두 양성이 없는 것과 같아 여명에게 양성은 안 되는 것이라, 곧 남자가 안 된다.

寅巳

남자는 직장 없다. 여자는 남자와 자식이 안 된다.

인천권 권세(직장)가 형살을 맞으니 남명은 직장이 없고, 여명은 남자(陽性寅)가 형살을 맞은 것이니 남자가 안 되고, 남자가 안 되니 자식도 안 된다. 따라서 여명은 남자와 자식이 안 된다. 구도자/성직자/봉사

寅午

친정이 안 된다.

여명에서 여성이 시집가는 것은 陰에서 陽으로의 출가라 음은 어둠이니 寅午는 陽性寅木이 陽性午火를 生하여 큰 불이요 큰 빛이라. 어두운 陰의 소멸을 말하니 陰은 친정이라 친정이 안 된다.

寅未

미친 사람. 미친 짓만 하고 산다.

미인(未寅)은 귀문관살이라 귀신병/정신병을 말하니 미친 사람, 미친 짓만 하고 산다.

寅申

일등 최고. 여명은 왕과부.

남명은 양성 인천권의 권세에 큰 칼(申:陽金)을 차고 있는 것이라, 자신이 있는 곳에서 무엇이든 일등이요 최고이다. 여명은 고독(申天孤)의 권세(寅天權)라 왕과부다.

寅酉

역적이다(믿음을 저버린다/절명).

寅酉원진인데 음성의 적은 酉金이 양성인 큰 목을 도리어 극하니 역적이요, 믿음을 저버린다/절명.

寅戌

자기는 잘살고, 자식은 법관이나 훌륭한 자식.

범(寅)의 먹이가 되는 개(戌)가 옆에 있으니 자기는 잘산다는 해석이 가

능하고, 자식은 부모를 따르는 것이니 개만큼 주인을 잘 따르는 짐승은 없다. 해서 술은 양성으로 드러남을 상징하니 부모를 따르는 자식, 드러난 자식 곧 자식이라 할 수 있다. 이 자식인 개가 범한테 먹히니 개가 곧 범이 된 것이다. 범은 寅天權으로 권세를 뜻하니 지식이 법관이 된다. 훌륭한 자식을 둔다. 여명도 해석은 동일할 것이라 본다.

寅亥

식복. 빌딩이 2~3채다. 여자는 근심 걱정으로 산다.−걱정 복

亥水가 양성 寅木을 生하니 큰 나무에 과실이 풍성하다는 것이니 식복이 있다. 큰 나무는 큰 건물 빌딩이라 빌딩이 2~3채다. 여명은 음성으로 애착 집착이 강한데, 나무의 풍성한 과실이 소실될까 봐 걱정을 하며 살아가니 근심·걱정으로 산다. 매사 걱정 복이 있다.

卯丑

불구. 남의 부모[외가] 밑에서 크다. 배다른 형제, 남 형제가 없다. 연하고 인정이 많다. 남자가 절명.

모든 것이 파한다는 묘천파와 모든 것이 액이라는 축천액이 함께하니 불구다(신체/돈/가정/직장/자식 등). 부모 형제가 파요 액이니 남의 부모 밑에서 자란다. 남 형제가 없고 배다른 형제가 있다. 여명은 연하고 인정이 많으나 남자가 절명이다.

卯卯

없다. 죽는 사주, 죽었다 다시 살아난 사람, 죽을 고비 2~3번 넘긴다.

묘천파가 겹치니 깨지고 흩어지니 없다. 죽은 사주-(몸 또는 사업) 죽었다 다시 살아난 사람-죽을 고비 2~3번 넘긴다.

卯辰

불구. 잘난 체한다. 딱딱한 몸, 여명은 결혼 2번 하는 일, 잘 살 수도 있다.

진천간이 하늘을 오르려 하지만 묘천파가 있어 불구(몸/돈/가정/자식 등), 용이 파를 맞으니 부드럽지 못하고 딱딱한 몸이 되다. 여명은 결혼 2번 하는 일이 있는 것은 묘천파가 있어 한 번은 파하고, 두 번째 양성 진천간을 만나기 때문이며, 처음 묘천파에서 진천간으로 오르니 잘살 수도 있다.

卯巳

조실부모. 남명은 사기 꾼/말을 꾸며서 잘한다(재산 없다). 여명은 사기꾼한테 (속아) 시집2~3번 간다. 할머니가 2분, 조상이 불구, 묘가 없다.

巳火의 빛을 일찍 파하니 조실부모. 토끼가 뱀에 휘감겨 살기 위해서 거짓말을 하고 말을 꾸며 말한다. 잡아먹히니 재산이 없다. 여명은 뱀의 혀에 속아 2~3번 유혹되니 남자한테 속아서 2~3번 결혼한다. 양성 午火, 다음은 음성 巳火이니 할머니로, 묘천파를 안고 있으니 2분이다./사화는 조상이니 파와 있으니 조상이 불구/묘 없는 조상 또는 묘가 없어진다.

卯午

불구. 복을 다 찬다. 과부, 모든 복을 다 물리친다.

오천복을 묘천파가 파하니 뭔가 부족한 불구(돈/배우자/신체/직장/자식 등)이다. 이 사주는 복을 다 찬다. 양성 즉 남자를 파하니 과부다. 모든 복을 다 물리친다.

卯未

선비. 조용하다, 꼼꼼한 성격, 정신없는 짓을 잘한다. 미친 사람, 머리를 다친다.

토끼도 순하고 음이며 양도 순하며 음이니, 성격이 선비로 조용하다. 순하고 음이니 꼼꼼한 성격이다. 토끼도 양도 깡충깡충 날뜀이 있기에 정신없는 짓을 잘한다./미친 사람이다. 삼합 亥卯未에서 선두인 亥가 없으니 머리를 다친다.

卯申

외동 불구. 청춘과부.

묘천파로 파한 가운데 신천고 외로움이라 외동이며 불구(돈/배우자/신체/부모/ 직장 등). 일찍 파하고 고독이니 청춘에 과부되었다.

卯酉

말에 신의 없다. 사기꾼. 고자? 미친 짓-남들이 이해 못 할 일을 하기도 한다. 흉터. 부모가 불구. 임신 못 한다. 경찰서 왔다 갔다 한다.

유금은 소리로 말인데 묘목이 유금 소리를 충하니 말에 신의가 없다./ 사기꾼이다. 목은 신경으로 솟아난 남근인데 유금의 충극을 받으니 고자이다. 어린 묘목을 충극하니 미친 짓을 한다. 남들이 이해 못 할 일을 하는 것이다. 유금이 묘극을 찍으니 흉터가 있다. 어린 묘목을 충극하니 여명은 임신을 못 한다. 유금은 경찰로 보는데 나를 극하니 경찰서 왔다 갔다 한다.

卯戌

점잖으면서 잘난 체한다. 마지막 자살할 수도 있다. 거꾸로 산다.

묘술합화라, 토끼와 개가 합하니, 온화한 불을 일으키니, 대인 관계에서 합이니, 점잖으면서 불빛을 자랑하니, 잘난 체한다. 하나 토끼는 사냥개로 돌변할 개와 있으니 불안하여 마지막에 자살을 생각할 수도 있다. 또한, 이들의 합은 이치적으로 불안한 합이니, 거꾸로 사는 사람이라는 것을 예측할 수 있다.

卯亥

의부와 사이 불편, 남의 자식 키운다. 남의 자식 남의 남자.

卯는 봄의 시작寅에서 성장의 卯 기우는 辰에서 성장하는 卯인데, 亥는 水로 나를 生하니 부모나 같은 陰으로 편인이니 의부인데, 나는 봄의 성장에 있는데, 亥는 추운 입동의 계절이니 나무의 꽃은 추위로 시들어 버린다 해서 의부와 사이가 불편하다. 水인 돼지가 토끼(木)를 물(젖)로 生하니 남의 자식 키운다. 여명은 남의 자식 남의 남자를 보살핀다.

辰丑(辰未와 동일)

불구(무자식, 무가정, 돈 없음, 몸 이상)

辰土는 陽이요 丑土는 陰이니, 마른 흙과 젖은 흙은 서로 공존할 수 없으니, 공존함은 이치의 법을 어긴 것이라, 이는 불구이다.

辰辰

불구. 행동이 묶여서 답답한 사람, 부모가 2명, 미친 행동, 첩-재처로 간다.

두 마리 용이 엉켜있으니 불구다(돈/배우자/신체/지식/부모 등 뭔가 부족함을 뜻함). 두 마리 용이 엉켜있으니 행동이 묶여서 답답한 사람이다. 용은 한 마리의 새끼밖에 낳지 못하는데, 두 마리 용이니 부모가 두 분인 것을 안다. 두 마리 용이 엉켜있으니 미친다. 즉, 미친 행동을 한다. 여명이라면 용이 용을 껴안고 있는 용(양성:남편)이라 재처가 된다.

辰巳

아무것도 없다.

용과 이무기가 서로 싸우니 아무것도 없다.

辰午

너무 잘나서 탈이다. 친정 남동생이 없다.

午의 화려함 밝음이 용속에 들어가 용을 밝게 하니 너무 잘나서/뛰어나서 탈이다. 하는 것이며 午는 陽性의 중심이니, 여명에서는 辰보다 後 地支라, 동생인데 남동생이 된다. 그러나 午는 辰 속에 들어가니 남동생이 없는 꼴이 되고 마니, 친정 남동생이 없다고 하는 것이다.

辰未

천병불구. 사람을 속인다. 공부 잘하고 꼼꼼하다.

辰土는 陽이요 未土는 陰이니, 마른 흙과 젖은 흙은 서로 공존할 수 없으니, 공존함은 이치의 법을 어긴 것이라 진미가 함께함은 천병이다 또는 불구이다(돈/배우자/건강 등 뭔가 부족함이 있다). 사람을 속인다는 것은 辰土는 陽이요 未土는 陰이니, 양토가 음토가 되기 위해서는 음토를 속여야 하고, 반대로 음토가 양토 되기 위해서도 양토를 속여야 한다. 이와 같은 이치로 볼 때 속이기 위해서 파고드니 공부는 잘해야 하고 꼼꼼해야 한다. 해서 공부 잘하고 꼼꼼할 수밖에 없는 것이다.

辰申

잘났다. 너무 잘나서 행동이 최고 내가 내다. 손이 귀하다/무남독녀. 여명은 친정이 없다.

신은 양금으로 눈부신 거울과 같은데, 이를 누런 양토가 생하니 더욱 눈부시다. 고로 (진신사리) 사람이 잘났다. 행동이 최고/높은 사람이다. 내가 나다 하면서 자신을 드러낸다. 陽土가 申天孤가 되니, 자신이 孤를 生하니 生은 孫이라. 孫은 자식, 따라서 자식이 고독이니 손이 귀하다. (자신 또는 자식이) 무남독녀다. 여명은 친정이 없는 이유는 陽土가 陽金을 生하니 陽金이 강하다. 陽金이 강하면 寅卯인 木氣를 절명하니 木은 뿌리를 가진 오행이니 辰申보다 빠른 십이지지라 친정의 뿌리가 잘린 것이라 친정이 없다. 왜 여성의 친정인가 하면 나무의 뿌리는 陰으로 감추어진 여성을 뜻하며 지상에 드러난 나무는 陽으로 남성을 뜻한다. 陽金은 陽性이지만 자체성질은 차니 陰性으로 본다 해서 申金 안에 내포된 陰(金)이 陰적인 뿌리木을 절명하니 친정이 없다고 하는 것이다.

辰酉

미친 사람. 남을 잘 주고 자기를 희생 잘한다), 인덕이 없다.–거짓말 못 한다. 쌍 나팔(두 가지 일을 한다.) 분다.

辰酉合金이라 용이 닭과 합하여 金이 된 것이며, 陽土와 陰金이 합해 작은 金으로 된 것이라, 金은 소리라 용이 닭소리를 내니 미친 사람이다. 미친 짓을 한다. 또한, 용이 酉金인 칼에 꼬리가 잘려 나가니 곧 남에게 잘

주고/(유금과 만나면 꼬리가 빼앗기니) 인덕이 없다고 하는 것이며, 유금은 칼로 정의를 말하니 토는 사라자고 유금만 있으니, 정의만 있는 것이니 거짓말 못 한다. 쌍 나팔은 두 가지 직업을 말하는데, 辰酉가 두 가지 직업을 가지는 이유는 12지지 동물에서 유일하게 용과 닭만이 하늘을 날고, 날수 있는 두 개의 날개를 가졌기에 진유가 있으면 두 가지 일을 한다고 해석이 가능한 것이다.

辰戌

남명은 좋은 사람이다. 자식이 법관. 여명은 남자가 잘 따른다. 남자관계가 복잡하다.

남자는 좋은 사람인 것은 辰도 戌도 陽인데, 용(辰)이 개(戌)와 알력하지 않고 陽으로의 용은 하늘로 올라가고, 개도 陽으로서 충직함을 보이니 좋은 사람이다. 자식이 법관이나 좋은 자식인 이유는 子가 先으로 나라면 丑부터 亥까지는 나로 인해 일어난 후발로, 여기서 드러남은 陽性이니, 자식은 나로 인해 드러난 존재이니 응당 寅辰午申戌이 될 것이다. 여기서 寅午申이 아닌 辰戌이 자식인 이유는 陽性인 진술은 土로서, 흙 안에는 水木金火를 다 가지고 있기에 나의 유전자를 다 가지고 있다는 의미로, 辰戌이 자식이며, 따라서 남명에 좋은 사람이듯 자식이 잘되면 용(辰)이 하늘로 오르듯 자식은 법관이 되며, 토(戌) 안에 모든 기운 木火金水 인의예지가 다 갖추어져 있으니 자식이 잘된다. 여명은 남자가 잘 따른다. 남자관계가 복잡하다 하는 것은 여명에서 辰이 있으면 성기가 빼어나기에 개(戌)는 색을 밝히는 동물로 여기서는 색을 밝히는 남자가 되니, 辰을 보고 쫓아오는 뭇 남성이 개(戌) 되는 고로, 남자가 잘 따른다고 하는 것이다.

辰亥

부자 소리 들어도 먹을 것이 없다. 여명은 남의 남자를 넘본다./바람피운다. 아버지 두 분이나 엄마 두 분, 또는 할머니 두 분.

양성인 용이 해수 음성에 원진으로 갇혀 있는 것이니, 용으로 남 보기에 부자 소리 들어도 실제는 궁하다. 여명은 양성진(남자)을 해수음성(자궁)에 원진으로 가두니 남의 남자를 넘본다./바람피운다. 진해는 원진이니 양성(父)과 음성(母)이 원진살이라, 각각 다른 이성을 찾는다 하여 아버지나 엄마가 두 분(혹은 할머니 두 분).

申亥

왕소금-술 귀신/주사가 심하다.

申金은 陽金으로 큰 金으로 큰 소금(소금은 금으로 본다.)이 되는데, 이것이 陰水亥로 줄어든 水가 된 것이니, 이는 큰 소금이 陰의 축소된 水라, 줄어든 것으로 보니 곧 왕소금 짠돌이가 된다./ 원숭이(申)가 물을 마시는 것인데 亥는 陰이라, 곧 陰水라 술이 된다. 고로 원숭이가 술을 마시니 술귀신이며, 주사가 심하다는 것을 알 수 있다.

亥亥

할머니가 두 분.

[亥는 陰으로 여성이며 水도 陰으로 여성을 상징하는데, 子水는 陽이자 시작하는 水이니, 상대적으로 젊은 여성이니 子子는 어머니가 두 분으로 설정이 가능하고, 亥는 이미 지나간 오래된 한밤의 水라 할머니가 된다. 따라서 '亥亥는 할머니가 두 분 계시네.'가 된다] 돼지(亥)는 다산이니 亥亥는 자녀가 많다(최소 3명). 亥는 陰水라 亥亥는 정력이 세다. 여자라면 음욕이 강하다. 돼지(亥)는 식성이 좋기에 亥亥는 이것저것 돈 되는 것이라면 뭐든 닥치는 대로 일을 한다. 부부관계/대인 관계가 좋다.

제18장

기문학 명국- 세우기

낙서구궁의 정위도와 후천팔괘/12지지

4손궁/火宮-손위풍(巽爲風-木): 유순,공손/장녀/辰巳월-3,4월☴/東南청명,입하	9이궁/火宮-이위화(離爲火-火): 떼놓다,가르다,끊다,나누다,헤어짐,물러남,떠나감,배반,반작용/중녀/午월-5월☲/南망종(하지)	2곤궁/金宮-곤위지(坤爲地-土): 땅,대지,포용,흡수/모친/未申월-6,7월☷/西南소서,입추
3진궁/木宮-진위뢰(震爲雷-木):벼락,천둥,떨다,움직임,놀람,두려움,성냄,지진/장남/卯월-2월☳/東경칩	5궁-(土)/중궁(中宮)	7태궁/金宮-태위택(兌爲澤-金):빛남,기름지다,바꾸다,기뻐함,지름길/소녀/酉월-8월☱/西백로
8간궁/木宮-간위산(艮爲山-土):어긋남,거스르다,그침,어려워하다/소남/寅,丑월-1,12월☶/東北소한,입춘	1감궁/水宮-감위수(坎爲水-水):구덩이,험난,험하다/중남/子월-11월☵/北동지	6건궁/水宮-건위천(乾爲天-金):하늘,임금/부친/戌亥월-9,10월☰/西北한로,입동

음력-12월, 1월, 2월은 바탕이-木氣이고, 3월, 4월, 5월은 바탕이-火氣이며, 6월, 7월, 8월은 바탕이-金氣이고, 9월, 10월, 11월은 바탕이-水氣이다.

그리고 12월, 1월/ 3월, 4월/ 6월, 7월/ 9월, 10월의 간방은 土氣를 안고 있는데, 월령이 辰, 戌, 丑, 未月로 土氣일 때 홍국수-辰戌丑未인 '五十'土가 간방(間方)인 간궁, 손궁, 곤궁, 건궁에 거할 시 자리에서는 거왕(居旺)이 된다.

하늘은 이치의 법대로 세계에 흐르고, 세상은 이치를 끌려 당겨 다스리니(攝理) 땅을 중심으로 동지와 하지를 축으로 태극을 그리며 만물의 흥망성쇠를 집행한다. 동지에서 하지 전 사이는 양기(陽氣)의 일어나므로 양둔(陽遁)이라 하고, 하지에서 동지 전 사이는 음기(陰氣)의 일어나므로 음둔(陰遁)이라 한다.

🔍 홍국수 포열(洪局數 布列)

10천간(天干)에 고착된 수리(數理)

甲	乙	丙	丁	戊	己	庚	辛	壬	癸
1	2	3	4	5	6	7	8	9	10

12지지(地支)에 고착된 수리(數理)

子	丑	寅	卯	辰	巳	午	未	申	酉	戌	亥
1	2	3	4	5	6	7	8	9	10	11	12

사주팔자를 세우면 팔자에 해당하는 천간(天干)과 지지(地支)의 고유한 수리(數理)를 천간은 천간끼리 더하여 九로 나누고,

지지는 지지끼리 더하여 九로 나누어 그 각각의 그 나머지 숫자가 중궁(中宮)의 천반(天盤)과 지반(地盤)에 중심체로의 홍국수(洪局數)가 된다.

예1) 1971년 음력 5월 3일 미시로/ 辛亥년 癸巳월 辛亥일 乙未시-라면,

乙2 辛8 癸10 辛8 ~28/9= 一 천반의 합수가 28이니 9로 나누면 나머지 一이 중궁의 천반수가 된다.

未8 亥12 巳6 亥12 ~38/9= 二 지반의 합수가 38이니 9로 나누면 나머지 二가 중궁의 지반수가 된다.

예2) 1982년 음력 5월 3일 巳시로/ 壬戌년 丙午월 丁丑일 乙巳시-라면,

乙2 丁4 丙3 壬9 ~18/9=0-九 천반의 합수가 18이니 9로 나누면 0이 되는데, 이땐 나누는 九가 중궁의 천반수가 된다.

巳6 丑2 午7 戌11 ~26/9=八 지반의 합수가 26이니 9로 나누면 八이 남는데, 중궁의 지반수가 된다.

[천반이나 지반의 합수가 9로 나누어 0이 되면 9를 사용하고, 9에 미치지 않는다면 9 아래 수를 그대로 홍국수로 쓴다.]

예1, 2)의 홍국수를 중궁에 입하여 구궁에 포국해 보자.

이때 중궁의 지반은 구궁의 중심축인 동지와 하지에서 동지궁인 감궁으로 내려와 낙서구궁의 정위도로 순포하여 나가고,

중궁의 천반은 구궁의 중심축인 동지와 하지에서 하지궁인 이궁으로 올라가 낙서구궁의 정위도로 역포하여 나아간다.

예1)

4 七 六	9 二 一 하지	2 九 四
3 八 五	5 一 二	7 四 九
8 三 十	1 十 三 동지	6 五 八

예2)

4 五 二	9 十 七 하지	2 七 十
3 六 一	5 九 八	7 二 五
8 一 六	1 八 九 동지	6 三 四

🔍 연국- 육의삼기포열(烟局-六儀三奇布列)

• 홍연학(洪烟學)은 수리(數理)를 통한 포국으로 육신의 배열과 戊己庚辛壬癸의 육의(六儀)와 乙丙丁-삼기(三奇)의 연국(烟局)을 더하여 팔문(八門)과 팔괘를 중심으로, 구성(九星)과 직부(直符), 다양한 살성 등을 포열하여 길흉을 예단하는 우리의 아국기문(我國奇門)이다.

24절후-

24절기는 1년 12달 기운의 움직임들에서 각 달의 양분된 기운으로 1년에 24번 변화는 기운의 움직임을 음양으로 나눈 것이다.

24번의 절기는 동지에서 망종까지의 절기를 양기로 陽遁(양둔)이라 하고, 하지에서 대설까지의 절기는 음기로 陰遁(음둔)이라 한다.

태양력에 기초한 절기의 순서는

陽遁(양둔)- 음양의 치우침이 양기로 반등되는 동지부터가 양둔이다.

　동지(冬至), 소한(小寒), 대한(大寒), 입춘(立春), 우수(雨水), 경칩(驚蟄), 춘분(春分), 청명(淸明), 곡우(穀雨), 입하(立夏), 소만(小滿), 망종(芒種).

陰遁(음둔)- 음양의 치우침이 음기로 반등되는 하지부터가 음둔이다.

　하지(夏至), 소서(小暑), 대서(大暑), 입추(立秋), 처서(處暑), 백로(白露), 추분(秋分), 한로(寒露), 상강(霜降), 입동(立冬), 소설(小雪), 대설(大雪)이다.

24절기를 9궁으로 배치해 보자.

곡우(穀雨), 입하(立夏), 소만(小滿)	망종(芒種) 하지(夏至), 소서(小暑)	대서(大暑), 입추(立秋), 처서(處暑)
경칩(驚蟄), 춘분(春分), 청명(淸明)		백로(白露), 추분(秋分), 한로(寒露)

대한(大寒), 입춘(立春), 우수(雨水)	대설(大雪) **동지(冬至)**, 소한(小寒)	상강(霜降), 입동(立冬), 소설(小雪)

1년 360일을 24절기로 나누면 한 절기는 15일이 된다.

24절기를 음양으로 나누면 양둔이 12절기로 180일이 되고, 음둔이 12절기로 180일이 된다.

한 절기 15일을-천지인의 이치로 3등분 하면 각 5일로 나누어지는데, 이를 절기삼원(節氣三元)으로 상원5일, 중원5일, 하원5일이 된다.

각 5일에서 하루(1일)의 시는-12시(자축인묘진사오미신유술해로)이기에, 5일은-60甲子時가 된다.

이 5일의 60甲子時를 한 절기에서 국(局)으로- 상원, 중원, 하원의 몇 국인지를 붙이는데, 국(局)에 붙여지는 국수(局數)가 일어나는 이치를 보자.

수(數)가 일어나는 시원은 일양(一陽)이 시생(始生) 되는 동짓달을 계기로 일어

손 4	이 9	곤 2
진 3	중 5	태 7
간 8	감 1	건 6

나기에 감궁(坎宮)이 일양(一陽)이 시발하는 궁이 된다.

24절기에서 먼저 동지는 감궁 子월에 드니 감궁의 수 1(一)을 취하여 동지 상원1국으로 한다.

여기에서 1원은 5일 60甲子時라 하였으니 감궁에서 갑자시(甲子時)를 시작하여 각 궁의 순서대로 순행하여 60甲子時를 옮겨가 보자.

동지(冬至)에서~망종(芒種)까지는 양둔이기에 순행으로 돌아가면,

1. 감궁이 갑자시(甲子時)이고 다음으로 2. 곤궁이 을축시(乙丑時), 3. 진궁이 병인시(丙寅時), 4. 손궁이 정묘시(丁卯時), 5. 중궁이 무진시(戊辰時), 6. 건궁이 기사시(己巳時), 7. 태궁이 경오시(庚午時), 8. 간궁이 신미시(辛未時), 9. 이궁이 임신시(壬申時), 그리고 다시 감궁이 계유시(癸酉時), 곤궁이 갑술시(甲戌時)…로 이어져

육십갑자를 돌리면 전체가 9궁이니 감궁의 중복은 6번으로 9*6회전하면=54번이니 6단계가 60갑자에 미치지 못하기에 감궁에서 6번을 더하여 순행하면 60갑자시가 계해시(癸亥時)로 끝나는 지점이 건궁(6)이 된다. 그러므로 건궁(6)에 이르러 5일 1원(元)의 60甲子시, 즉 동지 상원(上元) 1국을 다 채우게 된다.

그러면 동지 중원은 건궁(6) 다음인 태궁(7)에서 다시 60갑자시를 시작하므로 동지 중원은 수가 7(七)국이 되는 것이다.

(동지 중원7국에서의 60갑자시를 마치려면, 태궁을 1로 6번을 돌면 6*9는 54라 나머지 6번을 돌리면 60시가 되기에, 태을 1로 6번 돌면 3손위풍에 60갑자시가 멈추는데, 동지 중원 양둔7국-5일60시가 끝난다.)

태궁에서 시작하여 구궁을 따라서 60시를 돌고 나면 진궁(3)에서 동지 중원 5일 60시가 모두 끝나게 된다. 그러면 다시 손궁(4)에서 동지 하원이 시작되니 동지 하원은 4(四)가 된다. 그러므로 동지는 상중하원(上中下元)의 수가 一, 七, 四(1, 7, 4)가 되는 것이다.

계속하여 간략하게 언급하면, 다음 절기인 소한은 곤궁(2)에서 시작하여 같은 이치로 산출하여 보면 소한은 二, 八, 五 (2, 8, 5)가 되고, 대한은 진궁(3)에서 시작하여 대한은 三, 九, 六(3, 9, 6)이 된다.

四	九	二
망종 六 三 九	하지 九 三 六	입추 二 五 八
소만 五 二 八	소서 八 二 五	처서 一 四 七
입하 四 一 七	대서 七 一 四	백로 九 三 六
三	五	七
곡우 五 二 八	양둔 순행	추분 七 一 四
청명 四 一 七	음둔 역행	한로 六 九 三
춘분 三 九 六		상강 五 八 二
八	二	六
경칩 一 七 四	대한 三 九 六	입동 六 九 三
우수 九 六 三	소한 二 八 五	소설 五 八 二
입춘 八 五 二	동지 一 七 四	대설 四 七 一

그리고 다시 간궁(8)에서 입춘을 시작하니 입춘은 八, 五, 二(8, 5, 2)가 되고, 우수는 이궁(9)에서 시작하여 우수는 九, 六, 三(9, 6, 3)이 되고, 경칩은 감궁
(1)에서 시작하여 경칩은 一, 七, 四(1, 7, 4)가 된다.

이러한 이치로 24절기를 한 절기로 상·중·하원을 모두 산출하여 보면 구궁 안에 다시 1에서 9로 채워져 있다.

이러한 이치로 양둔 9국이 되고, 음둔 9국이 되는 것이다. 합하여 전체 국은 음양둔 18국이 된다.

음양둔 18국에 각-국에 60갑자시가 있으니, 곱하면 18국*60甲子時=1,080국이 되는 것이다.

1. 육의(六儀)은- 戊己庚辛壬癸를 말한다. 삼기(三奇)는- 乙, 丙, 丁을 말한다.

甲子	甲戌	甲申	甲午	甲辰	甲寅
戊	己	庚	辛	壬	癸

1. 연국은 천간-갑을 숨긴 것으로부터-을병정무기경신임계-로 놓이는데, 이때 음둔과 양둔에 있어 삼원인 상원·중원·하원으로 나눠짐은 60갑자에서 갑을 선두로 10천간에서 12지지를 끊으며 나아감에 있어 60갑자에서 갑을 선두로 나타나는 갑두(甲頭)는 6개인데, 이른바 갑자, 갑술, 갑신, 갑오, 갑진, 갑인이다. 이 육갑두(六甲頭)에 숨은 갑을 제외한 무기경신임계를 차례로 붙이면 육갑두 각각의 순열이 됨인데, 갑자(甲子)-무(戊), 갑술(甲戌)-기(己), 갑신(甲申)-경(庚), 갑오(甲午)-신(辛), 갑진(甲辰)-임(壬), 갑인(甲寅)-계(癸)이다.

연국의 포열은 陰遁과 陽遁에 예속되어 나열되기에, 음둔과 양둔의 판별은 매우 중요하다.

2. 음양이둔(陰陽二遁)

양둔(陽遁): 태어난 생월의 생일이 동지와 하지 사이의 태생이면 양둔이 된다.

음둔(陰遁): 태어난 생월의 생일이 하지와 동지 사이의 태생이면 음둔이 된다.

3. 삼원(三元)

삼원이란 天人地의 이치로 음양둔 180갑자를 60갑자로 3등분한 것이다.

하늘(天)은 근원의 으뜸으로 상원(上元)이라 칭하고, 사람(人)은 하늘과 땅의 받들고 다스림으로 중원(中元)이 되고, 땅(地)은 만물을 생장하기에 하원(下元)이라 하는데 이를 삼원(三元)이라 한다.

陽曆에서의 太陽을 기준으로 한 1년은 약 365일로, 어느 한 절기(節氣)에서 이듬해 같은 절기까지의 시일은 약 365일이 걸린다.

陰曆에서의 달을 기준으로 한 1년은 약 355일로, 어느 한 절기(節氣)에서 이듬해 같은 절기까지의 시일은 약 355일이 걸린다.

이 두 음력(陰曆)과 양력(曆曆)의 일수(日數)를 합하여 나누면 1년의 평균일은 360일이 된다.

1년의 360일은 천지의 도수가 10천간과 12지지를 조화로 한 60甲子가 여섯 번 도는 것인데, 이 여섯 번 가운데 3번은 양둔으로 180일이고, 3

번은 음둔으로 180일이 된다. 이로써 1년은 3번의 양둔과 3번 음둔의 음양의 조화로 돌아가는 것이다.

이 3번의 음양둔 180일 甲子 가운데 1회전의 60甲子를 상원(上元)으로 일원(元)이 되고, 두 번째 회전의 60甲子를 중원(中元)으로 일원(元)이 되고,

세 번째 회전의 60甲子를 하원(下元)으로 일원(元)이 되어 각 음둔과 양둔의 삼원(三元)이 된다.

이는 일가기문(日家奇門)에서 활용하는 원리인데, 이곳 洪烟에서 이용하고자 하는 원리는 시가기문(時家奇門)의 원리이며, 앞서 이야기한 원리를 시간에 적용한 것이다.

음양이둔정국표(陰陽二遁定局表)

	節氣三元	동지冬至	소한小寒	대한大寒	입춘立春	우수雨水	경칩驚蟄	춘분春分	청명清明	곡우穀雨	입하立夏	소만小滿	망종芒種
陽遁	上中下	一七四	二八五	三九六	八五二	九六三	一七四	三九六	四一七	五二八	四一七	五二八	六三九
	節氣三元	하지夏至	소서小暑	대서大暑	입추立秋	처서處暑	백로白露	추분秋分	한로寒露	상강霜降	입동立冬	소설小雪	대설大雪
陰遁	上中下	九三六	八二五	七一四	二五八	一四七	九三六	七一四	六九三	五八二	六九三	五八二	四七一

(洪烟局에 이용되는 四柱의 일진으로 음·양둔의 上·中·下元을 찾는다.)

위의 표에서 매 節氣가 上·中·下元 세 부분으로 나뉘는 것을 볼 수 있다.

三元이 한 번 완결되려면, 上元 5日, 中元 5日, 下元 5日 총 15日이 걸린다.

그것은 1元은 5日[×12時 = 60時]이기 때문이다.

자세히 설명하자면,

가장 작은 단위의 1元은 60時辰으로,

甲子일은 甲子시부터 乙亥시까지

乙丑일은 丙子시부터 丁亥시까지

丙寅일은 戊子시부터 己亥시까지

丁卯일은 庚子시부터 辛亥시까지

戊辰일은 壬子시부터 癸亥시까지로

甲子일 甲子시부터 戊辰일 癸亥시까지 5일간 上元甲子를 마친다.

己巳일 甲子시부터 癸酉일 癸亥시까지 5일간 中元이며,

甲戌일 甲子시부터 戊寅일 癸亥시까지 5일간이 下元이다.

上元	甲子	乙丑	丙寅	丁卯	戊辰	上元	甲午	乙未	丙申	丁酉	戊戌
中元	己巳	庚午	辛未	壬申	癸酉	中元	己亥	庚子	辛丑	壬寅	癸卯
下元	甲戌	乙亥	丙子	丁丑	戊寅	下元	甲辰	乙巳	丙午	丁未	戊申
上元	己卯	庚辰	辛巳	壬午	癸未	上元	己酉	庚戌	辛亥	壬子	癸丑

中元	甲申	乙酉	丙戌	丁亥	戊子	中元	甲寅	乙卯	丙辰	丁巳	戊午
下元	己丑	庚寅	辛卯	壬辰	癸巳	下元	己未	庚申	辛酉	壬戌	癸亥

上·中·下元의 첫날 일진에 앞서 상원, 중원, 하원은 각 5일이다.

따라서 甲에서~癸까지의 10천간을 5일로 나누면 1元으로 분리는 甲乙丙丁戊(陽氣)-까지기 1元이 되고, 己庚辛壬癸(陰氣)-까지가 1元으로-상원, 중원, 하원에서 元의 반복은 甲, 己가 될 것이다. 이에 상원(上元), 중원(中元), 하원(下元)의 첫날 일진은 甲과 己일이 된다.

이 甲己의 일진에서-삼합(申子辰-合水, 寅午戌-合火, 亥卯未-合木, 巳酉丑-合金)

上元은: 12지지의 삼합에서 삼합의 오행 곧, 삼합의 중심자인 子午>卯酉가 上元의 첫 일진이 된다.

中元은: 12지지의 삼합에서 삼합의 첫 자 곧, 寅申>巳亥가 中元의 첫 일진이 된다.

下元은: 12지지의 삼합에서 삼합의 마지막자 곧, 辰戌>丑未가 下元의 첫 일진이 된다.

이때의 음양에서 子午寅申辰戌은 陽氣로 양둔(陽遁)의 시작이 되고, 卯酉巳亥丑未은 陰氣로 음둔(陰遁)의 시작이 된다.

- 上元: 甲己--子·午/卯·酉일 (甲子/甲午, 己卯/己酉):甲은 陽이니-甲子,甲午가 되고, 己는 陰이니-己卯, 己酉가 된다.
- 中元: 甲己--寅·申/巳·亥일 (甲寅/甲申, 己巳/己亥):甲은 陽이니-甲寅,甲申

이 되고, 己는 陰이니-己巳, 己亥가 된다.

・下元: 甲己--辰·戌/丑·未일 (甲辰/甲戌, 己丑/己未):甲은 陽이니-甲辰,甲
戌이 되고, 己는 陰이니-己丑, 己未가 된다.

지반포국(地盤布局)

양둔이면 육의(六儀) 戊己庚辛壬癸는 순행하고 삼기(三奇)는 역행하여
布하며, 음둔이면 육의(六儀) 戊己庚辛壬癸는 역행하고 삼기는 순행을
하는데,

양둔은 무조건 戊 己 庚 辛 壬 癸 丁 丙 乙의 순서로 나아가면 되고,

음둔은 무조건 戊 己 庚 辛 壬 癸의 역행에 丁 丙 乙을 역행의 순서로
이어가면 된다.

예를 들면, 양둔一국이면 一감궁에서 순행하고, 음둔一국이면 一감궁
에서 역행하여 나아가면 된다. 양둔오국(陽遁五局)은 중궁에서 순포하고,
음둔오국(陰遁五局)은 중궁에서 역포한다.

4손	9이	2곤
3진	5	7태
8간	1감	6건

음양이둔정국표(陰陽二遁定局表)

	節氣 三元	동지 冬至	소한 小寒	대한 大寒	입춘 立春	우수 雨水	경칩 驚蟄	춘분 春分	청명 清明	곡우 穀雨	입하 立夏	소만 小滿	망종 芒種
陽遁	上 中 下	一 七 四	二 八 五	三 九 六	八 五 二	九 六 三	一 七 四	三 九 六	四 一 七	五 二 八	四 一 七	五 二 八	六 三 九
	節氣 三元	하지 夏至	소서 小暑	대서 大暑	입추 立秋	처서 處暑	백로 白露	추분 秋分	한로 寒露	상강 霜降	입동 立冬	소설 小雪	대설 大雪
陰遁	上 中 下	九 三 六	八 二 五	七 一 四	二 五 八	一 四 七	九 三 六	七 一 四	六 九 三	五 八 二	六 九 三	五 八 二	四 七 一

　　지반의 육의삼기 순서는 그 날의 국수(局數)를 알아 양둔은 순포로 돌면서 삼기-丁丙乙을 순포의 순서로 넣고, 음둔은 역포로 돌면서 삼기-丁丙乙을 역포의 순서로 넣으면 된다.

예) 1954년 음 9월 4일 인시(甲午년 癸酉월 己丑일 丙寅시)

　　먼저, 음둔과 양둔에서 생월 날이 하지를 지났기에 음둔(陰遁)이다.

　　다음은 절기를 찾고 국을 찾아야 하는데, 절기는 음 9월 4일이니 추분이 되고, 태어난 己丑일은 상원, 중원, 하원에서 하원에 들어 있다.

　　따라서 국은 陰陽 兩遁局에서 추분의 하원은 四국이 된다.

戊	壬	庚
己	乙	丁
癸	辛	丙

그러므로 지반 연국의 순서는 四국이기에 四(4)손궁부터 돌아가는데, 음둔이니 역포로 戊 己 庚 辛 壬 癸의 역행에 丁 丙 乙을 역행의 순서로 이어 간다.

예) 1976년 음 4월 8일 진시(丙辰년 癸巳월 戊午일 丙辰시)

먼저, 음둔과 양둔에서 생월 날이 동지를 지났기에 양둔(陽遁)이다.

다음은 절기를 찾고 국을 찾아야 하는데, 절기는 음4월 8일이니 입하가 되고, 태어난 戊午일은 상원, 중원, 하원에서 중원에 들어 있다.

따라서 국은 陰陽 兩遁局에서 입하의 중원은 一국이 된다.

辛	乙	己
庚	壬	丁
丙	戊	癸

그러므로 지반 연국의 순서는 一국이기에 一(1)감궁부터 돌아가는데, 양둔이니 순포로 戊 己 庚 辛 壬 癸의 순행에 丁 丙 乙을 순행의 순서로 이어간다.

천반의 육의삼기 순서는 지반과 달리 음양둔을 구별하지 않으며, 생시의 간지와 시(時)의 부두(符頭)로 찾는다.

60갑자(甲子)와 부두(符頭)

符頭	六十甲子									
戊	甲子	乙丑	丙寅	丁卯	戊辰	己巳	庚午	辛未	壬申	癸酉
己	甲戌	乙亥	丙子	丁丑	戊寅	己卯	庚辰	辛巳	壬午	癸未
庚	甲申	乙酉	丙戌	丁亥	戊子	己丑	庚寅	辛卯	壬辰	癸巳
辛	甲午	乙未	丙申	丁酉	戊戌	己亥	庚子	辛丑	壬寅	癸卯
壬	甲辰	乙巳	丙午	丁未	戊申	己酉	庚戌	辛亥	壬子	癸丑
癸	甲寅	乙卯	丙辰	丁巳	戊午	己未	庚申	辛酉	壬戌	癸亥

위의 旬-符頭를 이용하여 천반을 포국하게 되는데, 앞에서 포국한 지반 위에, 다시 천반을 포국한다.

천반정국은 그 날의 시간을 보고 포국하는데, 아래와 같다.

천반의 육의삼기포국은 시간(時干)으로 포국을 하기에 지반(地盤)포국에서의 기의(奇儀) 중 시(時)에서의 간(干)이 있는 지반의 궁을 찾아 그 시간이 있는 비어 있는 (지반의)천반에 시부두(時符頭)를 올려놓는 것을 말한다.

시간(時干) 위에 올리고는 음양둔에 관계없이 다시 올려놓은 시부두과 같은 천간을 지반에서 찾아 서로 간의 거리대로 지반을 천반으로 순서대로 옮겨가면 된다(중궁(中宮)에 있는 시간과 시부두는 곤궁(坤宮)으로 나가서 동일한 방식으로 포국한다).

예1) 1985년 음력 5월 9일 해시(乙丑년 壬午월 丙申일 己亥시)

하지(夏至) 상원(上元) 음둔(陰遁) 9국(九局)이다.

: 생월이 하지를 지났기에 음둔이 되고, 태어난 일이 丙申일이기에 상원이다.

따라서 음둔 하지 상원의 국은 9국이 되기에 9이궁으로부터 戊를 선두로 지반(地盤)의 육의삼기를 음둔이기에 역행으로 붙이고(천반 육의삼기는 음양둔이 없기에 시계방향으로 나가면 됨),

다음은 시간으로 천반을 붙이는데, 時천반이 己이기에 지반에 있는 己가 있는 궁을 찾으니 8간궁에 있다.

이 8간궁에 있는 己의 천반에 시주己亥의 부두(符頭)를 찾으면 되는데, 己亥의 60갑자의 부두는 甲午이기에 甲午의 부두(符頭)는 辛이다.

고로, 지반 己의 천반에 辛을 놓으니 8간궁의 천지반 육의는 辛己가 된다.

이를 토대로 각궁을 이어져 붙이면 되는데, 己 위의 천반辛이 지반에 있었던 궁을 찾으니 6건궁에 있었던 것으로 시계방향으로 2단계를 지나왔기에 모든 궁의 육의삼기도 두 단계를 시계방향으로 돌려 나가면 구궁의 모든 육의삼기를 채우게 됨인데, 순서로 밟아 나가면 8간궁의 지반 己

도 시계방향으로 두 단계 돌리면 4손궁의 천반으로 오르고, 4손궁의 지반癸도 두 단계 시계방향으로 돌리니 2곤궁의 천반에 오르며, 2곤궁 지반의 丙은 6건궁의 천반으로 오른다. 이런 식으로 모든 지반의 육의삼기를 처음 60갑자의 부두가 2단계를 지나 왔기에 지반의 육의삼기를 2단계 지나 천반으로 놓는 것이다.

만약 한 단계이면 한 단계를 지나서 천반에 놓으면 되고, 3단계면 3단계를 지나서 천반에 놓으면 되고, 단계가 없으면 지반 그대로 천반을 올려놓으면 된다.

己 癸	丁 戊	癸 丙
乙 丁	壬	戊 庚
辛 己	庚 乙	丙 辛

예2) 1965년 음력 8월 19일 자시(乙巳년 乙酉월 辛未일 戊子시)

백로(白露) 중원(中元) 음둔(陰遁) 3국(三局)이다.

: 생월이 하지를 지났기에 음둔이 되고, 태어난 일이 辛未일이기에 중원이다.

따라서 음둔 백로 중원의 국은 3국이 되기에 3손궁으로부터 戊를 선두로 지반(地盤)의 육의삼기를 음둔이기에 역행으로 붙이고(천반 육

의삼기는 음양둔이 없기에 시계방향으로 나가면 됨),

다음은 시간으로 천반을 붙이는데, 時천반이 戊이기에 지반에 있는 戊가 있는 궁을 찾으니 3진궁에 있다.

이 3진궁에 있는 戊의 천반에 시주戊子의 부두(符頭)를 찾으면 되는데, 戊子의 60갑자의 부두는 甲申이기에 甲申의 부두(符頭)는 庚이다.

고로, 지반 戊의 천반에 庚을 놓으니 3진궁의 천지반 육의는 庚戊가 된다.

이를 토대로 각궁을 이어져 붙이면 되는데, 戊위의 천반庚이 지반에 있었던 궁을 찾으니 1감궁에 있었던 것으로 시계방향으로 2단계를 지나왔기에 모든 궁의 육의삼기도 두 단계를 시계방향으로 돌려 나가면 구궁의 모든 육의삼기를 채우게 됨인데, 순서로 밟아 나가면 3진궁의 지반 戊도 시계방향으로 두 단계 돌리면 9이궁의 천반으로 오르고, 9이궁의 지반 辛도 두 단계 시계방향으로 돌리니 7태궁의 천반에 오르며, 7태궁 지반의 癸은 1감궁의 천반으로 오른다.

이런 식으로 모든 지반의 육의삼기를 처음 60갑자의 부두가 2단계를 지나왔기에 지반의 육의삼기를 2단계 지나 천반으로 놓는 것이다.

만약, 세 단계이면 세 단계를 지나서 천반에 놓으면 되고 네 단계면 네 단계를 지나서 천반에 놓으면 되고, 단계가 없으면 지반 그대로 천반을 올려놓으면 된다.

壬 乙	戊 辛	乙 己
庚 戊	丙	辛 癸
丁 壬	癸 庚	己 丁

예3) 1970년 음3월 2일 축시(庚戌년 庚辰월 丁巳일 辛丑시)

청명(淸明) 중원(中元) 양둔(陽遁) 1국(一局)이다.

: 생월이 동지를 지났기에 양둔이 되고, 태어난 일이 丁巳일이기에 중원이다.

따라서 양둔 청명 중원의 국은 1국이 되기에 1감궁으로부터 戊를 선두로 지반(地盤)의 육의삼기를 양둔이기에 순행으로 붙이고(천반 육의삼기는 음양둔이 없기에 시계방향으로 나가면 됨),

다음은 시간으로 천반을 붙이는데, 時천반이 辛이기에 지반에 있는 辛이 있는 궁을 찾으니 4손궁에 있다.

이 4손궁에 있는 辛의 천반에 시주辛丑의 부두(符頭)를 찾으면 되는데 辛丑의 60갑자의 부두는 甲午이기에 甲午의 부두(符頭)는 辛이다.

고로, 지반 辛의 천반에 辛을 놓으니 4손궁의 천지반 육의는 辛辛으로 복음국(伏吟局)이 된다. 이 복음국은 시계방향의 몇 단계로 돌릴 필요 없이 그대로 천반으로 모든 지반의 육의삼기를 올려놓으면 된다.

辛 辛	乙 乙	己 己
庚 庚	壬	丁 丁
丙 丙	戊 戊	癸 癸

예4) 1964년 음 8월 7일 자시(甲辰년 癸酉월 甲子일 甲子시)

추분(秋分) 상원(上元) 음둔(陰遁) 7국(七局)이다.

: 생월이 하지를 지났기에 음둔이 되고, 태어난 일이 甲子일이기에 상
원이다.

따라서 음둔 추분 상원의 국은 7국이 되기에 7태궁으로부터 戊를 선
두로 지반(地盤)의 육의삼기를 음둔이기에 역행으로 붙이고(천반 육
의삼기는 음양둔이 없기에 시계방향으로 나가면 됨),

다음은 시간(時干)으로 천반을 붙이는데, 時천반이 甲이기에 甲은
지반에 없다.

이처럼 시간이 甲일 때는 지반에 없는 甲은 60갑자의 부두를 찾아
쓰면 되는데, 甲子시는 戊를 대용으로 쓰고, 甲戌시는 己를 대용으로
쓰고, 甲申시는 庚, 甲午시는 辛, 甲辰시는 壬, 甲寅시는 癸를 쓴다.

아래처럼 갑자의 부두 戊를 찾으니 7태궁에 있다. 여기에 갑자시의 부
두를 찾으니 역시나 동일한 무자가 된다.

해서 돌릴 필요가 없이 그대로 지반 육의삼기를 천반에 올리면 되는데,
뜻하지 않게 복음국(伏吟局)이 되었다.

辛 辛	丙 丙	癸 癸
壬 壬	庚	戊 戊
乙 乙	丁 丁	己 己

예5) 1940년 음력 10월 3일 사시(庚辰년 丙戌월 己酉일 己巳시)
입동(立冬) 상원(上元) 음둔(陰遁) 6국(六局)이다.

: 생월이 하지를 지났기에 음둔이 되고, 태어난 일이 己酉일이기에 상
원이다.

따라서 음둔 입동 상원의 국은 6국이 되기에 6건궁으로부터 戊를 선
두로 지반(地盤)의 육의삼기를 음둔이기에 역행으로 붙이고(천반 육
의삼기는 음양둔이 없기에 시계방향으로 나가면 됨).

다음은 시간으로 천반을 붙이는데, 時천반이 己이기에 보니 己가 중궁
에 있다. 이처럼 시간의 지반이 중궁에 있다면 회전이 불가하기에 그 근
본이 땅이니 곤궁에 있는 것으로 본다. 곤궁의 지반 壬 위에 천반을 올리
면 될 것이기에, 시주己巳의 부두(符頭)를 찾으면 되는데, 己巳의 60갑자
의 부두는 甲子이기에 甲子의 부두(符頭)는 戊이다.

고로, 곤궁지반 壬의 천반에 戊을 놓으니 2곤궁의 천지반 육의는 戊壬이 된다.

이를 토대로 각궁을 이어져 붙이면 되는데, 壬 위의 천반戊가 지반에 있었던 궁을 찾으니 6건궁에 있었던 것으로 시계 반대방향으로 2단계를 지나왔기에 모든 궁의 육의삼기도 두 단계를 시계 반대방향으로 돌려 나가면 구궁의 모든 육의삼기를 채우게 됨인데, 순서로 밟아 나가면 2곤궁의 지반 己도 시계 반대방향으로 두 단계 돌리면 4손궁의 천반으로 오르고, 4손궁의 지반庚도 두 단계 시계 반대방향으로 돌리니 8간궁의 천반에 오르며, 8간궁 지반의 丙은 6건궁의 천반으로 오른다.

이런 식으로 모든 지반의 육의삼기를 처음 60갑자의 부두가 2단계를 시계 반대방향으로 지나왔기에 지반의 육의삼기를 2단계 지나 천반으로 놓는 것이다.

己 庚	乙 丁	戊 壬(己)
丁 辛	己	癸 乙
庚 丙	辛 癸	丙 戊

예6) 1950년 음력 9월 4일 축시(庚寅년 丙戌월 壬午일 辛丑시)
상강(霜降) 상원(上元) 음둔(陰遁) 5국(五局)이다.

: 생월이 하지를 지났기에 음둔이 되고, 태어난 일이 壬午일이기에 상원이다.

따라서 음둔 상강 상원의 국은 5국이 되기에 5중궁으로부터 戊를 선두로 지반(地盤)의 육의삼기를 음둔이기에 역행으로 붙이고(천반 육의삼기는 음양둔이 없기에 시계방향으로 나가면 됨),

다음은 시간으로 천반을 붙이는데, 時천반이 辛이기에 보니 辛이 곤궁에 있다. 따라서 곤궁의 지반 辛 위에 천반을 올리면 될 것이기에, 시주辛丑의 부두(符頭)를 찾으면 되는데, 辛丑의 60갑자의 부두는 甲午이기에 甲午의 부두(符頭)는 辛이다.

고로, 곤궁지반 辛의 천반에 辛을 놓으니 2곤궁의 천지반 육의는 辛辛이 된다.

이를 토대로 각궁을 이어져 붙이면 되는데, 辛 위의 천반이 辛이기에 모든 궁은 복음국이 된다.

己 己	癸 癸	辛 辛
庚 庚	戊	丙 丙
丁 丁	壬 壬	乙 乙

🔍 초신과 접기(超神과 接氣)

초신 접기의 필요성은 1년의 24절기에 있어 한 절기를 삼원으로 나눠 15일을 한 절기로 한다. 이때 절기에 있어 절입시기(節入時期)는 상원(上元) 첫날 일진이 되는데, 양둔의 상원 첫날 일진인-甲子/甲午와 음둔의 상원 첫날 일진인 己卯/己酉 날이다.

그러나 실제 15일의 절기에 있어 한 절기가 상원 첫날 일진-갑자갑오(甲子/甲午), 기묘기유(己卯/己酉) 날로 딱 떨어지는 것이 아니라 14일에서 16일로 하루 정도의 오차를 보일 때가 있는데, 이를 바로잡기 위하여 초신과 접기를 두는 것인데, 시간이 지날수록 그 간격이 넓어지면 몇 년에 한 번씩 절기에 윤국을 두어 바로 잡는다.

정수기(正授奇)

절기(節氣)에 上元 첫 일진인 갑자(甲子)/갑오(甲午), 기묘(己卯)/기유(己酉) 날이 절기(節氣)와 같은 날에 드는 것을 정수기라 한다.

정수기(正授奇)를 지나면 초신(超神)으로 절기를 세우고, 이후 윤국(閏局)으로 절기를 잇고, 윤국이 지나면 접기(接氣)로 절기를 세운다.

초신(超神)

절기(節氣)에 앞서 上元 첫 일진인 갑자(甲子)/갑오(甲午), 기묘(己卯)/기유(己酉) 날이 절기(節氣)보다 먼저 들어온 것을 말하는데, 이때 절기을 넘어선 상원 첫 일진이 10일을 초과하지 않는 범위에 있는 것을 말하는 것으로 이 범위 안의 해당하는 절기를 쓴다는 논지가 초신의 개념이다.

[초신은 접기와 더불어 어떤 절기인가를 아는 데 있다./초(超)는 초월한다는 것이고, 신(神)은 부두(甲子/甲午, 己卯/己酉)이니 초신은 곧, 부두가절기를 초월해 있음의 명칭이다.]

접기(接氣)

절기(節氣)가 上元 첫 일진인 갑자(甲子)/갑오(甲午), 기묘(己卯)/기유(己酉) 날보다 먼저 들어오는 것을 말한다[접(接)은 영접이고 기(氣)는 24절기를 말하는 것이니 접기(接氣)는 곧, 부두(甲子/甲午,己卯/己酉)의 날보다절기를 먼저 영접한 것의 명칭이다].

그러나 접기는 5일을 넘기지 못하는데, 5일을 넘으면 접기를 하지 않는다. 접기의 마지막 부분에서 절기가 시간상 5일이 안 될 땐, 절국(折局)된 것의 날을 보국(補局)으로 그 미약한 절기를 채워 마무리 짓는다.

윤법(閏法)은 매년 망종과 대설 이후에 2개 절기와 서로 가까운 날을찾으며, 동지와 하지는 곧 음양의 중심축이기에 치윤(置閏)을 반드시 여기에서 하는 것이다.

· 정수기-

예1) 1966년 음력 1월 14일- (上元 첫 일진 가운데 하나인 **甲午**일이 입춘과 같은 날에 들었기에 정수기가 된다.)

음력	11	12	13	14	15	16	17	18	19
일진	辛卯	壬辰	癸巳	甲午	乙未	丙申	丁酉	戊戌	己亥

입
춘

예2) 1959년 음력 9월 8일- (上元 첫 일진 가운데 하나인 **甲子**일이 절기(한로)와 같은 날에 들었기에 정수기가 된다.)

음력	1	2	3	4	5	6	7	8	9	10
일진	丁巳	戊午	己未	庚申	辛酉	壬戌	癸亥	甲子	乙丑	丙寅

한
로

· 초신-

예) 1964년 4월 4일- 上元 첫 일진 가운데 하나인 甲子일이 절기(소만)보다 6일 먼저 들어 왔기에 4월 4일의 절기는 소만 상원(上元)이 된다.

나아가 짚어보면 소만 상원은 甲子 乙丑 丙寅 丁卯 戊辰까지이고, 己巳 庚午 辛未 壬申 癸酉까지는 소만 중원이며, 甲戌 乙亥 丙子 丁丑 戊寅까지는 소만 하원이 된다.

음력:

4/1	2	3	4	5	6	7	8	9	10	11	12	13
辛酉	壬戌	癸亥	甲子	乙丑	丙寅	丁卯	戊辰	己巳	庚午	辛未	壬申	癸酉
14	15	16	17	18	19	20	21	22	23	24	25	26
甲戌	乙亥	丙子	丁丑	戊寅	己卯	庚辰	辛巳	壬午	癸未	甲申	乙酉	丙戌
27	28	29	5/1	2	3	4	5	6	7	8	9	10
丁亥	戊子	己丑	庚寅	辛卯	壬辰	癸巳	甲午	乙未	丙申	丁酉	戊戌	己亥
11	12	13	14	15	16	17	18	19	20			
庚子	辛丑	壬寅	癸卯	甲辰	乙巳	丙午	丁未	戊申	己酉			

4/10-庚午(소만)4/26-丙戌(망종)5/12-辛丑(하지)

(이어서 己卯일도 上元 첫 일진으로 절기(망종)보다 7일 먼저 들어오기에 己卯 庚辰 辛巳 壬午 癸未까지는 망종 상원이 되고, 이어서 甲申 乙酉 丙戌 丁亥 戊子까지는 망종 중원이 되며, 己丑 庚寅 辛卯 壬辰 癸巳까지는 망종 하원이 된다. 다시 甲午에서 乙未 丙申 丁酉 戊戌까지는 하지 상원이 되고, 己亥에서 庚子 辛丑 壬寅 癸卯까지는 하지 중원이 되며, 甲辰에서 乙巳 丙午 丁未 戊申까지는 하지 하원이 된다.-이러한 절기에 앞서 10일까지 상원 첫 일진인 甲子/甲午, 己卯/己酉일이 들어오면 10일 안의 절기를 쓴다는 것을 유념해야 한다.)

· 접기-

예) 1976년 음 4월 3일~7월 5일.

음력:

3	4	5	6	7	8	9	10	11	12	13	14	15	16
癸丑	甲寅	乙卯	丙辰	丁巳	戊午	己未	庚申	辛酉	壬戌	癸亥	甲子	乙丑	丙寅
17	18	19	20	21	22	23	24	25	26	27	28	29	30
丁卯	戊辰	己巳	庚午	辛未	壬申	癸酉	甲戌	乙亥	丙子	丁丑	戊寅	己卯	庚辰

5/1	2	3	4	5	6	7	8	9	10	11	12	13	14	15
辛巳	壬午	癸未	甲申	乙酉	丙戌	丁亥	戊子	己丑	庚寅	辛卯	壬辰	癸巳	甲午	乙未
16	17	18	19	20	21	22	23	24	25	26	27	28	29	
丙申	丁酉	戊戌	己亥	庚子	辛丑	壬寅	癸卯	甲辰	乙巳	丙午	丁未	戊申	己酉	

6/1	2	3	4	5	6	7	8	9	10	11	12	13	14
庚戌	辛亥	壬子	癸丑	甲寅	乙卯	丙辰	丁巳	戊午	己未	庚申	辛酉	壬戌	癸亥
15	16	17	18	19	20	21	22	23	24	25	26	27	
甲子	乙丑	丙寅	丁卯	戊辰	己巳	庚午	辛未	壬申	癸酉	甲戌	乙亥	丙子	
28	29	30	7/1	2	3	4	5	6					
丁丑	戊寅	己卯	庚辰	辛巳	壬午	癸未	甲申	乙酉					

4/7-丁巳(입하) 4/23-癸酉(소만) 5/8-戊子(망종) 5/24-甲辰(하지)
6/11-庚申(소서) 6/27-丙子(대서)

　1976년 4월 14일 甲子일은 절기(소만)에서 10일이기에 초신이다. 따라서 14일甲子에서~乙丑 丙寅 丁卯 戊辰까지는 소만 상원이 되고, 19일己巳에서~庚午 辛未 壬申 癸酉까지는 소만 중원이 되며, 24일甲戌에서~乙亥 丙子 丁丑 戊寅까지는 소만 하원이 된다.

이어서 29일 己卯일은 상원 첫 일진인 甲子/甲午, 己卯/己酉일 가운데 한 날인데, 망종(절기)에서 10일에 해당하는 상원 첫 일진이기에 망종으로 본다. 해서 己卯 庚辰 辛巳 壬午 癸未의 5일은 망종 상원이 되고, 甲申에서~乙酉 丙戌 丁亥 戊子까지는 망종 중원이 되고, 己丑에서~庚寅 辛卯 壬辰 癸巳까지는 망종 하원이 된다.

그러나 14일 甲午부터는 하지 상원으로 볼 수 있겠으나, 하지에서 상원 첫 일진(甲午)이 10일을 초과하면 초신이 안 되기에, 이때는 다시 甲午에서~甲辰날의 하지 전까지(하지가 甲辰일 15시 24분 申時부터라 망종은 甲辰일 未時까지가 됨) 망종의 절기로 망종윤국으로 본다.

따라서 甲午에서~乙未 丙申 丁酉 戊戌까지는 망종 상원으로 본다. 이어서 己亥에서~庚子 辛丑 壬寅 癸卯까지는 망종 중원인데, 甲辰부터는 하지로 절기가 바뀌기에 甲辰에서~乙巳 丙午 丁未 戊申까지는 절기는 바뀐 하지로 쓰되, 상원, 중원, 하원에서의 원은 망종 중원을 이어서 왔기에 다음은 마땅히 하원이기에 甲辰에서~乙巳 丙午 丁未 戊申까지는 하지 하원이 되는 것이다.

己酉 또한 절기(소서)를 10일 초과 했기에 초신의 범위를 넘어버렸다. 따라서 소서의 절기를 쓸 수 없고, 하지의 절기를 그대로 이어서 쓴다. 고로, 己酉에서~庚戌 辛亥 壬子 癸丑까지는 하지 상원이 되고, 甲寅에서~乙卯 丙辰 丁巳 戊午까지는 하지 중원이 되는데, 己未에서~庚申 辛酉 壬戌 癸亥까지에서 庚申는 소서이다.

따라서 하지에서 소서가 되는 분기점의 시간이 08시 51분으로 庚申일 진시부터가 소서가 되며, 그 이전 庚申일 卯時까지는 하지이다. 따라서 10일 己未에서 11일 庚申일 卯時까지는 하지 하원으로 하지 하원의 보국(補局)이 된다.

이어서 庚申일 진시부터 辛酉 壬戌 癸亥까지는 소서 하원이 된다. 이어서 甲子도 대서에서 10일 초과한 상원 첫 일진이기에 초신이 안 되기에 甲子에서~乙丑 丙寅 丁卯 戊辰까지는 소서를 이어서 소서 상원이 되고,

己巳에서~庚午 辛未 壬申 癸酉까지는 소서 중원이 된다. 그런데 甲戌에서~乙亥 丙子 丁丑 戊寅까지의 5일에서 절기가 소서와 대서에 물려 있다. 따라서 절기(대서) 날의 시점인 丙子 날이 어느 시간대부터 일어나는가를 알아야 양분된 절기를 나눌 수 있을 것인데, 이날(대서)의 기준은 02시 18분이기에 자시까지는 소서가 되고, 축시부터는 대서가 된다.

그러므로 甲戌 乙亥-丙子-丁丑 戊寅까지의 5일에서 甲戌 乙亥와 丙子일의 자시까지는 소서 하원이 되고, 丙子일의 축시부터 丁丑 戊寅까지는 대서 하원이 됨인데, 이를 일러 한 절기에서의 양분된 절기로 **절국(折局)**이라 한다. 다시 己卯에서~庚辰 辛巳 壬午 癸未까지는 대서 상원으로 나간다.

⌕ 팔괘(八卦)의 포국

중궁은 천간 오행의 구심점인 戊己(土)가 좌중한 九宮의 중심축이기에 팔괘는 중궁지반수의 홍국수를 시초로 포국한다.

중궁지반수가-

一이면 감위수☵가 시초가 되고, 二이면 곤위지☷가 시초가 되고, 三은 진위뢰☳가 시초가 되고, 四와 五는 손위풍☴가 시초가 되고,

六은 건위천☰가 시초가 되고, 七은 태위택☱가 시초가 되고, 八은 간위산☶가 시초가 되고, 九는 이위화☲가 시초가 된다.

중궁지반수가 예속된 팔괘를 시초로 변화되는 괘상의 순서에 팔괘를 붙인다.

1上/生氣(1상/생기)			2中/天宜(2중/천의)			3下/絕體(3하/절체)		
1上 生氣	3下 切體	7下 絕命	2中 天宜	4中 遊魂	8中 歸魂	3下 切體	1上 生氣	5上 禍害
6中 福德	一	5上 禍害	5上 禍害	二	6中 福德	8中 歸魂	三	7下 絕命
2中 天宜	8中 歸魂	4中 遊魂	1上 生氣	7下 絕命	3下 切體	4中 遊魂	6中 福德	2中 天宜

4中/遊魂(4중/유혼)

4中 遊魂	2中 天宜	6中 福德
7下 絶命	七	8中 歸魂
3下 切體	5上 禍害	1上 生氣

5上/禍害(5상/화해)

5上 禍害	7下 絶命	3下 切體
2中 天宜	六	1上 生氣
6中 福德	4中 遊魂	8中 歸魂

6中/福德(6중/복덕)

6中 福德	8中 歸魂	4中 遊魂
1上 生氣	九	2中 天宜
5上 禍害	3下 切體	7下 絶命

7下/絶命(7하/절명)

7下 絶命	5上 禍害	1上 生氣
4中 遊魂	八	3下 切體
8中 歸魂	2中 天宜	6中 福德

8中/歸魂(8중/귀혼)

8中 歸魂	6中 福德	2中 天宜
3下 切體	四	4中 遊魂
7下 絶命	1上 生氣	5上 禍害

8中 歸魂	6中 福德	2中 天宜
3下 切體	五	4中 遊魂
7下 絶命	1上 生氣	5上 禍害

- 괘(卦)에서 上은 괘(卦)의 제일 위쪽에 있는 효(爻)를 말하고, 中은 괘(卦)에서 중간 효(爻)를 말하고, 下는 괘(卦)의 제일 아래쪽 효(爻)를 말한다.

* 구궁에서의 팔괘(生氣 天宜 切體 遊魂 禍害 福德 絶命 歸魂) 나열은 중궁의 홍국수를 따라 포국하는데, 위의 구궁에 팔괘의 나열은 중궁의 지반수가 一에서부터~九까지로, 중궁을 따라 변하는 팔괘를 그린 것이다.

먼저 중궁의 지반수가 一이면, 1감궁에 있는 감위수 ☵의 팔괘를 중궁으로 가져와 여기서 팔괘를 순차적으로 포국하는 것인데,

감위수☵에서 제일 첫 번째는 1上/生氣로 ☵에서 제일 상위에 있는 것을 변화시켜 생기(生氣)를 둔다는 것인데, 제일 위쪽의 상위의 음(--)이 변하면 양(—)이 되기에 감위수☵는 곧, 손위풍☴이 되는 것이다. 따라서 生氣는 팔괘의 정위도에 예속된 손위풍☴이 있는 궁에 좌하게 된다.

이어서 1上/生氣 다음은 2中/天宜로 이제는 생기가 좌한 손위풍☴에서의 가운데(中) 양(—)효가 변하여 음(--)를 두는 것으로 천의를 둔다는 것인데, 손위풍☴은 곧, 간위산☶이 되기에 팔괘의 정위도를 따라서 간위산 이 있는 7간궁에 天宜를 두는 것이다.

다음은 3下/切體인데, 7간궁 간위산☶에서 3下는 제일 아래쪽에 있는 음(--)효를 변화시켜 양(—)효로 하는 괘인데 곧, 간위산☶은 이위화 ☲가 된다.

따라서 팔괘정위도에서 이위화☲가 있는 9이궁에 *絶體*를 입하는 것이다.

다음은 4中/*遊魂*인데, 9이궁 이위화☲에서 4中는 중간의 음(--)효를 변화시켜 양(—)효로 하는 괘인데 곧, 이위화☲은 건위천☰이 되는 것이다.

따라서 팔괘정위도에서 건위천☰이 있는 6건궁에 *遊魂*을 입하는 것이다.

다음은 5上/*禍害*인데, 6건궁 건위천☰에서 5上는 제일 위의 양(—)효를 음(--)효로 하는 괘인데, 곧, 건위천☰이 태위택☱이 되는 것이다.

따라서 팔괘정위도에서 태위택☱이 있는 7태궁에 *禍害*을 입하는 것이다.

다음은 6中/*福德*인데, 7태궁 태위택☱에서 6中은 중간의 양(—)효를 음(--)효로 하는 괘인데, 곧, 태위택☱이 진위뢰☳가 되는 것이다.

따라서 팔괘정위도에서 진위뢰☳가 있는 3진궁에 *福德*을 입하는 것이다.

다음은 7下/*絶命*인데, 3진궁 진위뢰☳에서 7下는 맨 이래의 양(—)효를 음(--)효로 하는 괘인데, 곧, 진위뢰☳가 곤위지☷가 되는 것이다.

따라서 팔괘정위도에서 곤위지☷가 있는 2곤궁에 *絶命*을 입하는 것이다.

다음은 8中/歸魂인데, 2곤궁 곤위지☷에서 8中은 중간의 음(--)효를 양(—)효로 하는 괘인데 곧, 곤위지☷가 감위수☵가 되는 것이다.

따라서 팔괘정위도에서 감위수☵가 있는 1감궁에 歸魂을 입하는 것이다.

이와 같이 다른 팔괘의 순서도 중궁의 지반을 따라 포국하면 될 것인데, 중궁 지반수가 二일 때 예를 더 들어 보도록 하자.

중궁의 지반수가 二이면 2곤궁에 있는 곤위지☷의 팔괘를 중궁으로 가져와 여기서 팔괘를 순차적으로 돌리는 것인데,

곤위지☷에서 제일 첫 번째는 1上/生氣로 ☷에서 제일 상위에 있는 것을 변화시켜 생기(生氣)를 둔다는 것인데, 제일 위쪽의 상위의 음(--)이 변하면 양(—)이 되기에 곤위지☷는 곧, 간위산☶이 되는 것이다. 따라서 生氣는 팔괘의 정위도에 예속된 간위산☶이 있는 궁에 입하게 된다.

이어서 1上/生氣 다음은 2中/天宜로 이제는 생기가 좌한 간위산☶에서의 가운데(中) 음(--)효가 변하여 양(—)효를 두는 것으로 천의를 둔다는 것인데, 간위산☶은 곧, 손위풍☴이 되기에 팔괘의 정위도를 따라서 손위풍 이 있는 4손궁에 天宜를 두는 것이다.

다음은 3下/絕體인데, 4손궁 손위풍☴에서 3下는 제일 아래쪽에 있는 음(--)효를 변화시켜 양(—)효로 하는 괘인데 곧, 손위풍☴은 건위천 ☰이 된다.

따라서 팔괘정위도에서 건위천☰ 있는 6건궁에 絕體를 입하는 것이다.

다음은 4中/遊魂인데, 6건궁 건위천☰에서 4中는 중간의 양(—)효를 변화시켜 음(--)효로 하는 괘인데 곧, 건위천☰은 이위화☲가 되는 것이다.
따라서 팔괘정위도에서 이위화☲가 있는 9이궁에 遊魂을 입하는 것이다.

다음은 5上/禍害인데, 9이궁 이위화☲에서 5上는 제일 위의 양(—)효를 음(--)효로 하는 괘인데, 곧, 이위화☲는 진위뢰☳가 되는 것이다.
따라서 팔괘정위도에서 진위뢰☳가 있는 3진궁에 禍害을 입하는 것이다.

다음은 6中/福德인데, 3진궁 진위뢰☳에서 6中은 중간의 음(--)효를 양(—)효로 하는 괘인데, 곧, 진위뢰☳가 태위택☱이 되는 것이다.
따라서 팔괘정위도에서 태위택☱이 있는 7태궁에 福德을 입하는 것이다.

다음은 7下/絕命인데, 7태궁 태위택☱에서 7下는 맨 이래의 양(—)효를 음(--)효로 하는 괘인데, 곧, 태위택☱이 감위수☵가 되는 것이다.
따라서 팔괘정위도에서 감위수☵가 있는 1감궁에 絕命을 입하는 것이다.

다음은 8中/歸魂인데, 1감궁 감위수☵에서 8中은 중간의 양(—)효를 음(--)효로 하는 괘인데 곧, 감위수☵가 곤위지☷가 되는 것이다.

따라서 팔괘정위도에서 곤위지☷가 있는 2곤궁에 歸魂을 입하는 것이다.

1上/生氣- 만물에 기운(氣運)이 처음으로 동하는 시기를 말하고,

2中/天宜- 동기(動氣)에는 하늘의 이치가 깃들게 됨을 말하고,

3下/切體- 이치에는 막힘과 단절, 좌절과 고통, 아픔의 장애가 있음을 말하고,

4中/遊魂- 장애는 정신의 불안과 마음의 들뜸이 있다는 것을 말하고,

5上/禍害- 마음의 불안과 들뜸에서 근심이 쌓이게 됨을 말하고,

6中/福德- 근심이 없어지면 복과 덕이 찾아오는 것을 말하고,

7下/絶命- 복덕을 다 누리면 사망한다는 것을 말하고,

8中/歸魂- 명이 다하면 모든 것이 처음의 공한 상태, 모든 현생이 수포로 돌아감을 말한다.

🔍 팔문(八門)의 포국

· 팔문은- 생문(生門), 상문(傷門), 두문(杜門), 경문(景門), 사문(死門), 경문(驚門), 개문(開門) 휴문(休門)을 말한다.

(팔문의 순차는: 생문(生門)-상문(傷門)-두문(杜門)-경문(景門)-사문(死門)-경문(驚門)-개문(開門)-휴문(休門)으로 나아간다.)

· 팔문의 움직이는 양상은 양성에서 음성으로, 음성에서 양성으로의 음양의 조화 가운데 움직이는데,

杜門	景門	死門
傷門		驚門
生門	休門	開門

팔문정위도(八門定位圖)

－ 生門 － 1甲子 3戊子 5壬子	－ 休門 － 2丙子 4庚子	

오자원법(五子元法)

60갑자의 팔문은 양성으로의-生門에서 일어나 음성으로의-休門으로 왕래 후 양성인-生門에서 멈추는 것을 알 수 있다.

1. 甲子(양성: 생문)

~乙丑 丙寅 丁卯 戊辰 己巳 庚午 辛未 壬申 癸酉 甲戌 乙亥

2. 丙子(음성: 휴문)

~丁丑 戊寅 己卯 庚辰 辛巳 壬午 癸未 甲申 乙酉 丙戌 丁亥

3. 戊子(양성: 생문)

~己丑 庚寅 辛卯 壬辰 癸巳 甲午 乙未 丙申 丁酉 戊戌 己亥

4. 庚子(음성: 휴문)

　~辛丑 壬寅 癸卯 甲辰 乙巳 丙午 丁未 戊申 己酉 庚戌 辛亥

5. 壬子(양성: 생문)

　~癸丑 甲寅 乙卯 丙辰 丁巳 戊午 己未 庚申 辛酉 壬戌 癸亥

　오자원법(五子元法)은 60갑자에서 대표적 양성(陽性)인 천간(天干)의 甲丙戊庚壬과 지지(地支)의 子를 선두로 오양(五陽)에 12지지를 뒤따르게 하는 것으로 팔문(八門)에서 대표적 양성인 生門에서 시작하여 대표적 음성인 休門으로의 왕래 후 生門에서 마치는 三생문과 二휴문의 시원이 되는 대표적 양성(陽性)을 말한다.

　팔문(八門)은 일주(日柱)를 중심으로 일가기문(日家奇門)에서 응용하는 방법과 시주(時柱)를 중심으로 시가기문(時家奇門)의 직사(直使)를 이용하는 방법이 있다. 여기서는 일주(日柱)를 중심으로 하는 우리나라 화담 서경덕 선생님이 창시한 화기팔문(時家奇門)이다.

　오자원법(五子元法)에서 양둔이면 그 시작은 艮-兌-巽-離-坎-乾-震-坤의 순으로 포국하는데,

　일주(日柱)가 오자원법(甲子, 丙子, 戊子, 庚子, 壬子)의 순열에서 몇 번째인가를 알아 그 순열에 의한 구궁정위도에서 생문으로 시작하는데,

　음둔이면 양둔의 반대로 艮-坤-震-乾-坎-離-巽-兌로 포국한다.

〈五子元法〉

1. 甲子(양성: 생문)

~乙丑 丙寅 丁卯 戊辰 己巳 庚午 辛未 壬申 癸酉 甲戌 乙亥

2. 丙子(음성: 휴문)

~丁丑 戊寅 己卯 庚辰 辛巳 壬午 癸未 甲申 乙酉 丙戌 丁亥

3. 戊子(양성: 생문)

~己丑 庚寅 辛卯 壬辰 癸巳 甲午 乙未 丙申 丁酉 戊戌 己亥

4. 庚子(음성: 휴문)

~辛丑 壬寅 癸卯 甲辰 乙巳 丙午 丁未 戊申 己酉 庚戌 辛亥

5. 壬子(양성: 생문)

~癸丑 甲寅 乙卯 丙辰 丁巳 戊午 己未 庚申 辛酉 壬戌 癸亥

3	4	8
7		2
生門-1 1甲子 3戊子 5壬子	休門-5 2丙子 4庚子	6

양둔(陽遁)일 때의 일주(日柱)의 팔문의 순서

7	6	2
3		8
生門-1 1甲子 3戊子 5壬子	休門-5 2丙子 4庚子	4

음둔(陰遁)일 때의 일주(日柱)의 팔문의 순서

· 팔문의 순차는: 양둔과 음둔의 순열을 따라

생문(生門)-상문(傷門)-두문(杜門)-경문(景門)-사문(死門)-경문(驚門)-개문(開門)-휴문(休門)으로 포국하는데 한 궁에 3일씩 머문다.

양성으로의 고착된 위로의 높은 산(山: 生門)이 일어났기에--상대적 음성으로의 아래에 요동하는 연못(澤: 驚門)이 있게 되고,

요동하는 연못의 부드러움에서 바람(風: 杜門)이 일어나(모여지)고--

바람의 움직이는 출렁임에서 열정적인 화기(火: 景門)가 일어나고,

화기의 팽창하는 동적인 밝음이 있기에--접착되고 모여드는 고요하고 평온한(水: 休門) 어둠이 있고,

어둠의 고요한 평온이 있기에--하늘의 열림(天: 開門)이 있으며,

하늘의 공간이 있기에--천둥과 번개가 일어나 공간의 상함(雷: 傷門)이 있고,

천둥번개가 땅을 내려치기에--땅의 더러움이 정화(地: 死門)가 되고,
땅이 있음으로 산이 솟아/일어나는(山: 生門) 것이다.

팔문의 예1)
1969년 음력 4월 9일 술시(己酉년 己巳월 己亥일 甲戌시)- 양둔(陽遁)이다.

1. 甲子(양성: 生門)

　~乙丑 丙寅 丁卯 戊辰 己巳 庚午 辛未 壬申 癸酉 甲戌 乙亥

2. 丙子(음성: 休門)

　~丁丑 戊寅 己卯 庚辰 辛巳 壬午 癸未 甲申 乙酉 丙戌 丁亥

3. 戊子(양성: 生門)

　~己丑 庚寅, 辛卯 壬辰 癸巳, 甲午 乙未 丙申, 丁酉 戊戌 己亥

4. 庚子(음성: 休門)

　~辛丑 壬寅 癸卯 甲辰 乙巳 丙午 丁未 戊申 己酉 庚戌 辛亥

5. 壬子(양성: 生門)

　~癸丑 甲寅 乙卯 丙辰 丁巳 戊午 己未 庚申 辛酉 壬戌 癸亥

태어난 일주(日柱)가 己亥일이기에 오자(五子: 甲子, 丙子, 戊子, 庚子, 壬子)가운데 3. 戊子(양성: 生門)에 예속되어 있다.

3 甲午 乙未 丙申 (休門)	4 丁酉 戊戌 己亥 (生門)	8 (死門)
7 (景門)		2 辛卯 壬辰 癸巳 (開門)
生門-1 1甲子 戊子 己丑 庚寅 (驚門) 5壬子	休門-5 2丙子 4庚子 (傷門)	6 (杜門)

따라서 戊子에서 己亥일까지의 순열은 12번째이기에 3.戊子을 1번으로 한 궁에 3일을 머물러가면서 이동하면

순열의 12번째 己亥일은 4번인 이궁에서 生門을 시작으로 다음 5번은 傷門, 6번은 杜門, 7번은 景門, 8번은 死門, 1번은 驚門, 2번은 開門, 3번은 休門으로 포국된다.

팔문의 예2)

1979년 음력 8월 14일 사시(己未년 癸酉월 甲辰일 丁巳시) -음둔(陰遁)이다.

1. 甲子(양성: 生門)

~乙丑 丙寅 丁卯 戊辰 己巳 庚午 辛未 壬申 癸酉 甲戌 乙亥

2. 丙子(음성: 休門)

~丁丑 戊寅 己卯 庚辰 辛巳 壬午 癸未 甲申 乙酉 丙戌 丁亥

3. 戊子(양성: 生門)

~己丑 庚寅, 辛卯 壬辰 癸巳, 甲午 乙未 丙申, 丁酉 戊戌 己亥

4. 庚子(음성: 休門)

~辛丑 壬寅, 癸卯 甲辰 乙巳, 丙午 丁未 戊申, 己酉 庚戌 辛亥

3 (傷門)	4 <u>癸卯</u> <u>甲辰</u> 乙巳 (生門)	8 (死門)
7 (驚門)		2 (杜門)
生門-1 1甲子 3戊子 5壬子 (景門)	休門-5 2丙子 4 庚子 <u>辛丑</u> <u>壬寅</u> (休門)	6 (開門)

5. 壬子(양성: 生門)

~癸丑 甲寅 乙卯 丙辰 丁巳 戊午 己未 庚申 辛酉 壬戌 癸亥

　태어난 일주(日柱)가 甲辰일이기에 오자(五子: 甲子,丙子,戊子,庚子,壬子) 가운데 4. 庚子(음성: 休門)에 예속되어 있다.

　따라서 庚子에서 甲辰일까지의 순열은 5번째이기에 3.庚子을 1번으로 한 궁에 3일을 머물러가면서 이동하면

　순열의 5번째 甲辰일은 4번인 이궁에서 生門을 시작으로 음둔(陰遁)이니 역(逆)으로 흐르면, 다음 3번은 傷門, 2번은 杜門, 1번은 景門, 8번은 死門, 7번은 驚門, 6번은 開門, 5번은 休門으로 포국된다.

🔍 태을구성(太乙九星) 포국

6〉8 4초요(招搖)	2〉3 9천을(天乙)	4〉1 -甲子 2섭제(攝提)
5〉9 3헌원(軒轅)	7〉7 5천부(天符)	9〉5 7함지(咸池)
1〉4 -甲子 8태음(太陰)	3〉2 1태을(太乙)	8〉6 6청룡(靑龍)

태을구성은-태을(太乙) 섭제(攝提) 헌원(軒轅) 초요(招搖) 천부(天符) 청룡(靑龍) 함지(咸池) 태음(太陰) 천을(天乙)-이상의 순열로 구성(九星)을 이룬다.

太乙九星定位圖(日家九星法)태을구성정위도(일가구성법):

>의 좌측은 양둔이고 >의 우측은 음둔이다(양둔>음둔).

4甲寅	9甲戌	2甲午
3甲辰	5	7
8甲子	1甲申	6

양둔(陽遁)의 육갑정위(六甲定位)

4	9甲申	2甲子
3	5	7甲辰
8甲午	1甲戌	6甲寅

음둔(陰遁)의 육갑정위(六甲定位)

양둔(陽遁)의 시작은 간궁1>에서 순행으로 나아가고,

음둔(陰遁)의 시작은 곤궁>1에서 역행으로 나아간다.

60甲子가 시작되는 순서는 동지(冬至)와 하지(夏至)를 중심축으로

양둔(陽遁)은 동지를 지나 입춘이 예속된 간궁(艮宮)에서 甲子를 시작으로 순행되고,

음둔(陰遁)은 하지를 지나 입추가 예속된 곤궁(坤宮)에서 甲子를 시작으로 역행한다.

순(旬)甲子	乙丑	丙寅	丁卯	戊辰	己巳	庚午	辛未	壬申	癸酉
甲戌	乙亥	丙子	丁丑	戊寅	己卯	庚辰	辛巳	壬午	癸未
甲申	乙酉	丙戌	丁亥	戊子	己丑	庚寅	辛卯	壬辰	癸巳
甲午	乙未	丙申	丁酉	戊戌	己亥	庚子	辛丑	壬寅	癸卯
甲辰	乙巳	丙午	丁未	戊申	己酉	庚戌	辛亥	壬子	癸丑
甲寅	乙卯	丙辰	丁巳	戊午	己未	庚申	辛酉	壬戌	癸亥

60甲子에서의 일주(日柱)가 예속된 육갑(六甲)의 순(旬)이다.

예1) 1962년 2월 25일 인시(壬寅년 癸卯월 丁卯일 壬寅시)- 양둔(陽遁)이다.

丁卯일의 갑순(甲旬)은 甲子인데, 한편 양둔(陽遁)이기에 8간궁 甲子에서 시작으로 순행으로 丁卯까지 짚어 나가면 9이궁에는 乙丑, 1감궁에는 丙寅으로의 순행에서 다음의 2곤궁에는 일주-丁卯가 들기에, 일주(丁卯)가 드는 이곳 2곤궁을 시점으로 태을구성(太乙九星)이 시작되는데, 이로부터 순행하면 3진궁은 섭제(攝提), 4손궁은 헌원(軒轅), 5궁은 초요(招搖), 6건궁은 천부(天符), 7태궁은 청룡(靑龍), 8간궁은 함지(咸池), 9이궁은 태음(太陰), 1감궁은 천을(天乙)으로 포국된다.

4손궁軒轅	9이궁太陰 乙丑	2곤궁 (日柱) 丁卯/太乙
3진궁攝提	5궁招搖	7태궁靑龍
8간궁咸池 甲子	1감궁天乙 丙寅	6건궁天符

예2) 1991년 9월 17일 오시(辛未년 丁酉월 庚寅일 壬午시)- 음둔(陰遁)이다.

4손궁天乙 己丑	9이궁招搖 <u>甲申</u>	2곤궁攝提
3진궁(日柱) 庚寅/太乙	5궁 太陰 戊子	7태궁靑龍 丙戌
8간궁天符 乙酉	1감궁軒轅	6건궁咸池 丁亥

庚寅일의 갑순(甲旬)은 甲申으로 음둔(陰遁)이기에 2곤궁 甲子에서 먼
저는 甲申순으로 나가야 하기에 역행으로 짚어 나가면 1감궁 甲戌을 지
나 9이궁이 甲申순이 된다. 따라서 9이궁에서 甲申을 시작으로 8간궁을

乙酉, 7태궁은 丙戌, 6건궁은 丁亥, 5궁은 戊子, 4손궁은 己丑이 되고 다음의 3진궁이 일주(日柱)인 庚寅이 된다. 그러므로 이곳 3진궁을 시점으로 태을구성(太乙九星)이 시작되는데, 이로부터 역행하면 2곤궁은 섭제(攝提), 1감궁은 헌원(軒轅), 9이궁은 초요(招搖) , 8간궁은 천부(天符), 7태궁은 청룡(靑龍), 6건궁은 함지(咸池), 5궁은 태음(太陰), 4손궁은 천을(天乙)으로 포국된다.

🔍 직부법(直符法) 구성

직부법은 구궁에 포국된 연국 가운데에서 지반에 있는 시간을 찾아 그 시간을 기점으로 직부를 붙여 나가면 되는데,

양둔은 시계방향으로 돌면서 나열하고, 음둔은 시계 반대방향으로 돌면서 붙이면 된다.

양둔(陽遁)에는 직부(直符), 등사(騰蛇), 태음(太陰), 육합(六合), 구진(句陳), 주작(朱雀), 구지(九地), 구천(九天)의 순서로 순행(順行)으로 포열하고,

음둔(陰遁)에는 직부(直符), 등사(騰蛇), 태음(太陰), 육합(六合), 백호(白虎), 현무(玄武), 구지(九地), 구천(九天)의 순서를 역행(逆行)으로 포열한다.

예1) 1972년 음력 4월 13일 유시(壬子년 乙巳월 丙辰일 丁酉시)- 양둔(陽遁)이다.

壬太 庚陰	乙六 丙合	丁句 戊陳
癸騰 己蛇	辛	己朱 癸雀
辛直 丁符	丙九 乙天	庚九 壬地

태어난 시가 丁酉시로 시간(時干)이 丁이다.

해서 구궁에 포국 돼 있는 연국(烟局)에서 시간丁이 있는 지반을 찾으면 되는데, 丁이 8간궁에 있다.

따라서 8간궁을 시점으로 직부(直符)를 붙여 나가는데 양둔(陽遁)이니, 시계방향으로 포열하면 위처럼 구궁(九宮)에 직부법이 직부(直符), 등사(騰蛇), 태음(太陰), 육합(六合), 구진(句陳), 주작(朱雀), 구지(九地), 구천(九天)의 순행(順行)으로 나열된다.

예2) 1962년 음력 7월 6일 오시(壬寅年 丁未월 乙亥일 壬午시) -음둔(陰遁)이다.

癸騰 戊蛇	己直 壬符	戊九 庚天
辛太 己陰		壬九 丁地
丙六 癸合	丁白 辛虎	庚玄 丙武

태어난 시가 壬午시로 시간(時干)이 壬이다.

해서 구궁에 포국돼 있는 연국(烟局)에서 시간壬이 있는 지반을 찾으면 되는데, 壬이 9이궁에 있다.

따라서 9이궁을 시점으로 직부(直符)를 붙여 나가는데 음둔(陰遁)이니 시계 반대방향으로 포열하면 위처럼 구궁(九宮)에 직부법이 직부(直符), 등사(騰蛇), 태음(太陰), 육합(六合), 백호(白虎), 현무(玄武), 구지(九地), 구천(九天)의 역행(逆行)으로 나열된다.

예3) 1985년 음력 2월 27일 오시(乙丑년 庚辰월 乙酉일 壬午시) -양둔(陽遁)이다.

辛 九 辛 地	乙 九 乙 天	壬 直 己 符
庚 朱 庚 雀	壬	丁 騰 丁 蛇
丙 句 丙 陳	戊 六 戊 合	癸 太 癸 陰

태어난 시가 壬午시로 시간(時干)이 壬이다.

해서 구궁에 포국돼 있는 연국(烟局)에서 시간壬이 있는 지반을 찾으면 되는데, 壬이 5중궁에 있는데, 중궁은 中出坤이니 2곤궁으로 본다.

따라서 2곤궁을 시점으로 직부(直符)를 붙여 나가는데 양둔(陽遁)이니, 시계방향으로 포열하면 위처럼 구궁(九宮)에 직부법이 직부(直符), 등사

(騰蛇), 태음(太陰), 육합(六合), 구진(句陳), 주작(朱雀), 구지(九地), 구천(九天)의 순행(順行)으로 나열된다.

🔍 천봉구성법(天蓬九星法)

天輔	天英	天芮
天沖	天禽	天柱
天任	天蓬	天心

천봉구성정위도(天蓬九星定位圖)

천봉구성은 시가구성(時家九星)이라고도 하는데, 천봉(天蓬), 천임(天任), 천충(天沖), 천보(天輔), 천영(天英), 천예(天芮), 천주(天柱), 천심(天心), 천금(天禽)으로 되어 있는데, 적용은 60갑자의 시주(時柱)의 부두를 따라서 천봉구성정위도에 예속된 천봉구성을 시간(時干)궁으로 옮겨 시계방향으로 음둔(陰遁)과 양둔(陽遁) 상관없이 시계방향으로 천봉구성을 나열하면 된다.

부두 (符頭)	육십갑자(六十甲子)								
戊	甲子	乙丑	丙寅	丁卯	<u>戊辰</u>	己巳	庚午	辛未	壬申	癸酉
己	甲戌	乙亥	丙子	丁丑	戊寅	己卯	庚辰	辛巳	壬午	<u>癸未</u>
庚	甲申	<u>乙酉</u>	丙戌	丁亥	戊子	己丑	庚寅	辛卯	壬辰	癸巳
辛	甲午	乙未	丙申	<u>丁酉</u>	戊戌	己亥	庚子	辛丑	壬寅	癸卯
壬	甲辰	乙巳	丙午	丁未	戊申	己酉	庚戌	辛亥	壬子	癸丑
癸	甲寅	乙卯	丙辰	丁巳	戊午	己未	庚申	辛酉	壬戌	癸亥

예1) 1971년 음력 4월 2일 유시(辛亥년 壬辰월 辛巳일 丁酉시)- 陽遁, 穀雨
上元 五局이다.

己 天 乙 心	癸 天 壬 蓬	辛 天 丁 壬
庚 天 丙 柱	戊	丙 天 庚 沖
丁 天 辛 芮	壬 天 癸 英	乙 天 己 輔

먼저 시주의 부두를 찾아야 하는데, 시주가 丁酉이기에 丁酉의 부두는
甲午-辛이다. 해서 구궁에 있는 연국의 지반 가운데 辛를 찾으니 8간궁
에 좌하여 있다.

따라서 8간궁에 있는 천봉구성정위도(天蓬九星定位圖)를 보아 그 구성(九星)을 지반에 있는 시간(丁)이 있는 궁에 붙여 순열대로 천봉구성을 시계방향으로 나열하면 되는데, 8간궁에 있는 천봉구성정위도(天蓬九星定位圖)에 있는 구성(九星)은 천임(天任)이다. 이 天任을 다시 지반에 있는 시간(丁)에 놓는 것을 시작으로 천충(天沖), 천보(天輔), 천영(天英), 천예(天芮), 천주(天柱), 천심(天心), 천봉(天蓬)으로, 음양둔 상관없이 시계방향으로 나열한다.

예2) 1963년 음력 1월 3일 미시(壬寅년 癸丑월 庚午일 癸未시)-陽遁, 大寒 中元 九局이다.

丙 天 壬 柱	丁 天 戊 心	己 天 庚 蓬
癸 天 辛 芮	癸	乙 天 丙 任
戊 天 乙 英	壬 天 己 輔	辛 天 丁 沖

먼저 시주의 부두에 있어 시주가 癸未이기에 癸未의 부두는 甲戌-己이다.

해서 구궁에 있는 연국의 지반 가운데 己를 찾으니 1감궁에 좌하여 있다. 따라서 1감궁에 있는 천봉구성정위도(天蓬九星定位圖)를 보아 그 구성(九星)을 지반에 있는 시간(癸)이 있는 궁에 붙여 순열대로 천봉구성을 시계방향으로 나열하면 되는데, 1감궁에 있는 천봉구성정위도(天蓬九星定位圖)에 있는 구성(九星)은 천봉(天蓬)이다.

이 天蓬을 다시 지반에 있는 시간(癸)에 놓는 것을 시작으로 천봉(天蓬), 천임(天任), 천충(天沖), 천보(天輔), 천영(天英), 천예(天芮), 천주(天柱), 천심(天心)으로 음양둔 상관없이 시계방향으로 나열하면 되는데, 日干-癸는 중궁에 있다. 중궁은 중출곤이라 곤궁이 되니 천봉은 곧 2곤궁이 놓이게 되며, 따라서 2곤궁에 천봉(天蓬)을 시점으로, 천임(天任), 천충(天沖), 천보(天輔), 천영(天英), 천예(天芮), 천주(天柱), 천심(天心)이 된다.

예3) 1992년 음력2월 17일 유시(壬申년 癸卯월 乙未일 乙酉시)-陽遁 秋分 上元 三局

己 天 己 輔	丁 天 丁 英	庚 天 乙 芮
戊 天 戊 沖	庚	壬 天 壬 柱
癸 天 癸 任	丙 天 丙 蓬	辛 天 辛 心

먼저 시주의 부두에 있어 시주가 乙酉이기에 乙酉의 부두는 甲申-庚이다.

해서 구궁에 있는 연국의 지반 가운데 庚를 찾으니 5중궁에 좌하여 있다.

따라서 5중궁에 있는 천봉구성정위도(天蓬九星定位圖)를 보아 그 구성 (九星)을 지반에 있는 시간(乙)이 있는 궁에 붙여 순열대로 천봉구성을 시 계방향으로 나열하면 되는데, 5중궁에 있는 천봉구성정위도(天蓬九星定 位圖)에 있는 구성(九星)은 중출곤으로 곤궁을 보기에 곤궁의 천봉구성 정위도(天蓬九星定位圖)은 天芮이다.

고로, 이 곤궁에 있는 天芮를 日干이 있는 乙궁에 넣으면 되는데 그 乙 이 곤궁에 있다. 그러므로 천예(天芮)는 곤궁에서 시작으로 천예(天芮), 천주(天柱), 천심(天心), 천봉(天蓬), 천임(天任), 천충(天沖), 천보(天輔), 천 영(天英)으로 음양둔 상관없이 시계방향으로 나열하면 된다.

– 연국이 복음국일 때 천봉구성의 나열은 천봉구성정위도(天蓬九星定 位圖)와 언제나 동일하다.

예4) 1973년 음력 6월 3일 진시(癸丑년 戊午월 己亥일 戊辰시)- 陰遁 夏至 中元 三局

乙 天 乙 輔	辛 天 辛 英	己 天 己 芮
戊 天 戊 沖	丙	癸 天 癸 柱
壬 天 壬 任	庚 天 庚 蓬	丁 天 丁 心

먼저 시주의 부두에 있어 시주가 戊辰이기에 戊辰의 부두는 甲子-戊이다.

해서 구궁에 있는 연국의 지반 가운데 戊를 찾으니 3진궁에 좌하여 있다.

따라서 3손궁에 있는 천봉구성정위도(天蓬九星定位圖)를 보아 그 구성(九星)을 지반에 있는 시간(戊)가 있는 궁에 붙여 순열대로 천봉구성을 시계방향으로 나열하면 되는데, 3진궁에 있는 천봉구성정위도(天蓬九星定位圖)에 있는 구성(九星)은 천충(天沖)이다.

이 天沖을 다시 지반에 있는 시간(戊)에 놓는 것을 시작으로 천충(天沖), 천보(天輔), 천영(天英), 천예(天芮), 천주(天柱), 천심(天心), 천봉(天蓬), 천임(天任)으로 음양둔 상관없이 시계방향으로 나열하면 되는데, 日干-戊는 3진궁에 있다.

따라서 3진궁에 천충(天沖)을 시점으로, 천보(天輔), 천영(天英), 천예(天芮), 천주(天柱), 천심(天心), 천봉(天蓬), 천임(天任)이 된다.

– 연국이 복음국일 때 천봉구성의 나열은 천봉구성정위도(天蓬九星定位圖)와 언제나 동일하다.

제19장

팔·십일 연국(八十一 煙局)의 해석

연국은 시가기문(時家奇門)에서의 주용이지만, 일가기문(日家奇門)에서도 유용하며, 앞이 천반이고, 후가 지반이 된다(원명국과 대운, 신수의 각 달에 이를 응용할 수 있다).

戊加戊(복음: 伏吟)- 첩첩산중과 같아 일에 장애를 뜻하고 근심과 불화를 말하고, 五五-천강살과 같아 의료와 질병에 연관된다.

戊加乙(청룡합령: 靑龍合靈)- 산에 새가 깃드는 것과 같아 기쁨과 즐거움이 찾아옴인데, 休門이나 生氣, 福德에 임하면 길함은 중첩된다.

戊加丙(청룡회수: 靑龍回首)- 대지에 태양이 비치는 것과 같아 모든 길함이 다투어 일어남이라, 재물이 쌓이고 권세를 누리는데, 길명에서 世나 年支에 있다면 대부가 되거나 이름이 크게 난다. 동궁한 육신에 길함이 따른다.- 길운에서는 서산에 지는 태양으로 흉함이 깃든다.

戊加丁(청룡요명: 靑龍耀明)- 대지에 온기가 깃든 것으로 무한한 발전상이며 출세가도를 달린다.

戊加己(귀인입옥: 貴人入獄)- 야산이 큰 산에 가려워진 상과 같은 답답함이니 감옥이나 입원, 산골생활로 가려진 생을 살게 된다.

戊加庚(치부비궁: 値符飛宮)- 석산(石山)과 같아 생명의 힘겨움으로 보기에, 삶의 고충과 액난을 말한다.

戊加辛(청룡절족: 靑龍折足)- 산허리에 철침을 박아놓은 것과 같아, 다리를 상하거나 삶에 파란곡절이 많다.

戊加壬(청룡입천뇌: 靑龍入天牢)- 큰 산에서의 폭포와 같아 만 생명이 깃드는 것으로 많은 사람이 모여든다. 인기가 많다.

戊加癸(청룡화개: 靑龍華蓋)- 밖으로는 물이 고인상이기에 큰 뜻을 이룰 수 없고, 안으로는 지혜의 충만을 말하기에 학문이나 종교/정신 세계는 빛난다.

....

乙加戊(이음해양: 利陰害陽)- 대지 위의 무성한 초목처럼 밑거름이 된다면 이는 작은 일이나 음성적인 일에는 이롭지만, 큰일이나 양성적인 일에는 해롭다는 것으로, 선화명병(鮮花名瓶)-고운 꽃은 항아리에 이름이 새겨지는 것처럼 욕심이 적어 마음을 잘 쓰면 뜻을 이룬다는 암시적인 가르침이다.

乙加乙(일기복음: 日奇伏吟)- 초목이 얽혀있는 상으로 험난한 일생을 말하는데, 고충과 고난이 중첩된 격이다.

乙加丙(삼기순수: 三奇順遂)- 三奇인 乙丙丁 가운데 둘의 화합하는 격은 乙丙, 丙乙, 乙丁, 丁乙, 丙丁, 丁丙으로 길격이다. 여기에서 乙加丙은 대길격으로, 길명의 원명국에서 年支나 世에 동궁하면 모든 일을 순조롭게 풀어헤치는 나라의 큰 동량으로 지대한 공헌을 한다.

乙加丁(삼기상좌: 三奇相佐)- 상하의 화합으로 큰 결실을 거두는 대길격이다.

乙加己(일기득사: 日奇得使)- 씨앗의 자라남과 같아 일의 성취와 발전을 말함이다.

乙加庚(일기피형;日奇被刑)- 음이 양에 귀속됨과 같아 낮추면 높아지고 숙이면 얻음이다(乙庚合金).

乙加辛(청룡도주: 靑龍逃走)- 자갈밭에 새싹과 같아 결실은 어렵고, 난관에 봉착되며, 화목함은 어렵다. 고로, 재물과 사람과의 인연은 자라지 못함에서 인패재패가 된다.

乙加壬(일기입지: 日奇入地)- 뿌리가 물 위에 떠 있음과 같아 성취가 적고 안정은 어렵다.

乙加癸(화개봉성: 華蓋逢星)- 지혜의 돋아남과 같고, 어둠에서의 생기와 같아 재주와 기술, 정신계가 길하다. 대목이 아니기에 고관은 어렵다.

⋯⋯⋯⋯⋯⋯⋯⋯⋯⋯⋯⋯⋯⋯⋯⋯⋯⋯⋯⋯⋯⋯⋯⋯⋯⋯⋯⋯⋯

丙加戊(비조질혈: 飛鳥跌穴, 월기득사: 月奇得使)- 대지의 풍성함과 같아 모든 것에서의 풍성함과 뜻함을 이룬다,

丙加丁(성기주작 삼기순수: 星奇朱雀 三奇順遂)- 태양과 달의 화합과 같아 상하는 화합되고, 성장은 이어가고, 근심은 물러간다.

丙加己(대지보조: 大地普照)- 작은 것에서 큰 것이 일어남과 같고, 낮은 자가 높이 되는 것과 같아 성장과 이득을 말한다.

丙加庚(형입태백: 熒入太白)-열기와 냉기가 대립하니, 일은 어긋나고 소득은 없으며, 화합은 불성이다.

丙加辛(모사취성, 일월상회: 某事就成, 日月相會)- 낮과 밤의 상생과 같아 일의 조화와 순탄을 말한다(丙辛合水).

丙加壬(화입천라: 火入天羅)- 한여름의 홍수와 같아 낭패와 어긋남을 말하기에 원행과 분쟁에는 불리하다.

丙加癸(화개패사: 華蓋孛師)- 태양을 구름이 가린 것과 같아 만사불성이요. 상하는 불합이다.

- 위 사람과 불연, 심리적 불안.

....

丁加戊(청룡전광: 靑龍轉光)- 서광이 대지에 비춤과 같아, 명예를 얻고 두각을 드러내며, 글과 문서에 이롭고 관직은 고관이다.

-밝음, 명랑, 활기.

丁加乙(인둔길격, 소전종작: 人遁吉栝, 燒田種作)- 꺼지지 않는 불과 같아 모든 일에 형통함을 말하는데, 생문, 생기, 청룡이 임하면 고귀한 인격자나 대부가 됨이다.

丁加丙(성수월전, 항아분월: 星隨月轉, 嫦娥奔月)- 작은 불이 큰 불이 됨과 같아 모든 일에 경사와 축복을 말하기에 성취-성공한다.

丁加丁(기입태음, 양화성염: 奇入太陰, 兩火成炎)- 작은 불의 모임과 같아 화합과 도모함에 길함이 된다.

丁加己(화입구진: 火入句陳)- 음토가 솟아남과 같아, 병의 재발과 구설이나 망신수가 일어남이라 이성에 주의해야 한다.

丁加庚(년월일시격: 年月日時格)- 단련된 무쇠와 같아 고진감래로 돌아온다.

丁加辛(주작입옥: 朱雀入獄)-말이 비수가 됨이니, 말로 인한 구설이나 액난을 말한다.

丁加壬(오신호합: 五神互合)- 지혜의 빛남과 같아 모든 일이 풀림을 말한다(丁壬合木).

丁加癸(주작투강: 朱雀投江)- 밝음이 어둠 되니, 기쁨이 슬픔이 되고, 높은 자는 낮아지며, 언어는 구설 된다. 고로, 송사, 물러남, 손실, 상해, 우환이 일어난다.

....

己加戊(견우청룡: 犬遇靑龍)- 성이 쌓이고 탑이 세워지는 것과 같아 모든 일의 순탄과 시험, 문서, 재수에는 매우 길함을 뜻한다.

己加乙(묘신불명: 墓神不明)- 새싹이 올라오는 것과 같아 인내하면 성취-성공한다.

己加丙(화패지호: 火孛地戶)- 균열된 대지와 같아 화합과 성취가 어렵다.

己加丁(주작입묘: 주작입묘)- 말썽이 사라진 것과 같아 시작은 어려우나, 나중은 원만하다.

己加己(지호봉귀;地戶逢鬼)- 작은 대지에 적은 소출과 같아 대과를 얻을 수 없다.

己加庚(이격반명: 利格返名)- 반석 가운데 작은 흙과 같아 소출이 적고, 결실이 어렵다.

己加辛(유혼입묘: 遊魂入墓)- 진흙 속의 보석과 같아 알려지지 않음이 되고, 드러나지 않는 갇혀 있는 형국이다.

- 언행 조심하라. 감옥/병원이 귀처 된다.

己加壬(지망고장: 地網高張)- 약한 지반이 무너진 것과 같아 남자(큰

일/대인)는 무너지고, 여자(소일/소인)는 더럽힌다.

己加癸(지형현무: 地刑玄武)- 물의 탁함과 같아 근심과 걱정이 일어난다.

....

庚加戊(태백천을, 유로무화: 太白天乙, 有爐無火)- 얼어붙은 대지와 같아 모든 일의 봉착과 난제를 말한다.

- 불성취, 중궁과 수기인 건궁과 감궁에 좌하면 후손이 단절.

庚加乙(태백봉성: 太白逢星)- 양이 음을 포용하니 화합과 결속을 말하기에 생기가 돋아난다(乙庚合金).

庚加丙(태백입형: 太白入熒)- 동일한 세력이 대립하는 것과 같아 소득은 없고 언사만 오가니, 전후 상하가 어렵다.

庚加丁(형형지격: 亨亨之格)- 음기가 녹는 것과 같아 난제가 해결되고, 근심은 풀어지는 길격이다.

庚加己(형격: 刑格)-안정되지 못한 바위와 같아 돌발 사고나 송사가 발생하기 쉽다.

- 교통사고, 신액, 관재구설.

庚加庚(태백동궁: 太白同宮)- 구구태백성과 같아 충돌이 잦고 화합은 어려운데, 결실은 미미하다.

- 불화, 대립, 갈등, 분쟁.

庚加辛(백호간격, 철추쇄옥: 白虎干格, 鐵鎚碎玉)- 기반이 약한 것과 같아 실패와 좌절이 따르고 안정이 안 된다.

庚加壬(소격, 모산소격: 小格, 耗散小格)- 차가운 얼음물과 같아 생명의 번성이 어렵듯 큰일의 도모는 어렵다.

- 분수를 지켜라, 전진보다 제자리가 길.

庚加癸(대격, 반음대격: 大格, 反吟大格)- 바위에 고인 물로, 믿는 것에
는 실망이 따른다.

- 마음을 비우면 얻고, 탐하면 잃는다.

....

辛加戊(곤용피상, 반음피상: 困龍被傷, 反吟被傷)- 옥토가 아니기에
대실(大實)은 어렵지만 소실(小實)은 가능하다.

辛加乙(백호창광: 白虎猖狂)- 초목이 칼날에 베이는 상이라 수술이
나 신액(身厄)에 주의하고, 뜻함은 불리하다. 고로, 신액, 인패, 재패,
인상은 유순함이 없다.

辛加丙(간합패사: 干合字師)- 가을의 결실과 같아 순탄한 결실을 못
한다(丙辛合水).

辛加丁(옥신득기: 獄神得奇)- 불 가운데 쇠라 변화를 암시하고, 차가
운 얼음이 녹는 것과 같아 일의 풀림을 말한다.

辛加己(입옥자형: 入獄自刑)- 스스로의 자초로 곤궁에 처한다.

辛加庚(백호출력: 白虎出力)- 손실과 잃음을 말하고, 사고나 수술 등
신액 주의해야 한다.

辛加辛(복음상극: 伏吟相剋)- 말썽이 일어나고 대립과 갈등에 주의
해야 한다.

辛加壬(흉사입옥, 한당월영: 凶蛇入獄, 寒塘月影)- 재주가 있어도 명
성이 없고, 귀인이 있어도 도움이 없다.

辛加癸(천뇌화개: 天牢華蓋)- 상하가 陰 가운데, 陰性이라 음사(淫事)의 발동을 말하고, 언쟁에 주의해야 한다.

....

壬加戊(소사화룡: 小蛇化龍)- 저수지의 大水라, 뭇 생명의 잉태함이니, 재물이 쌓이고 발전하는 승격이다.

壬加乙(소사, 축수도화: 小蛇, 逐水桃花)- 물속의 陰木이라, 음욕을 경계해야 한다.

壬加丙(수사입화, 일락서해: 水蛇入火, 日落西海)- 태양이 빛을 잃은 시기와 같아 때를 기다림이 옳고, 모험은 금물이다.

壬加丁(간합성기: 干合星奇)- 암흑가운데 등불이라 귀인을 만나거나 회생을 징조가 나타난다(丁壬合木).

壬加己(흉사입옥, 반음니장: 凶蛇入獄, 反吟泥漿)- 물속의 전답과 같아 말로 인한 구설과 건강을 살펴야 한다.

壬加庚(태백금사: 太白擒蛇)- 모임과 단체는 이탈이 이롭고, 난제는 해결해야 한다.

壬加辛(등사상전: 螣蛇相纏): 어둠이 넘치니 귀인은 없고 위선과 사기 주의.

壬加壬(사입지라, 복음지강: 蛇入地羅, 伏吟地綱)- 어려운 가운데 난제라 암울함이 겹치니 서두르지 말고 침착, 변화는 무익하다. 고로, 신병을 얻고 더하면 불리하다.

壬加癸(유녀간음: 幼女奸淫)- 치솟는 물과 같아 아래로 흐르는 순리를 벗어나는 것과 같아 부끄러운 줄 모르고, 살을 쉽게 드러내기에 음행이 뒤따르고, 큰물이 적은 물을 덮치는 형국이라 어린 이성과 놀아나기 쉽다.

....

癸加戊(천을회합: 天乙會合)- 대지에 비가 내림으로 온갖 결실이 맺히게 하는 것이라 두루 한 좋은 일이 생긴다(戊癸合火).

癸加乙(화개봉성: 華蓋蓬星)- 초목이 비를 만남과 같아 점차적인 발전과 안정을 말한다.

癸加丙(화개패사: 華蓋孛師)- 구름 가운데 태양이라 적은 것은 이루고, 기다리면 이른다.

癸加丁(등사요교: 螣蛇妖嬌)- 바람 가운데 등불과 같아 좌절과 실패를 말하고, 음기에 짓눌린 양기라 여자나 소인배로 인해 고충과 난제를 만난다. 색난, 수(물)난, 사기, 눈병이 일어난다.

癸加己(화개지호: 華蓋地戶)- 노력과 인내가 필요하다.

癸加庚(태백입망: 太白入網)- 지략과 능력이 미치지 않음이고, 때를 기다려야 한다.

癸加辛(망개천뇌: 網蓋天牢)- 고인 물과 같아 정체와 단절, 소통의 난제를 말한다.

癸加壬(부견등사, 충천분지: 復見螣蛇, 冲天奔地)- 물이 새나가는 것과 같아 실물이나 도둑을 조심하고, 음모에 말려든다.

癸加癸(천망사장, 복음천라: 天網四張, 伏吟天羅)- 한밤에 비라 사방이 어둡다.

- 만 가지 일이 다 흉하고, 움직이면 손실.

제20장
직업-용신

직업은 용신(用神)으로 삼는데, 일반적으로 나(世)의 강약을 따라 그 육친으로 결정하나, 달리 그 육친의 오행(木火土金水) 가운데 기운과 팔문, 팔괘 등의 살성으로 정하기도 한다.

- 일반적으로 내(世)가 약(弱)하면 문서(父)가 용신(用神)이 되고, 내(世)가 왕(旺)하면 동한 것 관귀(官鬼)나 재성(財), 손(孫) 가운데 용신(用神)으로 삼는데, 이때 이들 중에서 왕성(旺成)한 것으로 용신(用神)을 삼는다.

또한, 이들의 용신(用神)에서 육친(六親)이 가지고 있는 오행이 용신이 되는데, 예로, 世弱에 용신이 문서(父)라면 그 문서의 오행이 木이면 종이 제지 섬유와 관련된 木氣가 용신(用神)이 된다는 것이다. 세왕(世旺)도 이와 같은 이치이다.

내(世)의 강약은 나(世)의 거왕(居旺)/거쇠(居衰), 승왕(乘旺)/승쇠(乘衰), 수생(受生) 또는 겸왕(兼旺)으로 판단하며, 이 세 가지 중 2개 이상이면 세왕으로 보고, 하나이면 세약으로 본다. 만약 이 셋 중 하나에 해당하여 세약이지만, 인성(父)이 년지나 기타 궁에서 힘 있게 생하면 세왕이 됨도 있다는 사실을 잊지 말아야 한다.

Q 세왕(世旺)에 용신

1. 관(官)/귀(鬼)가 용신이면 고관이나 공직/공기업/직장인으로 나아가는데, 이때 용신이 왕성하면 고관이나 회사에서 직위를 얻을 것이지만, 약하면 낮은 공직이나 큰 지위는 얻지 못할 것이다. 하나, 둘 다 세왕이기에 경제적 여건은 갖춰지지만, 용신의 강약에 따라 사회적 위치나 경제의 기반은 차이가 있다. 참고로 귀(鬼)는 관(官)보다 취함의 과정에서 조금은 편파적(또는 어렵게)으로 또는 뒷거래, 인맥 등으로 얻어진 것이며, 공정성에서 관보다 처지며 위치의 도달에서도 관보다 낮다.

세왕에 귀(鬼)가 용신일 때 질병, 사고, 우환, 근심과 관련된 일을 할 수 있는데, 병원이나 영안실, 제약회사, 건강식품, 의료기구, 사고처리 등의 일을 할 수 있는데, 특히 세왕에 귀가 천강살(天코)이면 더욱 강하다. 참고로, 이때의 직업은 손(孫)을 用으로 하는 치료능력과 관계없이 돈을 버는 수단으로 사용하는 사람이 된다.
 - 여기서 용신인 관귀를 더욱 왕성하게 하는 육신이 있다면 이가 진용이 된다.

2. 재성(財)이 용신일 때 재(財)가 왕성하면 재물 복이 많아 기업이나 가게를 운영하여 돈을 많이 벌 것이다. 남자라면 처복이 있고 경우에 따라 능력 있는 처를 맞이한다(정재는 본처, 편재는 재혼, 애첩, 여직원이나 여자를 이용한 사업). 또한, 세왕에 재왕이 중궁 손의 생을 받는 재성이 년지가 되거나 년지 손의 생을 받는 중궁이 왕성한 재라면 공직/직장인으로도 나갈

수 있다.

이때 정재(財)가 용신이면 곧고 바른 돈을 벌고, 또 그러한 일을 하지만, 편재(財)가 용신이면 쉽게 버는 돈으로 부동산, 주식, 돈놀이 등으로 부정 또는 편술로 버는 재물이 된다.
- 여기서 용신인 재성을 더욱 왕성하게 하는 육신이 있다면 이가 진용이 된다.

3. 손(孫)이 용신이면 일반적으로 관운, 직장과는 인연이 없으며, 독립적인 개인업이나 사업을 한다. 이때 손(孫)이 용신(用神)으로 왕성하면 큰 성취를 이루고, 약하면 굴곡이 많은 인생으로 다소의 재물을 모을 것이다.

만약 손이 귀를 충극을 한다면 이는 치귀자로 의사로 능력을 발휘하는데, 명의의 기준은 손이 왕성하여 약귀를 충극할 때이다. 이때의 동처는 년지와 중궁, 중궁과 년지가 손으로서 귀를 충극해야 격이 높은 명국이 된다. 또한, 치귀자의 운명은 변호사, 스포츠 감독으로도 명성을 얻을 수 있다.
- 여기서 용신인 손을 더욱 왕성하게 하는 육신이 있다면 이가 진용이 된다.

원명국이 흉격으로 世의 왕성함도 비치지 않을 때 관(官)/귀(鬼)마저 약하면 공직이나 직장생활이 어렵고, 직장이 불안정하고, 자주 직장변화를 둔다. 또한 귀(鬼)는 질병, 사고, 우환, 근심을 말하는데 世가 약하면 이

들로써 괴로움을 당하며, 세왕(世旺)으로 길격이면 반대로 질병, 사고, 우환, 근심과 관련된 일을 하면서 이를 다스리는 사람이 된다.

세약(世弱)이면 용신(用神)은 인성(父)이 되기에 문서(父)用이 되고, 또는 문서(父)의 오행으로 직업을 택하며, 문서(父)에 있는 살성이 직업이 되는 경우도 있다. 살성은 역마나, 도화, 육합, 목욕 등이다.
- 여기서 용신인 인성(문서)을 더욱 왕성하게 하는 육신이 있다면 이가 진용이 된다.

일반적 문서(父)用은 격이 좋으면, 교수, 선생, 법무사, 회계사, 작가, 설계사 등이며, 격이 낮으면 부동산, 보험계약, 공부방, 책방, 서점, 디자인 등이 된다.

살성으로의 역마는 이동, 이사, 운전, 활동적인 일이 될 것이며, 도화는 주류와 이성 문제, 청춘 상대업, 인기업, 연애인 등이 되며, 육합은 많은 사람들을 상대하는 일, 이성 문제, 소개업, 결혼중매업 등이 될 것이며, 목욕은 무도, 나이트, 목욕탕, 여관, 사우나, 찜질방 등이 될 것이며, 함지살은 시끄러운 일, 관재 등이며, 사문이나 상문은 군인, 경찰, 형사, 어부나 죽은 고기 등이 된다.
· 사지에 삼형살이나 삼살. 사문, 절명 등의 살기가 강하면 술사/도인의 명이든지 불심 등 신앙심이 강한 경향이 있다.

세약(世弱)에 육신

1. 관(官)/귀(鬼)가 삼합이 되거나 투출되어 왕성하면 가난하게 살거나 오명이나 이름 없이 빈천하게 산다. 世가 태약하면 단명 아니면, 불구, 질병자, 구속·감금 등 일생을 번민과 고통으로 살아간다. 특히, 귀(鬼)가 특출할 때 강하다.

또한, 여명이 세약에 삼합이 관귀이면(귀가 더욱 흉) 평생 남편, 남자 복은 전무하며 도리어 큰 해를 입기에 없는 것이 더 낳다.

2. 재성(財)이 삼합이 되거나 투출되어 왕성하면 남명이면 돈과 처와 여자는 나에게 흉신으로 그들로부터 괴로움을 겪는다. 가난하면 장수하고 부귀하면 단명한다. 재물이나 여자가 들어오면 괴로움으로 바뀐다. 재삼합은 일반적으로 부모가 대흉하여 가난, 질병, 단명, 불구, 행방불명이 된다.

3. 손(孫)이 삼합이 되거나 투출되어 왕성하면 남녀 공히 평생 관운은 물론이고, 무직 또는 옳은 직장이 없다. 여명이면 남자가 없거나 무능하며 있어도 없는 것과 같다. 일생 남자 복은 기대하지 말아야 한다. 대신 자녀는 잘될 수 있다.

제21장

종합·정리

: 기문둔갑(奇門遁甲) 원명국(元命국)-세우기

예1)

여 자	1969년 음력 3월 12일 술시생					
사주가	9	10	5	6	=	三
	壬	癸	戊	己		
	戊	酉	辰	酉		
	11	10	5	10	=	九
陽遁 穀雨 中元 二局 으로 먼저_						

4巽	9離	2坤
3震		7兑
8艮	1坎	6乾

낙서구궁 정위도

1. 홍국수(洪局水)를 포국

사주의 천반과 지반을 더하여 九로 나누면 천반은 三이 되고 지반은
九가 된다. 이를 중궁에 넣고_

九 三	四 八	一 一
十 二	三 九	六 六世
五 七	二 十	七 五

홍국수 포국

중궁의 천반은 9離宮으로 올라가 낙서구궁정위도에서 역포로 흐르는데, 중궁천반 三에서 9離宮 천반은 四가 되어 올라가 역포하는데, 9離宮에서 8艮궁은 五가 되고, 7兌궁은 六이되며, 6乾궁에 七, 5中궁은 八인데 암중되어 보이지 않고, 다음의 역행은 4巽궁에 九가 되고, 3震궁은 十이되며, 2坤궁은 一이 되고, 1坎궁에 二가 된다.

중궁의 지반은 1坎궁으로 내려가 낙서구궁 정위도에서 순포로 흐르는데, 중궁 지반 九에서 1坎궁 지반은 十이 되어 내려가 순포하는데, 1坎궁에서 2坤궁은 一이 되고, 3震궁은 二가 되며, 4巽궁은 三이 되며, 5中궁은 四인데 암중되어 보이지 않고, 다음의 순행은 6乾궁 五가 되고, 7兌궁은 六이 되며, 8艮궁은 七이 되며, 9離궁은 八이 된다.

2. 연국(烟局)의 포국

上元	甲子	乙丑	丙寅	丁卯	戊辰	上元	甲午	乙未	丙申	丁酉	戊戌
中元	乙巳	庚午	辛未	壬申	癸酉	中元	己亥	庚子	辛丑	壬寅	癸卯
下元	甲戌	乙亥	丙子	丁丑	戊寅	下元	甲辰	乙巳	丙午	丁未	戊申
上元	己卯	庚辰	辛巳	壬午	癸未	上元	己酉	庚戌	辛亥	壬子	癸丑
中元	甲申	乙酉	丙戌	丁亥	戊子	中元	甲寅	乙卯	丙辰	丁巳	戊午
下元	己丑	庚寅	辛卯	壬辰	癸巳	下元	己未	庚申	辛酉	壬戌	癸亥

三元(上元, 中元, 下元)-表式
음양이둔정국표(陰陽二遁定局表)

	節氣 三元	동지 冬至	소한 小寒	대한 大寒	입춘 立春	우수 雨水	경칩 驚蟄	춘분 春分	청명 淸明	곡우 穀雨	입하 立夏	소만 小滿	망종 芒種
陽遁	上 中 下	一 七 四	二 八 五	三 九 六	八 五 二	九 六 三	一 七 四	三 九 六	四 一 七	五 二 八	四 一 七	五 二 八	六 三 九
	節氣 三元	하지 夏至	소서 小暑	대서 大暑	입추 立秋	처서 處暑	백로 白露	추분 秋分	한로 寒露	상강 霜降	입동 立冬	소설 小雪	대설 大雪
陰遁	上 中 下	九 三 六	八 二 五	七 一 四	二 五 八	一 四 七	九 三 六	七 一 四	六 九 三	五 八 二	六 九 三	五 八 二	四 七 一

　동지를 지나 곡우(穀雨)이기에 양둔(陽遁)이 되고, 태어난 일주(日柱)의 癸酉 날은 중원(中元)이니, 곡우(穀雨)의 중원(中元)은 음양이둔정국표(陰陽二遁定局表)에 보면 이국(二局)이 된다.

　따라서 이 태생은 陽遁 穀雨 中元 二局이 되기에 二局은 연국의 출발 궁이 2(二)곤궁이라는 것을 말한다.

　그러므로 九궁에 연국(煙局)의 포국은 양둔이면 육의(六儀) 戊己庚辛 壬癸는 낙서구궁 정위도를 따라 순행하고 삼기(三奇)는 역행하여 포(布) 하며,

음둔이면 육의(六儀) 戊己庚辛壬癸는 낙서구궁 정위도를 따라 역행하고 삼기는 순행을 하는데, 양둔은 무조건 戊 己 庚 辛 壬 癸 丁 丙 乙의 순서로 나아가면 되고, 음둔은 무조건 戊 己 庚 辛 壬 癸의 역행에 丁 丙 乙을 역행의 순서로 이어가면 된다.

4庚	9丙	2戊
3己	5辛	7癸
8丁	1乙	6壬

양둔(陽遁)으로 먼저 지반(地盤)의 연국(煙局)을 포국하면_

이국(二局)이니 육의(六儀)의 시작은 2곤궁에서 戊로 시작하여 己 庚 辛 壬 癸 丁 丙 乙로 낙서구궁 정위도를 따라 순행한다.

다음은 천반(天盤)의 연국(煙局)을 포국하는데, 음양둔의 구별 없이 생시(生時)의 간지(干支)와 時의 순으로 포국하는데,

천반의 연국은 시간이 있는 지반의 연국을 찾아 그 위에 시주의 부두를 올려놓으면 되는데, 이어서의 다른 천반들은 먼저 올려놓은 천반의 부두가 지반에서 몇 번째 궁에 있었던 궁인가를 알아 그 차이만큼의 궁으로 옮겨가며 채우는 것이 천반의 연국이다.

60갑자(甲子)와 부두(符頭)

符頭	六十甲子									
戊	甲子	乙丑	丙寅	丁卯	戊辰	己巳	庚午	辛未	壬申	癸酉
己	甲戌	乙亥	丙子	丁丑	戊寅	己卯	庚辰	辛巳	壬午	癸未
庚	甲申	乙酉	丙戌	丁亥	戊子	己丑	庚寅	辛卯	壬辰	癸巳
辛	甲午	乙未	丙申	丁酉	戊戌	己亥	庚子	辛丑	壬寅	癸卯
壬	甲辰	乙巳	丙午	丁未	戊申	己酉	庚戌	辛亥	壬子	癸丑
癸	甲寅	乙卯	丙辰	丁巳	戊午	己未	庚申	辛酉	**壬戌**	癸亥

4庚	9丙	<u>2戊</u>
3己	5辛	7癸
8丁	1乙	<u>6壬</u>

양둔의 지반 연국의 포국

己 庚	庚 丙	丙 戊
丁 己	辛	戊 癸
乙 丁	壬 乙	癸 壬

천반의 연국을 지반 위에 올려놓음

지반 연국에서 시간이 壬이기 壬이 6건궁에 있다. 시간 壬위에 시주 壬戌의 부두를 찾으니 甲寅-癸이다.

따라서 壬戌의 부두-癸를 壬위에 올려 놓으면 된다. 이어서의 천반들의 포국은 壬 위의 癸가 바로 시계 반대방향으로 한 칸 뒤에 있었던 것이 온 것이기에 모든 천반도 이와 같이 한 칸 뒤에 있는 지반의 연국을 천반으로 올려놓으면 되는 것이다. 건궁의 壬일간은 감궁의 지반乙 위로 오르고, 감궁의 지반乙은 간궁의 천반으로 오르고, 간궁의 지반丁은 진궁의 천반으로 오르는 식으로 돌며 포국한다.

3. 팔문, 팔괘, 태을구성, 직부, 천봉구성의 포국

杜門	景門	死門
傷門		驚門
生門	休門	開門

팔문정위도(八門定位圖)

－ 生門 － 1甲子 3戊子 5壬子	－ 休門 － 2丙子 4庚子	

오자원법(五子元法)

60갑자의 팔문에서 오자원법(五子元法: 甲子, 丙子, 戊子, 庚子, 壬子)은 양성으로의-生門에서 일어나 음성으로의-休門으로 왕래 후 양성인-生門에서 멈추는 것을 알 수 있다.

1. 甲子(양성: 생문)

   ~乙丑 丙寅 丁卯 戊辰 己巳 庚午 辛未 壬申 癸酉 甲戌 乙亥.

2. 丙子(음성: 휴문)

   ~丁丑 戊寅 己卯 庚辰 辛巳 壬午 癸未 甲申 乙酉 丙戌 丁亥.

3. 戊子(양성: 생문)

   ~己丑 庚寅 辛卯 壬辰 癸巳 甲午 乙未 丙申 丁酉 戊戌 己亥.

4. 庚子(음성: 휴문)

   ~辛丑 壬寅 癸卯 甲辰 乙巳 丙午 丁未 戊申 己酉 庚戌 辛亥.

5. 壬子(양성: 생문)

   ~癸丑 甲寅 乙卯 丙辰 丁巳 戊午 己未 庚申 辛酉 壬戌 癸亥.

오자원법(五子元法)에서 양둔(陽遁)이면 그 시작은 1간艮-2태兌-3손巽-4이離-5감坎-6건乾-7진震-8곤坤의 순으로 포국하는데,

일주(日柱)가 오자원법(甲子, 丙子, 戊子, 庚子, 壬子)의 순열에서 몇 번째인가를 알아 그 순열에 의한 구궁정위도에서 생문으로 시작하는데,

음둔(陰遁)이면 양둔의 반대로

1간艮-2곤坤-3진震-4건乾-5감坎-6이離-7손巽-8태兌로 포국한다.

3	4	8
7		2
-生門-1 **1.甲子** 3.戊子 5.壬子		

7	6	2
3		8
-生門-1 1.甲子 3.戊子 5.壬子	-休門-5 2.丙子 4.庚子	4

양둔(陽遁)일 때 일주(日柱)의 팔문의 순서   음둔(陰遁)일 때 일주(日柱)의 팔문의 순서

:: 팔문을 작성해 보자.

먼저 양둔(陽遁)에 癸酉일이다.

양둔의 시작은 간艮-태兌-손巽-이離-감坎-건乾-진震-곤坤의 순으로 포국하는데,

癸酉일의 자원(子元)은 간궁의 1.甲子라 甲子에서 癸酉까지의 순열은 甲子1, 乙丑2 丙寅3 丁卯4 戊辰5 己巳6 庚午7 辛未8 壬申9 癸酉10까지가 10번째가 된다.

따라서 간궁의 1을 시점으로 시작하여 한 궁에서 3일을 머물기에 甲子1 乙丑2 丙寅3은-1간궁에 머물고, 丁卯4 戊辰5 己巳6은-2태궁에 머물며, 庚午7 辛未8 壬申9은-3손궁에 머물며, 일주癸酉10은-4이궁에 머무는데, 일주癸酉부터가 生門의 시작으로 팔문정위도에 나열된 팔문의 순서(生門,

傷門, 杜門, 景門, 死門, 驚門, 開門, 休門)대로 포국하면 되는데, 일주-4이궁을 生門으로 5감궁은-傷門, 6건궁은-杜門, 7진궁은-景門, 8곤궁은-死門, 1간궁은-驚門, 2태궁은-開門, 3손궁은-休門이 된다.

:: 팔괘를 작성해 보자.

중궁지반수가_

팔괘의 포국은 중궁의 지반수를 근간으로 포국해 나가는데,

중궁의 지반수가 一이면 감위수☵가 시초가 되고, 二이면 곤위지☷가 시초가 되고, 三은 진위뢰☳가 시초가 되고, 四와 五는 손위풍☴가 시초가 되고,

六은 건위천☰가 시초가 되고, 七은 태위택☱가 시초가 되고, 八은 간위산☶가 시초가 되고, 九는 이위화☲가 시초가 된다.

이 명국에서의 중궁의 지반수는 九이기에 九궁은 離궁으로 이위화☲가 시초가 된다. 따라서 이 괘 이위화☲를 시점으로 1上/生氣 2中/天宜 3下/絶體 4中/遊魂 5上/禍害 6中/福德 7下/絶命 8中/歸魂으로 포국하면 된다.

9이위화☲에서 1上의 양효—의 변화로 음효--로 변화를 두어 1上에 生氣를 두면, 9이위화☲는 3진위뢰☳가 된다.

고로, 3진궁에 生氣를 두고, 다음은 2中에 天宜를 두면, 진위뢰☳의 중간 음효--는 양효—로 변하기에 진위뢰☳는 태위택☱이 된다.

고로, 7태궁에 天宜를 두고, 다음은 3下에 絶體를 두면, 태위택☱의 아래의 양효⚊는 음효⚋로 변하기에 태위택☱은 감위수☵가 된다.

고로, 1감궁에 絶體를 두고, 다음은 4中에 遊魂를 두면, 감위수☵의 중간의 양효⚊는 음효⚋로 변하기에 감위수☵는 곤위지☷가 된다.

고로, 2곤궁에 遊魂를 두고, 다음은 5上에 禍害를 두면, 곤위지☷의 상위의 음효⚋는 양효⚊로 변하기에 곤위지☷는 간위산☶이 된다.

고로, 8간궁에 禍害를 두고, 다음은 6中에 福德를 두면, 간위산☶의 중간은 음효⚋는 양효⚊로 변하기에 간위산☶은 손위풍☴이 된다.

고로. 4손궁에 福德를 두고, 다음은 7下에 絶命를 두면, 손위풍☴의 아래의 음효⚋는 양효⚊로 변하기에 손위풍☴은 건위천☰이 된다.

고로, 6건궁에 絶命를 두고, 다음은 8中에 歸魂를 두면, 건위천☰의 중간의 양효⚊는 음효⚋로 변하기에 건위천☰은 이위화☲가 된다.

고로, 9이궁이 歸魂으로 팔괘가 완성된다.

중궁지반수가 예속된 팔괘를 시초로 변화되는 괘상의 순서에 팔괘를 붙인다.

1上/生氣	2中/天宜	3下/絶體	4中/遊魂
1상생기	2중천의	3하절체	4중유혼

5上/禍害	6中/福德	7下/絶命	8中/歸魂
5상화해	6중복덕	7하절명	8중귀혼

6中 ☷ 福德	8中 ☷ 歸魂	4中 ☷ 遊魂
1上 ☷ 生氣	九 ☵	2中 ☷ 天宜
5上 ☷ 禍害	3下 ☷ 絕體	7下 ☴ 絕命

:: 태을구성법을 작성해 보자.

4甲寅	9甲戌	2甲午
3甲辰	5	7
8甲子	1甲申	6

양둔(陽遁)의 육갑정위(六甲定位)

4	9甲申	2甲子
3	5	7甲辰
8甲午	1甲戌	6甲寅

음둔(陰遁)의 육갑정위(六甲定位)

태을구성은-태을(太乙) 섭제(攝提) 헌원(軒轅) 초요(招搖) 천부(天符) 청룡
(靑龍) 함지(咸池) 태음(太陰) 천을(天乙)-이상의 순열로 구성(九星)을 이룬

것인데, 이 명국은 일주가 癸酉일로 갑자(甲子) 순으로 양둔이니, 양둔(陽遁)의 육갑정위(六甲定位)의 순열에 따라 순행(順行)으로 포국을 하자면,

순(旬) 甲子	乙丑	丙寅	丁卯	戊辰	己巳	庚午	辛未	壬申	癸酉
甲戌	乙亥	丙子	丁丑	戊寅	己卯	庚辰	辛巳	壬午	癸未
甲申	乙酉	丙戌	丁亥	戊子	己丑	庚寅	辛卯	壬辰	癸巳
甲午	乙未	丙申	丁酉	戊戌	己亥	庚子	辛丑	壬寅	癸卯
甲辰	乙巳	丙午	丁未	戊申	己酉	庚戌	辛亥	壬子	癸丑
甲寅	乙卯	丙辰	丁巳	戊午	己未	庚申	辛酉	壬戌	癸亥

60甲子에서의 일주(日柱)가 예속된 육갑(六甲)의 순(旬)이다.

4손궁青龍 己巳	9이궁攝提 乙丑	2곤궁招搖 丁卯
3진궁天符 戊辰	5궁咸池 庚午	7태궁天乙 壬申
8간궁/太乙甲子 (日柱: 癸酉)	1감궁軒轅 丙寅	6건궁太陰 辛未

8간궁 甲子에서 시작으로 癸酉까지 순행으로 짚어 나가면 9이궁에는 乙丑, 1감궁에는 丙寅으로의 순행에서 2곤궁은 丁卯, 3진궁은 戊辰, 4손

궁은 己巳, 5궁은 庚午, 6건궁은 辛未, 7태궁은 壬申, 그리고 8간궁은 일주인 癸酉가 된다. 일주(癸酉)가 드는 이곳 8간궁을 시점으로 태을구성(太乙九星)이 시작되는데,

이로부터 순행하면 9이궁은 섭제(攝提), 1감궁은 헌원(軒轅), 2곤은 초요(招搖) , 3진궁은 천부(天符), 4손궁은 청룡(靑龍), 5중궁은 함지(咸池), 6건궁은 태음(太陰), 7태궁은 천을(天乙)로 포국됨인데 아래와 같다.

:: 직부법을 작성해 보자.

직부법은 구궁에 포국된 연국 가운데에서 지반에 있는 시간(時干)을 찾아 그 시간을 기점으로 직부를 붙여 나가면 되는데,

양둔은 시계방향으로 돌면서 나열하고, 음둔은 시계 반대방향으로 돌면서 붙이면 된다.

양둔(陽遁)에는 직부(直符), 등사(騰蛇), 태음(太陰), 육합(六合), 구진(句陳), 주작(朱雀), 구지(九地), 구천(九天)의 순서로 순행(順行)으로 포열하고,

음둔(陰遁)에는 직부(直符), 등사(騰蛇), 태음(太陰), 육합(六合), 백호(白虎), 현무(玄武), 구지(九地), 구천(九天)의 순서를 역행(逆行)으로 포열한다.

이 명국의 천지반의 연국에서 시간(時干)이 있는 지반의 연국은 壬戌시주(時柱)에서 시간(時干)의 壬은 6건궁에 있다.

己 句 庚 陳	庚 朱 丙 雀	丙 九 戊 地
丁 六 己 合	辛	戊 九 癸 天
乙 太 丁 陰	壬 騰 乙 蛇	癸 直 壬 符

해서, 6건궁을 시점으로 양둔(陽遁)이기에-직부(直符), 등사(騰蛇), 태음(太陰), 육합(六合), 구진(句陳), 주작(朱雀), 구지(九地), 구천(九天)의 순서로 시계방향으로 순행(順行)하며 아래처럼 포열하면 된다.

:: 천봉구성법을 작성해 보자.

천봉구성은 시가구성(時家九星)이라고도 하는데, 천봉(天蓬), 천임(天任), 천충(天沖), 천보(天輔), 천영(天英), 천예(天芮), 천주(天柱), 천심(天心), 천금(天禽)으로 되어 있는데, 적용은 60갑자의 시주(時柱)의 부두를 따라서 천봉구성정위도에 예속된 천봉구성을 시간(時干)궁으로 옮겨 시계방향으로 음둔(陰遁)과 양둔(陽遁)- 상관없이 천봉구성을 나열하면 된다.

天輔	天英	天芮
天沖	天禽	天柱
天任	天蓬	天心

천봉구성정위도(天蓬九星定位圖)

부두 (符頭)	육십갑자(六十甲子)									
戊	甲子	乙丑	丙寅	丁卯	戊辰	己巳	庚午	辛未	壬申	癸酉
己	甲戌	乙亥	丙子	丁丑	戊寅	己卯	庚辰	辛巳	壬午	癸未
庚	甲申	乙酉	丙戌	丁亥	戊子	己丑	庚寅	辛卯	壬辰	癸巳
辛	甲午	乙未	丙申	丁酉	戊戌	己亥	庚子	辛丑	壬寅	癸卯
壬	甲辰	乙巳	丙午	丁未	戊申	己酉	庚戌	辛亥	壬子	癸丑
癸	甲寅	乙卯	丙辰	丁巳	戊午	己未	庚申	辛酉	壬戌	癸亥

60갑자(甲子)와 부두(符頭)

이 명국의 시주(時柱)는 壬戌에서 시간(時干)이 壬이다.

먼저 시주壬戌의 부두를 찾으면, 시주가 壬戌이기에 壬戌의 부두는 甲寅-癸이다.

해서 구궁에 있는 연국의 지반 가운데 癸를 찾으니 7태궁에 좌하여 있다. 따라서 7태궁에 있는 천봉구성정위도(天蓬九星定位圖)를 보아 그 구성(九星)을 지반에 있는 시간(壬)이 있는 궁에 붙여 순열대로 천봉구성을 시계방향으로 나열하면 되는데, 7태궁에 있는 천봉구성정위도(天蓬九星定位圖)에 있는 구성(九星)은 천주(天柱)이다. 이 天柱를 다시 지반에 있는 시간(壬)에 놓는 것을 시작으로 천주(天柱), 천심(天心), 천봉(天蓬), 천임(天任), 천충(天沖), 천보(天輔), 천영(天英), 천예(天芮)로 음양둔 상관없이 시계방향으로 나열하면 아래와 같다.

己 天 庚 沖	庚 天 丙 輔	丙 天 戊 英
丁 天 己 壬	辛	戊 天 癸 芮
乙 天 丁 蓬	壬 天 乙 心	癸 天 壬 柱

:: 겁살(劫煞)의 작성

겁살은 년지(年支)와 일지(日支)를 중심으로 한 삼합(三合)의 마지막 다음에 해당하는 지지(地支)를 말하는데,

三七五(寅午戌) 삼합에는 五(戌)-다음의 地支인 亥(六)를 말하고,

二四十(巳酉丑) 삼합에는 十(丑)-다음의 地支인 三(寅)을 말하고,

九一五(申子辰) 삼합에는 辰-다음의 地支인 二(巳)를 말하고, 六八十(亥卯未) 삼합에는 十(未)-다음의 地支인 九(申)을 말하는데,

본 명국의 년지(年支)는 酉이며, 일지(日支)도 동일한 酉이다.

따라서 二四十(巳酉丑) 삼합에는 十(丑)-다음의 地支인 三(寅)이 겁살이기에 홍국수 三에 겁살이 붙는데,

년지(年支)도 일지(日支)도 겁살이 되어, 손(巽)궁의 홍국수 三에 두 개의 겁살이 동시에 붙는다.

(년지(年支)를 기준으로 하는 겁살은 세겁(歲劫)이라 칭하고, 일지(日支)를 기준으로 하는 겁살은 일겁(日劫)이라 하며, 이 둘이 동시에 든 것을 일러 '쌍겁살'이라 한다.)

:: 천을귀인(天乙貴人)의 작성

천을귀인은 태을구성에서의 천을귀인과 사주의 일간(日干)을 기준으로 하는 지지(地支)가 있는데,

여기서 천을귀인은 일간(日干)을 중심으로 한 지지(地支)를 말한다.

일간(日干)을 중심으로 한 음양의 지지(地支)는 일간(日干)이-
甲戊庚 日干에는 十十(丑未)가 천을귀인(天乙貴人)이다.
乙己 日干에는 一九(子申)가 천을귀인(天乙貴人)이다.
丙丁 日干에는 六四(亥酉)가 천을귀인(天乙貴人)이다.
壬癸 日干에는 二八(巳卯)가 천을귀인(天乙貴人)이다.
辛 日干에는 三七(寅午)가 천을귀인(天乙貴人)이다.

이 명국의 일간(日干)은-癸이기에, 壬이나 癸-日干에 천을귀인은 二와 八이다.

따라서 홍국수二와 八가 있는 진(震)궁과 이(離)궁에 천을귀인(天乙貴人)을 상징하는 天乙이 붙는다.

:: 도화살(桃花煞)의 작성

도화살은 년지(年支) 또는 일지(日支)가-

二四十(巳酉丑)일 때 七(午)이 도화살이 되고, 六八十(亥卯未)일 때 一(子)이 도화살이 되며,

九一五(申子辰)일 때 四(酉)가 도화살이 되고, 三七五(寅午戌)일 때 八(卯)가 도화살이 된다.

이 명국은 년지(年支)가 酉이고, 일지(日支)가 酉이다.

따라서 二四十(巳酉丑)일 때 七(午)가 도화살이 되기에 홍국수 七이 있는 간(艮)궁에 도화살이 중복되어 붙는다.

(중복된 도화살을 일명 쌍도화라 칭한다)

- 도화살(桃花煞)에서 년지를 기준으로의 도화살은 한글로 도화살이라 표했고, 일지를 기준으로의 도화살은 한자로 桃花라 표했다.

:: 홍염살(紅艶殺)의 작성

홍염살은 일간(日干)을 중심으로 보는데, 일간(日干)이-

甲/乙일 때-七(午)가 홍염살이며, 丙일 때-三(寅)이 홍염살이며,

丁일 때-十(未)가 홍염살이며, 戊/己일 때-五(辰)이 홍염살이며,

庚일 때-五(戌)이 홍염살이며, 辛일 때-四(酉)가 홍염살이며,

壬일 때-一(子)가 홍염살이며, 癸일 때-九(申)이 홍염살이다.

이 명국은 일간(日干)이 癸이기에 홍염살은 九(申)인데, 九는 중궁에 있다.
따라서 중궁에 홍염(紅艶殺)살을 붙인다.

:: **공망살**(空亡殺)**의 작성**

공망살은 태어난 일주(日柱)를 기준으로 하여 10천간(天干)과 맞물려
이어가는 12지지(地支)에서의 다음 차례에 해당하는
두 개의지지(地支)를 사용하는데 아래와 같다. 일주(日柱)가-

甲子	乙丑	丙寅	丁卯	戊辰	己巳	庚午	辛未	壬申	癸酉..

- 일 때의 공망은 戌亥가 공망이 되고,

甲戌	乙亥	丙子	丁丑	戊寅	己卯	庚辰	辛巳	壬午	癸未..

- 일 때의 공망은 申酉가 공망이 되고,

甲申	乙酉	丙戌	丁亥	戊子	己丑	庚寅	辛卯	壬辰	癸巳..

- 일 때의 공망은 午未가 공망이 되고,

甲午	乙未	丙申	丁酉	戊戌	己亥	庚子	辛丑	壬寅	癸卯..

- 일 때의 공망은 辰巳가 공망이 되고,

甲辰	乙巳	丙午	丁未	戊申	己酉	庚戌	辛亥	壬子	癸丑..

- 일 때의 공망은 寅卯가 공망이 되고,

甲寅	乙卯	丙辰	丁巳	戊午	己未	庚申	辛酉	壬戌	癸亥..

- 일 때의 공망은 子丑이 공망이 된다.

이 명국은 일주가 癸酉이기에 공망(空亡)은 戌亥가 공망이 된다.

따라서 戌亥궁인 건(乾)궁에 공망살(空亡殺)이 붙는 것이다.

그런데 이 명국에서의 건(乾)궁의 공망이 거공(居空)이 되는 것은 홍국수 五토가 戌로서 자신의 자리가 되기 때문이다.

:: 역마살(驛馬煞)

역마살은 년지(年支)와 일지(日支)를 기준으로 홍국수에 붙이는데, 삼합의 첫 자와 충(沖)되는 지지(地支)가 된다.

巳酉丑이 년지(年支)나 일지(日支)에 있으면 六(亥)이 역마살이며,

亥卯未가 년지(年支)나 일지(日支)에 있으면 二(巳)가 역마살이며,

申子辰이 년지(年支)나 일지(日支)에 있으면 三(寅)이 역마살이며,

寅午戌이 년지(年支)나 일지(日支)에 있으면 九(申)가 역마살이다.

이 명국은 년지(年支)가 酉이기에 六이 역마살이라 홍국수 六에 역마를 붙이는데, 태궁에 역마(驛馬)가 붙는다.

일지(日支)도 酉이기에 六이 역마살이라 홍국수 六에 역마를 붙이는데, 태궁에 역마가 붙여지니 역마가 동궁에 쌍으로 거하게 된다.

이처럼 두 개가 동시에 역마를 쌍역마라 칭하여 단역마보다 작용이 크다.

- 년지(年支)를 기준으로 한 역마는 세마(歲馬)가 되고, 일지(日支)를 기준으로 한 역마는 일마(日馬)가 된다. -

:: 천마(天馬)

천마는 태어난 달(月)을 기준으로 홍국수에 붙이는데 아래와 같다.

子, 午월은 홍국수 三(寅)이 천마(天馬)가 되고, 卯, 酉월은 홍국수 九(申)가 천마(天馬)가 되고, 寅, 申월은 홍국수 七(午)이 천마(天馬)가 되고, 巳, 亥월은 홍국수 一(子)이 천마(天馬)가 되고, 辰, 戌월은 홍국수 五(戌)가 천마(天馬)가 되고, 丑, 未월은 홍국수 五(辰)가 천마(天馬)가 된다.

이 명국에서의 천마는 달이 辰월이기에 천마는 五가 되기에 五는 건(乾)궁에 있다.

따라서 천마는 五가 있는 건(乾)궁에 천마(天馬)가 붙는다.

예2)

여 자	1956년 음력 6월 8일 묘시생					
사주가	2	10	2	3	=	八
	乙	癸	乙	丙		
	卯	未	未	申		
	4	8	8	9	=	二
陰遁 小暑 上元 八局 으로 먼저_						

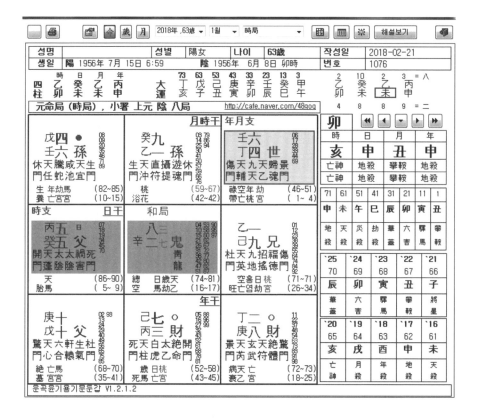

4巽	9離	2坤
3震		7兌
8艮	1坎	6乾

낙서구궁 정위도

1. 홍국수(洪局水)를 포국해 보자.

사주의 천반과 지반을 더하여 九로 나누면 천반은 八이 되고 지반은 二가 된다. 이를 중궁에 넣고,

중궁의 천반은 9離宮으로 올라가 낙서구궁 정위도에서 역포로 흐르는데, 중궁천반 八에서 9離궁 천반은 九가 되어 올라가 역포하는데, 9離궁에서 8艮궁은 十이 되고, 7兌궁은 一이 되며, 6乾궁에 二, 5中궁은 三인데 암중되어 보이지 않고, 다음의 역행은 4巽궁에 四가 되고, 3震궁은 五가 되며, 2坤궁은 六이 되고, 1坎궁에 七이 된다.

四六	九一	六四
五五	八二	一九
十十	七三	二八

홍국수 포국

중궁의 지반은 1坎궁으로 내려가 낙서구궁 정위도에서 순포로 흐르는 데, 중궁 지반 二에서 1坎궁 지반은 三이 되어 내려가 순포하는데, 1坎궁에서 2坤궁은 四가 되고, 3震궁은 五가 되며, 4巽궁은 六이 되며, 5中궁은 七인데 암중되어 보이지 않고, 다음의 순행은 6乾궁 八이 되고, 7兌궁은 九가 되며, 8艮궁은 十이 되며, 9離궁은 一이 된다.

2. 연국(烟局)을 포국해 보자.

上元	甲子	乙丑	丙寅	丁卯	戊辰	上元	甲午	乙未	丙申	丁酉	戊戌
中元	乙巳	庚午	辛未	壬申	癸酉	中元	己亥	庚子	辛丑	壬寅	癸卯
下元	甲戌	乙亥	丙子	丁丑	戊寅	下元	甲辰	乙巳	丙午	丁未	戊申
上元	己卯	庚辰	辛巳	壬午	癸未	上元	己酉	庚戌	辛亥	壬子	癸丑
中元	甲申	乙酉	丙戌	丁亥	戊子	中元	甲寅	乙卯	丙辰	丁巳	戊午
下元	己丑	庚寅	辛卯	壬辰	癸巳	下元	己未	庚申	辛酉	壬戌	癸亥

三元(上元, 中元, 下元)-表式

	節氣 三元	동지 冬至	소한 小寒	대한 大寒	입춘 立春	우수 雨水	경칩 驚蟄	춘분 春分	청명 淸明	곡우 穀雨	입하 立夏	소만 小滿	망종 芒種
陽遁	上 中 下	一 七 四	二 八 五	三 九 六	八 五 二	九 六 三	一 七 四	三 九 六	四 一 七	五 二 八	四 一 七	五 二 八	六 三 九

陰遁	節氣三元	하지夏至	소서小暑	대서大暑	입추立秋	처서處暑	백로白露	추분秋分	한로寒露	상강霜降	입동立冬	소설小雪	대설大雪
	上中下	九三六	八二五	七一四	二五八	一四七	九三六	七一四	六九三	五八二	六九三	五八二	四七一

음양이둔정국표(陰陽二遁定局表)

　陰遁 小暑 上元 八局_

　하지를 지나서 소서(小暑)이기에 음둔(陰遁)이 되고, 태어난 일주(日柱)의 癸未날은 상원(上元)이니,

　소서(小暑)의 상원(上元)은 음양이둔정국표(陰陽二遁定局表)에 보면 팔국(八局)이 된다. 따라서 이 태생은 陰遁 小暑 上元 八局이 되기에 八局은 연국의 출발궁이 7(七)간궁이라는 것을 말한다.

　그러므로 九궁에 연국(煙局)의 포국은 양둔이면 육의(六儀) 戊己庚辛壬癸는 낙서구궁 정위도를 따라 순행하고 삼기(三奇)는 역행하여 포(布)하며,

　음둔이면 육의(六儀) 戊己庚辛壬癸는 낙서구궁 정위도를 따라 역행하고 삼기는 순행을 하는데, 양둔은 무조건 戊 己 庚 辛 壬 癸 丁 丙 乙의 순서로 나아가면 되고, 음둔은 무조건 戊 己 庚 辛 壬 癸의 역행에 丁 丙 乙을 역행의 순서로 이어가면 된다.

음둔(陰遁)으로 먼저 지반(地盤)의 연국(煙局)을 포국하면_

팔국(八局)이니 육의(六儀)의 시작은 7간궁에서 戊로 시작하여 己 庚 辛 壬 癸 丁 丙 乙로 낙서구궁 정위도를 따라 역행하면 아래와 같다.

壬	乙	丁
癸	辛	己
戊	丙	庚

지반(地盤)의 연국(煙局)포국

다음은 천반(天盤)의 연국(煙局)을 포국하는데, 음양둔의 구별 없이 생시(生時)의 간지(干支)와 時의 순으로 포국하는데,

천반의 연국은 시간이 있는 지반의 연국을 찾아 그 위에 시주의 부두를 올려놓으면 되는데, 이어서의 다른 천반들은 먼저 올려놓은 천반의 부두가 지반에서 몇 번째 궁에 있었던 궁인가를 알아 그 차이만큼의 궁으로 옮겨가며 채우는 것이 천반의 연국이다.

60갑자(甲子)와 부두(符頭)

符頭	六十甲子								
戊	甲子	乙丑	丙寅	丁卯	戊辰	己巳	庚午	辛未	壬申	癸酉
己	甲戌	乙亥	丙子	丁丑	戊寅	己卯	庚辰	辛巳	壬午	癸未
庚	甲申	乙酉	丙戌	丁亥	戊子	己丑	庚寅	辛卯	壬辰	癸巳
辛	甲午	乙未	丙申	丁酉	戊戌	己亥	庚子	辛丑	壬寅	癸卯
壬	甲辰	乙巳	丙午	丁未	戊申	己酉	庚戌	辛亥	壬子	癸丑
癸	甲寅	乙卯	丙辰	丁巳	戊午	己未	庚申	辛酉	壬戌	癸亥

戊 壬	癸 乙	壬 丁
丙 癸	辛	乙 己
庚 戊	己 丙	丁 庚

천반의 연국을 지반 위에 올려놓음

지반 연국에서 시간이 乙이기에 乙은 9이궁에 있다. 시간乙 위에 시주 乙卯의 부두를 찾으니 甲寅-癸이다.

따라서 乙卯의 부두-癸를 乙 위에 올려 놓으면 된다. 이어서의 천반들의 포국은 乙위의 癸가 바로 시계 반대방향으로 두 칸 뒤에 있었던 것이 온 것이기에 모든 천반도 이와 같이 두 칸 뒤에 있는 지반의 연국을 천반으로 올려놓으면 되는 것이다. 이궁의 乙일간은 태궁의 지반己 위로 오르고, 태궁의 지반己는 감궁의 천반으로 오르고, 감궁의 지반丙은 진궁의 천반으로 오르는 식으로 돌며 포국한다.

3. 팔문, 팔괘, 태을구성, 직부, 천봉구성을 포국한다.

60갑자의 팔문에서 오자원법(五子元法: 甲子, 丙子, 戊子, 庚子, 壬子)은 양성으로의-

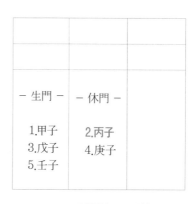

杜門	景門	死門
傷門		驚門
生門	休門	開門

팔문정위도(八門定位圖)

－ 生門 － 1.甲子 3.戊子 5.壬子	－ 休門 － 2.丙子 4.庚子	

오자원법(五子元法)

生門에서 일어나 음성으로의-休門으로 왕래 후 양성인-生門에서 멈추는 것을 알 수 있다.

1. 甲子(양성: 생문)~乙丑 丙寅 丁卯 戊辰 己巳 庚午 辛未 壬申 癸酉 甲戌 乙亥.

2. 丙子(음성: 휴문)~丁丑 戊寅 己卯 庚辰 辛巳 壬午 癸未 甲申 乙酉 丙戌 丁亥.

3. 戊子(양성: 생문)~己丑 庚寅 辛卯 壬辰 癸巳 甲午 乙未 丙申 丁酉 戊戌 己亥.

4. 庚子(음성: 휴문)~辛丑 壬寅 癸卯 甲辰 乙巳 丙午 丁未 戊申 己酉 庚戌 辛亥.

5. 壬子(양성: 생문)~癸丑 甲寅 乙卯 丙辰 丁巳 戊午 己未 庚申 辛酉 壬戌 癸亥.

오자원법(五子元法)에서 양둔(陽遁)이면 그 시작은 1간艮-2태兌-3손巽-4이離-5감坎-6건乾-7진震-8곤坤의 순으로 포국하는데,

일주(日柱)가 오자원법(甲子, 丙子, 戊子, 庚子, 壬子)의 순열에서 몇 번째인가를 알아 그 순열에 의한 구궁정위도에서 생문으로 시작하는데,

음둔(陰遁)이면 양둔의 반대로 1간艮-2곤坤-3진震-4건乾-5감坎-6이離-7손巽-8태兌로 포국한다.

3	4	8
7		2
-生門-1 1.甲子 3.戊子 5.壬子	-休-5 2.丙子 4.庚子	6

양둔(陽遁)일 때의 일주(日柱)의 팔문의 순서

7	6	2
3		8
−生門−1 1.甲子 3.戊子 5.壬子	−休門−5 2.丙子 4.庚子	4

음둔(陰遁)일 때의 일주(日柱)의 팔문의 순서

:: 팔문을 작성해 보자.

먼저 음둔(陰遁)에 癸未일이다. 음둔의 시작은 양둔의 반대로 1간艮-2 곤坤-3진震-4건乾-5감坎-6이離-7손巽-8태兌로의 순으로 포국하는데,

癸未일의 자원(子元)은 간궁의 2.丙子라 丙子에서 癸未까지의 순열은 丙子1 丁丑2 戊寅3, 己卯4, 庚辰5, 辛巳6, 壬午7 癸未8까지로 8번째가 된다.

따라서 감궁의 5를 시점으로 시작하여 한 궁에서 3일을 머물기에 丙子1 丁丑2 戊寅3은-1감궁에 머물고, 己卯4, 庚辰5, 辛巳6은-9이궁에 머물고, 壬午7癸未8일주는-7손궁에 머무는데, 7손궁에 일주癸未가 있기에 生門의 시작으로 팔문정위도에 나열된 팔문의 순서(生門, 傷門, 杜門, 景門, 死門, 驚門, 開門, 休門)대로 포국하면 되는데, 일주(日柱)-7손궁을 生門으

로 8태궁은-傷門, 1간궁은-杜門, 2곤궁은-景門, 3진궁은-死門, 4건궁은-驚門, 5감궁은-開門, 6이궁은-休門이 된다.

:: 팔괘를 작성해 보자.

중궁지반수가_

팔괘의 포국은 중궁의 지반수를 근간으로 포국해 나가는데,

중궁의 지반수가 一이면 감위수☵가 시초가 되고, 二이면 곤위지☷가 시초가 되고, 三은 진위뢰☳가 시초가 되고, 四와 五는 손위풍☴가 시초가 되고,

六은 건위천☰이 시초가 되고, 七은 태위택☱가 시초가 되고, 八은 간위산☶가 시초가 되고, 九는 이위화☲가 시초가 된다.

이 명국에서의 중궁의 지반수는 二이기에 二궁은 坤궁으로 곤위지☷가 시초가 된다.

따라서 이 괘 곤위지☷를 시점으로 1上/生氣 2中/天宜 3下/絶體 4中/遊魂 5上/禍害 6中/福德 7下/絶命 8中/歸魂으로 포국하면 된다.

2곤위지☷에서 1上의 음효--의 변화가 양효―로 변화를 두어 1上에 生氣를 두면, 2곤위지☷는 八간위산☶이 된다.

고로, 8간궁에 生氣를 두고, 다음은 2中에 天宜를 두면, 간위산☶의 중간의 음효--는 양효―로 변하기에 간위산☶는 손위풍☴이 된다.

고로, 4손궁에 天宜를 두고, 다음은 3下에 絶體를 두면, 손위풍☴의 아래의 음효--는 양효—로 변하기에 손위풍☴은 건위천☰이 된다.

고로, 6건궁에 絶體를 두고, 다음은 4中에 遊魂를 두면, 건위천☰의 중간의 양효—는 음효--로 변하기에 건위천☰은 이위화☲가 된다.

고로, 9이궁에 遊魂를 두고, 다음은 5上에 禍害를 두면, 이위화☲의 상위의 양효—는 음효--로 변하기에 이위화☲는 진위뢰☳가 된다.

고로, 3진궁에 禍害를 두고, 다음은 6中에 福德를 두면, 진위뢰☳의 중간은 음효--는 양효—로 변하기에 진위뢰☳은 태위택☱이 된다.

고로. 7태궁에 福德를 두고, 다음은 7下에 絶命를 두면, 태위택☱의 아래의 양효—는 음효--로 변하기에 태위택☱은 감위수☵가 된다.

고로, 1감궁에 絶命를 두고, 다음은 8中에 歸魂를 두면, 감위수☵의 중간의 양효—는 음효--로 변하기에 감위수☵은 곤위지☷가 된다.

고로, 2곤궁이 歸魂으로 팔괘가 완성된다.

:: 태을구성법을 작성해 보자.

태을구성은-태을(太乙) 섭제(攝提) 헌원(軒轅) 초요(招搖) 천부(天符) 청룡(靑龍) 함지(咸池) 태음(太陰) 천을(天乙)-이상의 순열로 구성(九星)을 이룬 것인데, 이 명국은 일주가 癸未일로 갑술(甲戌) 순으로 음둔이니, 음둔(陽遁)의 육갑정위(六甲定位)의 순열에 따라 역행(逆行)으로 포국을 하자면,

4甲寅	9甲戌	2甲午
3甲辰	5	7
8甲子	1甲申	6

양둔(陽遁)의 육갑정위(六甲定位)

4	9甲申	2甲子
3	5	7甲辰
8甲午	1甲戌	6甲寅

음둔(陰遁)의 육갑정위(六甲定位)

순(旬) 甲子	乙丑	丙寅	丁卯	戊辰	己巳	庚午	辛未	壬申	癸酉
甲戌	乙亥	丙子	丁丑	戊寅	己卯	庚辰	辛巳	壬午	**癸未**
甲申	乙酉	丙戌	丁亥	戊子	己丑	庚寅	辛卯	壬辰	癸巳
甲午	乙未	丙申	丁酉	戊戌	己亥	庚子	辛丑	壬寅	癸卯
甲辰	乙巳	丙午	丁未	戊申	己酉	庚戌	辛亥	壬子	癸丑
甲寅	乙卯	丙辰	丁巳	戊午	己未	庚申	辛酉	壬戌	癸亥

60甲子에서의 일주(日柱)가 예속된 육갑(六甲)의 순(旬)이다.

4손궁咸池 庚辰	9이궁攝提 乙亥	2곤궁天乙 壬午
3진궁太陰 辛巳	5중궁靑龍 己卯	7태궁招搖 丁丑
8간궁軒轅 丙子	1감궁/太乙 甲戌 (日柱: 癸未)	6건궁天符 戊寅

1감궁 甲戌에서 시작으로 癸未까지 역행으로 짚어 나가면 9이궁에는 乙亥, 8간궁은 丙子, 7태궁은 丁丑, 6건궁은 戊寅, 5중궁은 己卯, 4손궁은 庚辰, 3진궁은 辛巳, 2곤궁은 壬午, 1감궁은 일주癸未가 된다. 일주(癸未)가 드는 이곳 1감궁을 시점으로 태을구성(太乙九星)이 시작되는데, 이로부터 역행하면 9이궁은 섭제(攝提), 8간궁은 헌원(軒轅), 7태궁은 초요(招搖), 6건궁은 천부(天符), 5중궁은 청룡(靑龍), 4손궁은 함지(咸池), 3진궁은 태음(太陰), 2곤궁은 천을(天乙)로 포국됨인데 아래와 같다.

:: 직부법을 작성해 보자.

직부법은 구궁에 포국된 연국 가운데에서 지반에 있는 시간(時干)을 찾아 그 시간을 기점으로 직부를 붙여 나가면 되는데,
양둔은 시계방향으로 돌면서 나열하고, 음둔은 시계 반대방향으로 돌면서 붙이면 된다.

양둔(陽遁)에는 직부(直符), 등사(騰蛇), 태음(太陰), 육합(六合), 구진(句陳), 주작(朱雀), 구지(九地), 구천(九天)의 순서로 순행(順行)으로 포열하고,

음둔(陰遁)에는 직부(直符), 등사(騰蛇), 태음(太陰), 육합(六合), 백호(白虎), 현무(玄武), 구지(九地), 구천(九天)의 순서를 역행(逆行)으로 포열한다.

戊 騰 壬 蛇	癸 直 <u>乙</u> 符	壬 九 丁 天
丙 太 癸 陰	辛	乙 九 己 地
庚 六 戊 合	己 白 丙 虎	丁 玄 庚 武

이 명국의 천지반의 연국에서 시간(時干)이 있는 지반의 연국은 乙卯시주(時柱)에서 시간(時干)의 乙은 9이궁에 있다.

따라서 9이궁을 시점으로 음둔(陰遁)이기에- 직부(直符), 등사(騰蛇), 태음(太陰), 육합(六合), 백호(白虎), 현무(玄武), 구지(九地), 구천(九天)의 순서를 역행(逆行)인 시계 반대방향으로 포열한다.

:: 천봉구성법을 작성해 보자.

천봉구성은 시가구성(時家九星)이라고도 하는데, 천봉(天蓬), 천임(天任), 천충(天沖), 천보(天輔), 천영(天英), 천예(天芮), 천주(天柱), 천심(天心), 천금(天禽)으로 되어 있는데, 적용은 60갑자의 시주(時柱)의 부두를 따라서 천봉구성정위도에 예속된 천봉구성을 시간(時干)궁으로 옮겨 시계방향으로 음둔(陰遁)과 양둔(陽遁)-상관없이 천봉구성을 나열하면 된다.

天輔	天英	天芮
天沖	天禽	天柱
天任	天蓬	天心

천봉구성 정위도(天蓬九星定位圖)

부두 (符頭)	육십갑자(六十甲子)									
戊	甲子	乙丑	丙寅	丁卯	戊辰	己巳	庚午	辛未	壬申	癸酉
己	甲戌	乙亥	丙子	丁丑	戊寅	己卯	庚辰	辛巳	壬午	癸未
庚	甲申	乙酉	丙戌	丁亥	戊子	己丑	庚寅	辛卯	壬辰	癸巳
辛	甲午	乙未	丙申	丁酉	戊戌	己亥	庚子	辛丑	壬寅	癸卯
壬	甲辰	乙巳	丙午	丁未	戊申	己酉	庚戌	辛亥	壬子	癸丑
<u>癸</u>	甲寅	<u>乙卯</u>	丙辰	丁巳	戊午	己未	庚申	辛酉	壬戌	癸亥

60갑자(甲子)와 부두(符頭)

이 명국의 시주(時柱)는 乙卯에서 시간(時干)이 乙이다.

먼저 시주乙卯의 부두를 찾으면 시주가 乙卯이기에 乙卯의 부두는 甲寅 -癸이다.

戊 天 壬 壬	癸 天 乙 沖	壬 天 丁 輔
丙 天 癸 蓬	辛	乙 天 己 英
庚 天 戊 心	己 天 丙 柱	丁 天 庚 芮

해서 구궁에 있는 연국의 지반 가운데 癸를 찾으니 3진궁에 좌하여 있다. 따라서 3진궁에 있는 천봉구성정위도(天蓬九星定位圖)를 보아 그 구성(九星)을 지반에 있는 시간(乙)이 있는 궁에 붙여 순열대로 천봉구성을 시계방향으로 나열하면 되는데, 3진궁에 있는 천봉구성정위도(天蓬九星定位圖)에 있는 구성(九星)은 천충(天沖)이다.

이 天沖을 다시 지반에 있는 시간(乙)에 놓는 것을 시작으로 천충(天沖), 천보(天輔), 천영(天英), 천예(天芮), 천주(天柱), 천심(天心), 천봉(天蓬), 천임(天任)으로 음양둔 상관없이 시계방향으로 나열하면 아래와 같다.

:: 겁살(劫煞)을 작성해 보자.

겁살은 년지(年支)와 일지(日支)를 중심으로 한 삼합(三合)의 마지막 다음에 해당하는 지지(地支)를 말하는데,

三七五(寅午戌) 삼합에는 五(戌)-다음의 地支인 亥(六)를 말하고,

二四十(巳酉丑) 삼합에는 十(丑)-다음의 地支인 三(寅)을 말하고,

九一五(申子辰) 삼합에는 辰-다음의 地支인 二(巳)를 말하고, 六八十(亥卯未) 삼합에는 十(未)-다음의 地支인 九(申)을 말하는데,

본 명국의 년지(年支)는 申이며, 일지(日支)는 未이다.

따라서 년지(年支)는 九一五(申子辰) 삼합에는 辰-다음의 地支인 二(巳)가 겁살이기에 홍국수 二가 있는 중궁에 겁살이 붙고,

일지(日支)는 六八十(亥卯未) 삼합에는 十(未)-다음의 地支인 九(申)가 겁살이기에 되어, 홍국수 九가 있는 태궁에 겁살이 붙는다.

(년지(年支)를 기준으로 하는 겁살은 세겁(歲劫)이라 칭하고, 일지(日支)를 기준으로 하는 겁살은 일겁(日劫)이라 하는데 작용력은 세겁(歲劫)이 크다.)

:: 천을귀인(天乙貴人)을 작성해 보자.

천을귀인은 태을구성에서의 천을귀인과 사주의 일간(日干)을 기준으로 하는 지지(地支)가 있는데,

여기서 천을귀인은 일간(日干)을 중심으로 한 지지(地支)를 말한다.

일간(日干)을 중심으로 한 음양의 지지(地支)는 일간(日干)이-

甲戊庚 日干에는 十十(丑未)가 천을귀인(天乙貴人)이다.

乙己 日干에는 一九(子申)가 천을귀인(天乙貴人)이다.

丙丁 日干에는 六四(亥酉)가 천을귀인(天乙貴人)이다.

壬癸 日干에는 二八(巳卯)가 천을귀인(天乙貴人)이다.

이 명국의 일간(日干)은-癸이기에, 壬이나 癸-日干에 천을귀인은 二와 八이다.

따라서 홍국수二와 八이 있는 건(乾)궁과 중(中)궁에 천을귀인(天乙貴人)을 상징하는 天乙이 붙는다.

:: **도화살(桃花煞)을 작성해 보자.**

도화살은 년지(年支) 또는 일지(日支)가-

二四十(巳酉丑)일 때 七(午)이 도화살이 되고, 六八十(亥卯未)일 때 一(子)이 도화살이 되며,

九一五(申子辰)일 때 四(酉)가 도화살이 되고, 三七五(寅午戌)일 때 八(卯)가 도화살이 된다.

이 명국은 년지(年支)가 申이고, 일지(日支)가 未이다.

따라서 년지(年支)가 九一五(申子辰)일 때 四(酉)가 도화살이 되기에 홍국수 四가 있는 곤(坤)궁에 도화(년도)살이 붙는다.

일지(日支)가 六八十(亥卯未)일 때 一(子)이 도화살이 되기에 홍국수 一이 있는 이(離)궁에 도화(桃花)살이 붙는다.

도화살(桃花煞)에서 년지를 기준으로의 도화살은 한글로 도화살이라 표했고, 일지를 기준으로의 도화살은 한자로 桃花라 표했다.

:: 홍염살(紅艶殺)을 작성해 보자.

홍염살은 일간(日干)을 중심으로 보는데, 일간(日干)이-

甲/乙일 때- 七(午)가 홍염살이며, 丙일 때-三(寅)이 홍염살이며,

丁일 때- 十(未)가 홍염살이며, 戊/己일 때-五(辰)이 홍염살이며,

庚일 때- 五(戌)이 홍염살이며, 辛일 때-四(酉)가 홍염살이며,

壬일 때- 一(子)가 홍염살이며, 癸일 때-九(申)이 홍염살이다.

이 명국은 일간(日干)이 癸이기에 홍염살은 九(申)인데, 九는 태(兌)궁에 있다. 따라서 태(兌)궁에 홍염(紅艶殺)살을 붙인다.

:: 공망살(空亡殺)을 작성해 보자.

공망살은 태어난 일주(日柱)를 기준으로 하여 10천간(天干)과 맞물려 이어가는 12지지(地支)에서의 다음 차례에 해당하는 두 개의 지지(地支)를 사용하는데 아래와 같다.

일주(日柱)가-

| 甲子 | 乙丑 | 丙寅 | 丁卯 | 戊辰 | 己巳 | 庚午 | 辛未 | 壬申 | 癸酉.. |

- 일 때의 공망은 戌亥가 공망이 되고,

甲戌	乙亥	丙子	丁丑	戊寅	己卯	庚辰	辛巳	壬午	**癸未..**

- 일 때의 공망은 **申酉**가 공망이 되고,

甲申	乙酉	丙戌	丁亥	戊子	己丑	庚寅	辛卯	壬辰	癸巳..

- 일 때의 공망은 **午未**가 공망이 되고,

甲午	乙未	丙申	丁酉	戊戌	己亥	庚子	辛丑	壬寅	癸卯..

- 일 때의 공망은 **辰巳**가 공망이 되고,

甲辰	乙巳	丙午	丁未	戊申	己酉	庚戌	辛亥	壬子	癸丑..

- 일 때의 공망은 **寅卯**가 공망이 되고,

甲寅	乙卯	丙辰	丁巳	戊午	己未	庚申	辛酉	壬戌	癸亥..

- 일 때의 공망은 **子丑**이 공망이 된다.

이 명국은 일주가 癸未이기에 공망(空亡)은 申酉가 공망이 된다.

따라서 申酉궁인 곤(坤)궁과 태(兌)궁에 공망살(空亡殺)이 붙는 것이다.

:: 역마살(驛馬煞)

역마살은 년지(年支)와 일지(日支)를 기준으로 홍국수에 붙이는데, 삼합의 첫 자와 충(沖) 되는 지지(地支)가 된다.

巳酉丑이 년지(年支)나 일지(日支)에 있으면, 六(亥)이 역마살이며,

亥卯未가 년지(年支)나 일지(日支)에 있으면, 二(巳)가 역마살이며,

申子辰이 년지(年支)나 일지(日支)에 있으면, 三(寅)이 역마살이며,

寅午戌이 년지(年支)나 일지(日支)에 있으면, 九(申)가 역마살이다.

이 명국은 년지(年支)가 申이기에 三이 역마살이라 홍국수 三에 역마를 붙이는데, 감(坎)궁에 세마(歲馬)가 붙는다.

일지(日支)가 未이기에 二가 역마살이라 홍국수 二에 역마를 붙이는데, 중궁에 역마(日馬)가 붙는다.

- 년지(年支)를 기준으로 한 역마는 세마(歲馬)가 되고, 일지(日支)를 기준으로 한 역마는 일마(日馬)가 된다. -

:: **천마**(天馬)

천마는 태어난 달(月)을 기준으로 홍국수에 붙이는데 아래와 같다.

子, 午월은 홍국수 三(寅)이 천마(天馬)가 되고, 卯, 酉월은 홍국수 九(申)가 천마(天馬)가 되고, 寅, 申월은 홍국수 七(午)이 천마(天馬)가 되고, 巳, 亥월은 홍국수 一(子)이 천마(天馬)가 되고, 辰, 戌월은 홍국수 五(戌)가 천마(天馬)가 되고, 丑, 未월은 홍국수 五(辰)가 천마(天馬)가 된다.

이 명국에서의 천마는 달이 未월이기에 천마는 五가 되기에 五는 진
(震)궁에 있다.

따라서 천마는 五가 있는 진(震)궁에 천마(天馬)가 붙는다.

- 천마가 공망이면 해외에 나감은 불리하며 큰 이익을 바랄 수 없다.

제22장

실전 풀이 감정

− 절대 중요! 다시 익히기 −

🔍 인명 사주

一	十	三	八	五	二	七	十	九	四	五	六
子	丑	寅	卯	辰	巳	午	未	申	酉	戌	亥
자	축	인	묘	진	사	오	미	신	유	술	해
1	2	3	4	5	6	7	8	9	10	11	12
陽水	陰土	陽木	陰木	陽土	陰火	陽火	陰土	陽金	陰金	陽土	陰水
쥐	소	범	토끼	용	뱀	말	양	원숭이	닭	개	돼지

낙서구궁의 정위도와 후천팔괘/12지지

4손궁/火宮-손위풍(巽爲風-木):유순,공손/장녀/辰巳월-3,4월☴/東南청명,입하	9이궁/火宮-이위화(離爲火-火):떼놓다,가르다,끊다,나누다,헤어짐,물러남,떠나감,배반,반작용/중녀/午월-5월☲/南망종(하지)	2곤궁/金宮-곤위지(坤爲地-土):땅,대지,포용,흡수/모친/未申월-6,7월☷/西南소서,입추
3진궁/木宮-진위뢰(震爲雷-木):벼락,천둥,떨다,움직임,놀람,두려움,성냄,지진/장남/卯월-2월☳/東경칩	5궁-(土)/중궁(中宮)	7태궁/金宮-태위택(兌爲澤-金):빛남,기름지다,바꾸다,기뻐함,지름길/소녀/酉월-8월☱/西백로
8간궁/木宮-간위산(艮爲山-土):어긋남,거스르다,그침,어려워하다/소남/寅,丑월-1,12월☶/東北소한,입춘	1감궁/水宮-감위수(坎爲水-水):구덩이,험난,험하다/중남/子월-11월☵/北동지	6건궁/水宮-건위천(乾爲天-金):하늘,임금/부친/戌亥월-9,10월☰/西北한로,입동

음력 12월, 1월, 2월은 바탕이-木氣이고,

음력 3월, 4월, 5월은 바탕이-火氣이며,

음력 6월, 7월, 8월은 바탕이-金氣이고,

음력 9월, 10월, 11월은 바탕이-水氣이다.

그리고 12월, 1월/ 3월, 4월/ 6월, 7월/ 9월, 10월의 간방은 土氣를 안고 있는데, 월령이 辰, 戌, 丑, 未月로 土氣나 巳, 午月로 火氣일 때 홍국수-辰戌丑未인 '五十' 토기가 간방(間方)인 간궁, 손궁, 곤궁, 건궁에 거할 시 이 육신(육친)은 왕(旺)하게 판단한다.

육친관계 - [절대 암기]

- 육친은: 나, 부모, 형제, 자녀, 남편, 부인을 말한다.

· 세(世)는 나 자신이며 구궁의 중심체로, 추명학의 일간(日干)처럼 世를 기준으로 모든 육신을 포열한다.
  아울러 世는 가정궁으로 나 자신인 동시에 가정의 안녕과 불행을 보기에, 남명은 재성(財星)/여명은 官鬼와 더불어 배우자의 有無와 복/불행의 여부를 본다.

  世는 태어난 생일에 의해 낙서구궁의 정위도에 나타난 고정된 12지지의 궁(宮)에 안착하게 되는데,

자(子)일생은 감(坎)궁이 세(世)궁이 되고, 축인(丑寅)일생은 간(艮)궁이 세(世)궁이 되고, 묘(卯)일생은 진(震)궁이 세(世)궁이 되고, 진사(辰巳)일생은 손(巽)궁이 세(世)궁이 되고, 오(午)일생은 이(離)궁이 세(世)궁이 되고, 미신(未申)일생은 곤(坤)궁이 세(世)세궁이 되고, 유(酉)일생은 태(兌)궁이 세(世)궁이 되고, 술해(戌亥)일생은 건(乾)궁이 세(世)궁이 된다.

- 四柱干支(사주간지)의 육친 -

年支는 어머니, 年干은 아버지. 父에서 정인은 아버지, 편인은 어머니/계모. 月支는 아래 형제, 月干은 위 형제로 보며, 본인이 장자이면 바로 밑에 동생을 月干으로, 그다음 동생은 月支로 본다(만약, 월지가 장남 맏이 노릇을 하면 월지가 월간의 작용으로 봐야 하며, 반대로 월간이 맏이 노릇을 못하면 월지작용으로 볼 수 있음).

兄(형제)에서 겁재는 남형제/이복형제, 비견은 여형제.

世는 나 자신으로 나의 운기를 살피고, 가정의 부부 문제 또는 결혼 유무를 판단. 日干(일간)은 외부의 나 자신으로 사회활동, 능력, 명성을 의미한다.

일간은 준동처로 생극의 작용을 하기에 극되고 생되는 육신을 잘 살펴야 한다. 世가 약한데 日干이 왕하게 비치면 가정은 소홀히 하고 밖에서는 활동적으로 보며,

世가 왕하고 日干이 약하게 비치면 가정에 충실하고 대외 활동은 미흡하며, 世도 약하고 日干도 약하면 가정에 보다 충실하며,

世도 日干도 다 왕성하면 사회적 활동을 중시한다.

世와 日干의 관계는 상생이 좋다.

사회활동, 명성, 능력을 보는 日干이 월령에서 승왕은 하지만, 자리에서 거쇠이면 남 보기는 화려해도 실속이 없으며, 자리에서는 왕한데 월령에서 약하면 외적으로 빈약하게 보여도 내적으론 풍요롭다. 월령과 자리 모두에서 약하면 수행자로 적합한데 안팎 모두에서 곤궁과 실속 없음을 보인다. 반면, 안팎 모두가 왕성하면 안팎에서 두루 풍요와 내실을 가진 사람이다. 時支는 둘째 이후의 자녀를 보고, 時干은 장남/맏이를 보며, 손에서 상관은 아들이 되고, 식신은 딸로서 본다.

一水	十土(火)	三木	八木	五土(水)	二火	七火	十土	九金	四金	五土	六水
子	丑	寅	卯	辰	巳	午	未	申	酉	戌	亥
자	축	인	묘	진	사	오	미	신	유	술	해

형제(兄)에는 비견(兄)과 겁재(兄)로 나누어지는데,

형제(兄)는 세(世)와 오행이 같은 것으로-

陰陽(음양)이 서로 간 陰陰(음음) 또는 陽陽(양양)으로 같으면 비견(兄)이 되고,

陰陽(음양)이 서로 간 陰陽(음양) 또는 陽陰(양음)으로 다르면 겁재(兄)가

된다.

- 겁재(兄)에 비해 비견(兄)이 길신으로 좋고 유(柔)하게 평한다.

나(世) 또는 형제(兄)가 생(生)하는 육친은 손(孫)이 되고,

이때 나(世)가 손(孫)을 생(生)할 때-

陰陽(음양)이 서로 간 陰陰(음음) 또는 陽陽(양양)으로 같으면 식신(食神)이 되고,

陰陽(음양)이 서로 간 陽陰(양음) 또는 음양(陰陽)으로 다르면 상관(傷官)이 된다.

- 상관(傷官)에 비해 식신(食神)이 길신으로 좋고 유(柔)하게 평한다.

세(世) 또는 형제(兄)를 생(生)하는 육친은 부모(父)가 되고,

이때 세(世)를 부모(父)가 생(生)할 때-

陰陽(음양)이 서로 간 陰陰(음음) 또는 陽陽(양양)으로 같으면 편인(偏印)이 되고,

陰陽(음양)이 서로 간 陰陽(음양) 또는 陽陰(양음)으로 다르면 정인(正印)이 된다.

- 편인(偏印)에 비해 정인(正印)은 길신으로 좋고 유(柔)하게 평한다.

나(世) 또는 형제(兄)가 극(剋)하는 육친은 재(財)가 되고,

이때 세(世)가 재(財)를 극(剋)할 때-

陰陽(음양)이 서로 간 陰陰(음음) 또는 陽陽(양양)으로 같으면 편재(偏財)가 되고,

陰陽(음양)이 서로 간 陰陽(음양) 또는 陽陰(양음)으로 다르면 정재(正財)가 된다.

- 편재(偏財)에 비해 정재(正財)가 길신으로 좋고 유(柔)하게 평한다.

나(世) 또는 형제(兄)를 극(剋)하는 육친은 관귀(官鬼)가 되고,

이때 나(世)를 관귀(官鬼)가 극(剋)할 때-

陰陽(음양)이 서로 간 陰陰(음음) 또는 陽陽(양양)으로 같으면 편관(鬼)이 되고,

陰陽(음양)이 서로 간 陰陽(음양) 또는 陽陰(양음)으로 다르면 정관(官)이 된다.

- 정관(官)은 귀(鬼)에 비해 길신으로 좋고 유(柔)하게 평한다.

• 형제(兄)가 생(生)하는 육친은 손(孫)이 되고, 형제(兄)를 생(生)하는 육친은 인성(父)이 되며, 형제(兄)가 극하는 육친은 재성(財)이 되고, 형제(兄)를 극(剋)하는 육친은 관귀(官鬼)가 된다.

• 손(孫)이 생(生)하는 육친은 재성(財)이 되고, 손(孫)을 생(生)하는 육친은 세(世)와 형(兄)가 되며, 손(孫)이 극(剋)하는 육친은 관귀(官鬼)가 되고, 손(孫)을 극(剋)하는 육친은 인성(父)이 된다.

• 재성(財)이 생(生)하는 육친은 관귀(官鬼)가 되고, 재성(財)을 생(生)하는 육친은 손(孫)이 되며, 재성(財)이 극(剋)하는 육친은 인성(父)이 되고, 재성(財)을 극(剋)하는 육친은 나(世) 또는 형제(兄)가 된다.

· 관귀(官鬼)가 생(生)하는 육친은 인성(父)이고, 관귀(官鬼)를 생(生)하는 육친은 재성(財)이며, 관귀(官鬼)를 극(剋)하는 육친은 손(孫)이 되고, 관귀(官鬼)가 극(剋)하는 육친은 나(世) 또는 형제(兄)가 된다.

· 인성(父)이 생(生)하는 육친은 나(世) 또는 형제(兄)가 되고, 인성(父)을 생(生)하는 육친은 관귀(官鬼)가 되고, 인성(父)을 극(剋)하는 육친은 재성(財)이 되고, 인성(父)이 극(剋)하는 육친은 손(孫)이 된다.

- 世와 가까이(동궁 포함) 있는 육친은 나와 친분이 상대적으로 먼 육친보다 친근하게 지내거나 가까운 곳에서 살아간다.
다만, 동궁한 육친에 흉성이 있다면 동궁한 육친끼리는 불평과 불만, 충돌이 일어나고, 서로 간 소통이 안 되거나 인연은 불화가 될 것이다.

<직업은 용신(用神)으로 삼는데, 일반적으로 나(世)의 강약을 따라 그 육친으로 결정하나, 달리 그 육친의 오행(木火土金水) 가운데 기운과 팔문, 팔괘 등의 살성으로 정하기도 한다.>

- 일반적으로 나(世)가 약(弱)하면 문서(父)가 용신(用神)이 되고, 나(世)가 왕(旺)하면 동한 것 관귀(官鬼)나 재성(財), 손(孫) 가운데 용신(用神)으로 삼는데, 이때 이들 중에서 왕성(旺成)한 것으로 용신(用神)을 삼는다.

또한, 이들의 용신(用神)에서 육친(六親)이 가지고 있는 오행이 용신이 되는데, 예로 世弱에 용신이 문서(父)라면 그 문서의 오행이 木이면 종이 제지 섬유와 관련된 木氣가 용신(用神)이 된다는 것이다. 세왕(世旺)도 이와 같은 이치이다.

나(世)의 강약은 나(世)의 거왕(居旺)/거쇠(居衰), 승왕(乘旺)/승쇠(乘衰), 수생(受生) 또는 겸왕(兼旺)으로 판단하며, 이 세 가지 중 2개 이상이면 세왕으로 보고, 하나이면 세약으로 본다. 만약 이 셋 중 하나에 해당하여 세약이지만, 인성(父)이 년지나 기타 궁에서 힘 있게 생하면 세기가 약하지 않다는 점도 잊지 말아야 한다(예문에서 충분히 나옴).

세왕(世旺)에

1. 관(官)/귀(鬼)가 용신이면-

고관이나 공직/공기업/직장인으로 나아가는데, 이때 용신이 왕성하면 고관이나 회사에서 직위를 얻을 것이지만, 약하면 낮은 공직이나 큰 지위는 얻지 못할 것이다. 하나 둘 다 세왕이기에 경제적 여건은 구비되지만, 용신의 강약에 따라 사회적 위치나 경제의 기반은 차이가 있다. 참고로 귀(鬼)는 관(官)보다 취함의 과정에서 조금은 편파적으로 또는 뒷거래, 인맥 등으로 얻어진 것으로도 볼 수 있음이며, 공정성에서 관보다 처지며 위치의 도달에서도 관보다 낮다(만약 관귀에 천반이 수극이나 두문, 겁살, 중한 망신살이면 지속되지 않고 변화 굴절이 많다).

세왕에 귀(鬼)가 용신일 때-

질병, 사고, 우환, 근심과 관련된 일을 할 수 있는데, 병원(의사, 간호원)이나 영안실, 제약회사, 건강식품, 의료기구, 사고처리 등과의 일을 할 수 있는데 특히 세왕에 귀가 천강살(五五)이면 더욱 강하다. 참고로 이때의 직업은 치귀자의 용신인 손(孫)을 用으로 하는 명의와 관계없이 돈을 버는 수단으로 사용하는 사람이 된다.

2. 재성(財)이 용신일 때-

재(財)가 왕성하면 재물 복이 많아 기업이나 가게를 운영하여 돈을 많이 벌 것이다. 남자라면 처복이 있고 경우에 따라 능력 있는 처를 맞이한다.-(정재는 본처, 편재는 재혼, 애첩, 여직원이나 여자를 이용한 사업). 또한 세왕에 재왕이 중궁 손의 생을 받는 재성이 년지가 되거나, 년지 손의 생을 받는 중궁이 왕성한 재라면 공직/직장인으로도 나갈 수 있다.

이때 정재(財)가 용신이면-

곧고 바른 돈을 벌고, 또 그러한 일을 하지만, 편재(財)가 용신이면 쉽게 버는 돈으로 부동산, 주식, 돈놀이 등으로 부정 또는 편술로 쉽게 돈을 벌려고 하는 사람이나 그렇게 버는 재물이 된다.

3. 손(孫)이 용신이면-

일반적으로 관운, 직장과는 인연이 없으며, 독립적인 개인업이나 사업을 한다. 이때 손(孫)이 용신(用神)으로 왕성하면 큰 성취를 이루고, 약하면 굴곡이 많은 인생으로 다소의 재물을 모을 것이다.

만약 손이 **귀를 충극**을 한다면 이는 치귀자로 의사로 능력을 발휘하는데, 명의의 기준은 손이 왕성하여 약귀를 충극할 때이다. 이때의 동처는 년지와 중궁, 중궁과 년지가 손으로서 귀를 충극 해야 격이 높은 명국이 된다. 또한, 치귀자의 운명은 변호사, 스포츠감독으로도 명성을 얻을 수 있다.

원명국이 흉격으로 世의 왕성함도 비치지 않을 때 관(官)/귀(鬼)마저 약하면 공직이나 직장생활이 어렵고, 직장이 불안정하고, 자주 직장변화를 둔다. 또한 귀(鬼)는 질병, 사고, 우환, 근심을 말하는데, 世가 약하면 이

들로서 괴로움을 당하며, 세왕(世旺)으로 길격이면 반대로 질병, 사고, 우환, 근심과 관련된 일을 하거나 이를 다스리는 사람이 된다.

세약(世弱)이면 용신(用神)은-

문서(父)가 되기에 문서(父)用이 되고, 또는 문서(父)의 오행으로 직업을 택하며, 문서(父)에 있는 살성이 직업이 되는 경우도 있다. 살성은 역마나, 도화, 육합, 목욕 등이다.

일반적 문서(父)用은 격이 좋으면-

교수, 선생, 법무사, 회계사, 변리사, 작가, 설계사 등이며, 격이 낮으면 부동산, 보험계약, 공부방, 책방, 서점, 디자인 등이 된다.

살성으로의 역마는 이동, 이사, 운전, 활동적인 일이 될 것이며,

도화는 주류와 이성 문제, 청춘 상대업, 인기업, 연애인 등이 되며,

육합은 많은 사람들을 상대하는 일, 이성 문제, 소개업, 결혼 중매업 등이 될 것이며,

목욕은 무도, 나이트, 목욕탕, 여관, 사우나, 찜질방 등이 될 것이며,

함지살은 시끄러운 일, 관재 등이며, 사문이나 상문은 군인, 경찰, 형사, 어부나 죽은 고기 등이 된다.

사지에 삼형살이나 삼살, 사문, 절명 등의 살기가 강하면 술사/도인의 명이든지 불심 등 신앙심이 강한 경향이 있다.

세약(世弱)인데

1. 관(官)/귀(鬼)가 삼합이 되거나 투출되어 왕성하면-

가난하게 살거나 오명이나 이름 없이 빈천하게 산다. 世가 태약하면 단명 아니면 불구, 질병자, 구속감금 등 일생을 번민과 고통으로 살아간다. 특히, 귀(鬼)가 특출할 때 강하다.

또한, 여명이 세약에 삼합이 관귀이면(귀가 더욱 흉) 평생 남편, 남자 복은 전무하며, 도리어 큰 해를 입기에 없는 것이 더 낳다.

2. 재성(財)이 삼합이 되거나 투출되어 왕성하거나 투출되면-

남명이면 돈과 처와 여자는 나에게 흉신으로 그들로부터 괴로움을 겪는다. 가난하면 장수하고 부귀하면 단명한다. 재물이나 여자가 들어오면 괴로움으로 바뀐다. 재삼합은 일반적으로 부모가 대흉하여 가난, 질병, 단명, 불구, 행방불명이 된다.

3. 손(孫)이 삼합이 되거나 투출되어 왕성하면-

남녀 공히 평생 관운은 물론이고 무직 또는 옳은 직장이 없다. 여명이면 남자가 없거나 무능하며 있어도 없는 것과 같다. 일생 남자 복은 기대하지 말아야 한다. 대신 자녀는 잘될 수 있다.

삼합의 작용은 중궁을 거친 삼합이라야 정합(正合)이며, 외삼합은 중궁 삼합보다 다음 순서가 된다.

삼합은 인성(父)일 때를 재물에 귀격으로 보는데, 世旺일 때는 더욱 길하지만, 世의 강약과는 무관하게 대길하다. 다음으로는 삼합이 世와 中宮과 여타宮이 될 때로, 그 삼합의 오행이 세기(世氣)가 될 때를 재물에 있어 대길하게 본다.

만약 삼합(三合) 가운데 이합(二合)만 있고, 나머지 하나가 동(動)하지 않았을 때 그 동(動)하지 않은 하나의 육친이나 육친의 오행을 용(用)으로 쓴다면 더없이 좋을 것이기에, 그 육친과 육친의 오행으로 그는 재물에 어렵지 않게 살아갈 수 있기 때문이다.

덧붙여 설명하면 동하지 않은 그 하나 육친이-

1. 비견(兄)이나 겁재(兄)이면-

형제나 친구, 주변 사람들의 도움으로 재물이나 기타 생활이 좋으며(공동투자도 길),

2. 인성父)이면-

문서父)를 用으로 살아야 대길하다.-문서(父)用 참조.

3. 관(官)이면-

관직, 직장, 본 남편이 나의 정신적 물질적 만족을 주며, 귀(鬼)이면 관직, 직장, 질병, 사고, 우환, 재혼남, 정부 등이 나의 정신적 물질적 만족을 준다.

4. 재(財)이면-

돈이나 여자를 이용하면 좋은데, 정재는 본처를, 편재는 재혼녀, 애첩이 나에게 복과 덕을 안겨준다(돈놀이나 주식 등 투기는-편재). 길격이면 여사원, 여종업원으로 재물을 모은다. 여명은 돈이나 재성의 오행이 덕이 된다.

5. 손(孫)이면-

사업, 개인업인 농업, 임업, 수산업 등이나 장사나 사업을 하면 이득이 크다. 또는 종업원, 동물·가축, 생산업, 자녀를 이용한다. 격이 좋으면 의사, 약사, 의료, 건강과 관련된 업종이 길하다.

제23장

초급, 중급, 고급풀이
[예문]

* 아래 초급, 중급, 고급풀이는 일반적 원론의 대략적 풀이에 불과하
며 더 깊은 내용을 심지 못함을 양해해 주시기 바라며, 중급, 고급
풀이 해단이 담겨있는 동영상에는 보다 심플하고 능동적이 해단의
진수가 담겨져 있습니다.

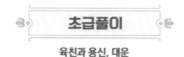

초급풀이

육친과 용신, 대운

柱 辰 亥 午 丑	運 寅 丑 子 亥 戌 酉 申 未	辰　亥 ⌊午⌋ 丑

元命局 (時局), 夏至 中元 陰 三局　http://cafe.naver.com/48qog　5　12　7　2 = 人

時支	月支	日干	卯

乙四 ● | 辛九 ○ | 己六 ○ | 時 日 月 年
乙二 鬼 | 辛七 官 | 己十 父 | 子 申 午 丑
景天九天絶景 | 死天九招禍杜 | 驚天玄攝生開 | 將星 地殺 災殺 攀鞍
門輔天乙命門 | 門英地搖害門 | 門芮武提氣門 | 六害 亡神 年殺 華蓋

生居日馬 (56~59) | 年桃 (78~86) | 祿亡劫 (65~70)
養空馬宮 (36~37) | 浴桃宮 (16~22) | 帶宮宮 (32~34)

71	61	51	41	31	21	11	1
丑	子	亥	戌	酉	申	未	午

月時干	戰局	年干	攀 將 亡 月 年 地 天 災

戊五 | 八三 | 癸一 | 鞍 星 神 殺 殺 殺 殺 殺
戊一 孫 | 丙八三 財 | 癸五 父
杜天直太遊休 | 　　　太陰 | 開天白青絶死
門沖符乙魂門 | | 門杜虎龍體門

桃天 (60~64) | 歲天日 (48~55) | 旺焰 (90~90)
胎花乙 (35~35) | 劫馬亡 (38~45) | (5~9)

'22	'21	'20	'19	'18
50	49	48	47	46
未	午	巳	辰	卯
天殺	災殺	劫殺	華蓋	六害

年支			丁二 ○

壬十 | 庚七 ○ | 丁四 世
壬六 孫 | 庚九 兄 | 休天六咸福生
傷天騰天歸驚 | 生天太軒天傷 | 門心合池德門
門任蛇符魂門 | 門蓬陰轅宜門 |

絶歲亡劫 (87~89) | 日天年桃 (71~77) | 病馬 (46~47)
基馬宮宮 (10~15) | 死劫乙亡宮 (23~31) | 衰宮 (1~4)

'17	'16	'15	'14	'13
45	44	43	42	41
寅	丑	子	亥	戌
攀馬	攀鞍	將星	亡神	月殺

운곡운기용기문둔갑 V1.2.1.2

원명국

육친

자신인 世氣는-

자신이 건궁의 酉金으로 태약한 가운데 화금상전으로 있으니, 성품이 분명하고 명확한 기질에서 소심하거나 세심하다. 그러나 천심과 더불어 길문괘가 함께함에서 그 성품은 심성이 착한 사람이 된다. 육합이 좌하여 사람과의 융화도 잘 될 것이지만 안으로 욕심은 내재되어 있다.

육합에서 본인이 원하든 원치 않든 간에 일생 남자는 몇 사람이 지나가야 하는 명국에서 복덕은 주변사람들에게 인기는 있음이다. 하지만 세약에 함지살이니, 함지살은 구설이나 질병으로 보기에 가정이 잡음이 일거나 몸이 잔병이 있을 있음을 알 수 있다.

세궁의 마궁은 역마살로 일생 분주하거나 이주, 이사가 많음이다.
세궁이 부친궁인 건궁에 좌하여 부친과 나는 육합에서 잘 지내는 사이가 되고, 수시로 접촉 만남이 있음이다.

배우자 복의 유무는-

세궁과 관귀를 보기에 세궁의 천지반이 화금상전으로 흉한 데다, 남편인 관귀의 천지반도 화금상전으로 흉하니, 가정을 이루는데 어려움이라, 일반적으로 가정불사의 명국으로 이 명국은 가정을 이루지 못한다.

하나, 중궁의 재성이 겸왕으로 튼실함에서 그 남자는 어렵지 않게 경제를 이룰 수 있음이나 가정 불사의 명국이기에, 주말부부나 부부가 야간 근무 등으로 떨어져 지낸다면 가정을 이룰 수 있음이다. 다만, 부부의 궁합이 흉하지 않아야 한다는 전제가 붙는다.

여기서 남편인 관은 거왕, 승왕에 중궁의 왕성한 재성의 생을 받기에 정도의 성취를 이루지만, 화금상전에 흉문괘라, 소인배의 기질을 가진 속좁은 인품으로 두문에서 나와는 대화나 소통이 안 되는 사람이 되고, 화해살에서는 나에게 근심·걱정을 주는 남편이 된다.

또한, 관이 도궁에 도화살이 깃들어 있음에서 주색을 좋아하는 남편이 되고, 남편인 관이 두문, 화해살이니 나와 남편은 같이 살면 두문, 화해살에서 풍파가 끊임없이 일어난다.

부모의 운기-
부모는 년간은 부친, 년지는 모친, 정인은 부친, 편인은 모친으로 년간, 년지를 70%, 정인, 편인을 30%로 해서 부모의 운기를 살피는데, 아울러 부친궁인 건궁과 모친궁인 곤궁을 함께 관찰해서 판단한다.

여기서 부친인 년간은 태궁에 좌하여 승왕은 하나 중궁의 왕성한 재성에 극을 받고, 정인도 동일하여 부친은 큰 성취를 이룰 수 없는 것에서 사문이라 보수적이고 내성적이며, 사문, 절체에서 몸이 다치는 신액(身厄)이 있는 부친이 된다.
더하여 건궁은 화금상전에 길문괘로 부친의 심성은 착하나, 건궁이 쇠함에서 이도 큰 성취의 부친은 될 수 없음이다. 다만, 육합이 좌함에서 주변 사람들과 융화는 잘 될 것이다.

모친인 년지는 간궁에 좌하여 그 기운이 약함에서 귀혼, 천부라, 필시 몸이 아프거나 질환이 있을 것이다. 등사는 영적인 발달에서 꿈의 예지가 뛰어남을 말한다(또는 꿈을 잘 꾼다).

편인과 동궁하는 곤궁을 보면 십토가 왕하니, 모친은 신의를 중히 여기는 사람으로 신심이 있어 종교가 있거나 가지게 될 모친이 된다.

형제의 운기-

형제는 월간, 월지, 겁재를 보는데, 월간, 월지는 형제운기의 70%를 보고, 겁재는 형제운기의 30%를 본다.

월간은 손위를 말하고 월지는 손아래를 말하며, 겁재는 형제도 보지만, 주변 친구 등 친근자로 본다. 본인이 장남장녀이면 바로 아래 동생이 월간으로 보고, 그 아래는 월지로 본다. 본인이 막내이면 월간은 첫째 형제이며, 월지는 그 아래가 된다. 여기서 본인은 막내이니, 월간은 손위로 큰 오빠가 되고 월지는 작은오빠가 된다.

월간은 태약한 것에서 삶의 파란과 굴곡 많은 오빠가 되고, 성격은 뇌궁에 천충이라 뇌성 같은 성격이 있음이나, 휴문에서 점잖은 면도 갖추고 있으며, 태을과 천을귀인이 더하니 인품의 고상한 면(또는 고상한 취미)도 내재된 오빠가 된다.

월지는 이궁에서 거왕, 승왕에 중궁재성의 생을 받음에서 성취하는 오빠가 되지만 두문, 화해에서 소통이 안 되거나 잦은 왕래가 없는 오빠가 되고, 화해에서 나에게 못마땅한 오빠가 된다. 겁재는 화금상전에 년망에서 큰 성취의 친근자는 주변에 없으며, 나에게 기쁨 주는 친구도 없음이다.

자녀의 운기-

자녀의 운기는 시간은 아들, 시지는 딸로 이 둘을 70% 자녀운기로 보고, 상관은 아들, 식신은 딸로, 이는 30% 자녀운기로 본다. 또한, 손은 나의 귀중품, 애완동물, 자동차 등 소유물이 된다.

아들인 시간은 상관과 더불어 진궁의 일수로 태약함이라, 가난이나 단명이 되고, 딸인 시지는 거왕, 승왕에서 재물은 있으니 거공에서 대성은 어려우며, 천지반이 화금상전에서 소심하거나 세심하다. 또한, 구천에서 자존심이 강하다.

용신

세약에서 용신은 약세인 유금을 생하는 편인이 되기에 일간의 십토가 용신이 된다. 따라서 선생, 교사, 행정, 컴퓨터그래픽, 디자인, 설계, 법무사, 회계사, 부동산 방면이 이롭다.

柱 辰 亥 年 丑　　運 寅 丑 子 亥 戌 酉 申 未　　辰 亥 ⌊年⌋ 丑
　　　　　　　　　　　　　　　　　　　　　　　　5　12　7　2　= 八

元命局 (時局), 夏至 中元 陰 三局　　http://cafe.naver.com/48goo

時支	月支	日干
乙四 ● 乙二 鬼 景天九天絶景 門輔天乙命門 生屋日馬 (56~59) 養空馬宮 (36~37)	辛九 辛七 官 死天九招禍杜 門英地搖害門 年桃 (78~86) 浴桃宮 (16~22)	己六 ○ 己十 父 驚天玄攝生開 門丙武提氣門 祿亡劫 (65~70) 帶宮 (32~34)
月時干 戊五 戊一 孫 杜天直太遊休 門沖符乙魂門 桃天 (60~64) 胎花乙 (35~35)	**戰局** 八三 丙八三 財 太陰 歲天日 (48~55) 熱馬乙 (38~45)	**年干** 癸一 癸五 父 開天白靑絶死 門柱虎龍體門 喜 (90~90) 旺葉 (5~ 9)
年支 壬十 日 壬六 孫 傷天騰天歸驚 門住蛇符魂門 絶歲 亡劫 (87~89) 墓馬宮 (10~15)	庚七 ○ 庚九 兄 生天太軒天傷 門蓬陰賴宜門 日天 年桃 (71~77) 死熱乙 亡宮 (23~31)	丁二 ○ 丁四 世 休天六歲福生 門心合池德門 病馬 (46~47) 養宮 (1~ 4)

운곡운기룡기문둔갑 V1.2.1.2

卯

	時	日	月	年
	子	申	午	丑
	將星	地殺	災殺	擧鞍
	六害	亡神	年殺	華蓋

71	61	51	41	31	21	11	1
丑	子	亥	戌	酉	申	未	午
攀鞍	將星	亡神	月殺	年殺	地殺	天殺	災殺

`22	`21	`20	`19	`18
50	49	48	47	46
未	午	巳	辰	卯
天殺	災殺	劫殺	華蓋	六害

`17	`16	`15	`14	`13
45	44	43	42	41
寅	丑	子	亥	戌
驛馬	攀鞍	將星	亡神	月殺

원명국

대운

대운1~4세는

건궁의 복덕에서 본인은 큰 흉액은 없으나, 건궁의 부친궁에서 천반과 화금상전으로 극을 받는 가운데 태약하니, 부친의 힘겨운 시기로 집안의 어려운 시기가 된다. 복덕이 없으면 부친은 대흉함이 된다.

대운5~9세는

년간에 정인으로 이는 부친으로 사문, 절체에 중궁재성의 극을 받기에 부친이 대흉함이라 이 시기에 부친이 교통사고를 당하여 다리를 수술하는 일이 생긴다. 약세를 생하는 정인오토의 극에서 부친의 힘겨운 시기와 집안의 어려운 시기가 된다.

대운10~15세는

모친인 태약한 년지가 수극의 손으로 귀혼, 천부, 등사, 망궁, 겁궁, 세마에서 중궁재성을 생하여 나아가 일간의 편인을 극함에서 모친이 힘겹게 삶을 살아가는 시기가 되지만, 육수의 생을 받는 팔목재성에서 관귀를 생하니, 형제는 관귀로 몰리는 시기에서 형제에게 흉액이 생긴다.

또한, 태약한 년지에 귀혼, 천부의 질병성이 함께함에서 모친이 건강이 좋지 못함이며 형제도 그러하다.

대운16~22세는

중궁의 생을 받는 관에서 도궁, 년도, 욕살이라, 남자를 만나는 시기가 되고, 직장을 취하는 시기가 된다. 하지만 두문, 화해살에서 남자와 직장은 지속되지 못하는 장애와 근심이 뒤따르는 시기가 된다. 또한, 형제는 흉운이라 형제도 힘겹게 나아가거나 떨어져 지내게 된다.

23~31세는

겁재로 천반의 극을 받는 것에서 친구의 화합보다 거리를 두거나 자주 왕래가 없는 시기가 되고, 형제도 앞 전 대운보다 떨어져 지내거나 관계 소원을 말한다.

또한, 이 시기는 도궁에서 결혼을 하지만, 삼형살을 작하여 재성을 충극하니, 남편과의 갈등이 깊은 시기가 되고, 본인도 힘겨운 시기가 된다.

32~34세는

길문괘의 일간, 편인으로 앞전의 대운보다는 길한 시기이나 중궁재성의 극에서 본인과 모친의 흉함으로 길함을 감하기에 약간의 힘겨운 시기가 된다. 또한 겁궁, 망궁에서 흉함의 가중인데, 하는 일의 장애나 구설, 신액도 있음이다.

35세는

월간, 시간의 손이 중궁과 자묘형살에서 손위 형제나 자식, 재물에 근심이 일어나는 나이가 된다. 그러나 삼목재성도 생함에서 이칠화기의 관귀로 나아감에서 문서나 직장은 길함에서 집을 사는 것에서 길함이 된다.

36~37세는

귀에서 형제의 흉함이 되고, 마궁, 일마에서 분주한 시기가 된다.

하지만, 귀성에 천을귀인과 천보성에서 마궁과 일마로 이사나 변동은 이익이 생김이다.

38-45세는

왕한 재성의 대운에서 관귀를 생함이니 좋은 직장을 다니게 되는 직장의 안정이 되는 시기가 된다.

46~47세는

이화 귀로 마궁, 일마에서 중궁재성의 생을 받으니, 직장의 안정과 문서, 이사에 길한 시기가 된다.

48~55세는

왕성한 재성에서 직장, 명예의 길한 시기가 된다.

반면, 관을 생함에서 형제는 흉운의 시기가 된다.

신수와 월운, 합과 살성, 소운

柱 辰亥午丑　運 寅丑子亥戌酉申未　辰 未 年 午

2014年度 身數局(時局), 夏至 中元 陰 三　http://cafe.naver.com/48goq

5　8　7　7 ＝ 九

時支	年月支　　年日干	辛五 己一 世	卯 ◀◀ ◀ ▼ ▶ ▶▶

時支	**年月支**　　　**年日干**		時	日	月	年
戊三 ○ 乙三 孫 景天九太福死 門沖地乙德門 絕天天 日亡馬 墓乙馬 亡宮宮	乙八 日 辛八 孫 死天玄天歸景 門輔武符魂門 年 胎桃	辛五 己一 世 驚天白軒遊休 門英虎轅魂門 生桃 劫馬 養花 宮宮	子 將星 六害	申 地殺 亡神	午 災殺 年殺	丑 攀鞍 華蓋

壬四 ○ 戊二 財 杜天九攝生生 門任天提氣門 日 年桃 死馬 亡宮	**戰局** 七二 丙九四 父 天 乙 喜日歲 염劫馬	**行年** 己十 癸六 兄 開天六咸天驚 門芮合池宜門 歲 浴劫

71	61	51	41	31	21	11	1
丑	子	亥	戌	酉	申	未	午
攀鞍	將星	亡神	月殺	年殺	地殺	天殺	災殺

時干	**月干**					
庚九 ○ 壬七 財 傷天直青禍開 門蓬符龍害門 病天 亡 衰乙 宮	丁六 庚十 官 生天騰招絕杜 門心蛇搖體門 桃 旺宮	癸一 ● 丁五 鬼 休天太太絕傷 門柱陰陰命門 祿居 劫 帶空 宮

`22	`21	`20	`19	`18
50	49	48	47	46
未	午	巳	辰	卯
天殺	災殺	劫殺	華蓋	六害

`17	`16	`15	`14	`13
45	44	43	42	41
寅	丑	子	亥	戌
驛馬	攀鞍	將星	亡神	月殺

운곡운기용기문둔갑 V1.2.1.2

신수국

<용신> 위 명국의 용신은 세수기의 약함에서 중궁의 구금인성이 된다.
따라서 이 명국이 원명국이면 인성인 문서를 용하여 직업을 취하면 되며, 신수에서도 동일한 용신에서 이를 취하면 길함이 된다.

신 수

: 신수는 신수 나이에 해당하는 대운을 살핀 후 판별한다.

위 신수는 성국이 되는 가운데, 천반도 성국으로 천지반 오기유통이 되어 길한 신수가 된다. 여기에 사지동처가 길문괘이니 길함을 더한다.

신수에서 부부의 운기는-

세궁의 천지반의 불합과 관귀의 무동에 흉문괘라, 남편은 화합과 소통이 안 되고, 애인이나 짝사랑은 인연이 안 되는 해가 된다.

부모의 운기는-

(대운38~45세는 재성으로 부모 흉이나 관귀를 생하는 재성에서 대흉은 없음)

년지, 년간이 동궁으로 겸왕이니 부모는 흉하지 않음이나 세궁의 일수와 자묘형살에서의 귀혼과 중궁의 양인성이 천반에 화금상전을 당하니, 금년 부모는 흉한 해가 되는데, 부친이 수술을 한다. 모친보다 부친인 것은 부친궁인 건궁이 귀에 상문, 절명, 겁궁에서이다.

형제의 운기는-

(대운재성에서 관귀를 생하니 형제에게 흉함은 일어남)

월간의 관은 승왕에서 흉함은 없으나 월지는 겸왕이나 귀혼의 자묘형살에서 다소 힘겹지만, 겁재의 거왕과 더불어 보면 큰 어려움 없이 무난한 해가 된다.

자녀의 운기는-

시간은 칠구상전에 화해살, 망궁에서 큰 자식은 다소 애를 먹이는 해가 되거나 길하지 못한 해가 되고, 시지는 시간에 비해 겸왕에 복덕, 태을, 천을이 좌함에서 일망, 망궁을 중화하기에 무난하다. 여기에 양손도 겸왕에서 무난한 해가 된다. 다만 세기와 팔목상관이 자묘형살에서 아들과 언설이나 대립 또는 약한 흉액은 발생한다.

월운

: 신수의 길흉을 토대로 12달의 월운을 판단한다.

전년도 음력12월과 1월은-

칠화의 재성이 중궁의 부모인 인성을 칠구상전으로 극하니, 부친이 수술을 하는 달이 된다. 수술의 흉함은 이미 신수에서 부모 흉함에서이다. 또한, 화해살에서 자신에게는 근심 있는 달이 된다.

음력 2월은-

재성이 중궁의 인성을 극함에서 부친의 흉함으로 부모 흉달이 되고, 자신은 생문, 생기에서 일마와 더불어 활달한 달이 된다. 본인은 직장인에서 음력1-2월의 재성은 직장은 길함이 된다.

음력 3, 4월은-

일망, 망궁이나 복덕, 태을, 천을에서 무난한 달이 되나 중궁의 극을 시지, 손이 받기에 다소 자녀는 애를 먹이는 등 흉달이 된다.

음력 5월은-

일간, 년간, 년지, 월지가 귀혼으로 세기와 자묘형살에서 본인과 이들의 육친은 다소 장애가 있는 달이 된다. 또한 손의 귀혼에서의 자묘형살로 키우던 애완견이 집을 나가 못 찾는 일이 생긴다.

음력 6, 7월은-

중궁의 생을 받는 세기로 휴문에서 길한 달이 된다. 다만, 겁궁에서 다소 신액이나 언설이 있음이다. 또한, 마궁에서 원거리 출행이 있다. 그러나 휴문에서 마음은 평온을 유지하는 달이 된다.

음력 8월은-

겁재에서 지출이나 손실의 달이 되는데, 육합은 좋은 관계회복, 유리한 절충이 되며, 함지와 세겁에서 신수 중 구설이나 언설이 발생하는 강한 달이 된다.

음력 9, 10월-

세약에 세를 생하는 귀인세생과 12지지의 록대에서 신수 가운데 가장 길달이 된다. 이는 귀가 중궁의 인성이 됨에서 약세를 생하는 달이 되기 때문이다.

음력 11월-

관이 두문이나 중궁의 인성을 생함에서 길달이 된다, 하지만 두문의 관에서 친구들과 접촉이 없는 달운이 된다.

```
柱 辰 亥 午 丑      運 寅 丑 子 亥 戌 酉 申 未      辰 亥 ⌊午⌋ 丑
元命局(時局), 夏至 中元 陰 三局     http://cafe.naver.com/48gog    5  12  7   2  = 八
```

時支	月支		日干
乙四 ● 09 88 乙二 鬼 47 39 景天九天絶景 門輔天乙命門 生居日馬 (56~59) 養空馬宮 (36~37)	辛九 04 89 辛七 官 18 97 死天九招禍杜 門英地搖害門 年桃 (78~86) 浴桃 宮 (16~22)		己六 ○ 07 92 己十 父 32 34 驚天玄攝生開 門芮武提氣門 祿 亡劫 (65~70) 帶 宮宮 (32~34)
月時干	**戰局**		**年干**
戊五 08 12 戊一 孫 83 杜天直太遊休 門沖符乙魂門 桃天 (60~64) 胎花乙 (35~35)	八三 財 丙八 太 陰		癸一 01 87 癸五 父 95 開天白青絶死 門柱虎龍體門 흉 (90~90) 旺염 (5~9)
年支			
壬十 日 03 88 壬六 孫 17 96 傷天騰天歸驚 門任蛇符魂門 絶歲 亡劫 (87~89) 墓馬 宮宮 (10~15)	庚七 ○ 06 99 庚九 兄 生天太軒天傷 門蓬陰轅宜門 日天 年桃 (71~77) 死劫乙 亡宮 (23~31)		丁二 ○ 11 丁四 世 55 休天六咸福生 門心合池德門 病馬 (46~47) 養宮 (1~4)

卯	◀◀ ◀ ▼ ▶ ▶▶

	時	日	月	年
	子	申	午	丑
	將星	地殺	災殺	攀鞍
	六害	亡神	年殺	華蓋

71	61	51	41	31	21	11	1
丑	子	亥	戌	酉	申	未	午
攀鞍	將星	亡神	月殺	年殺	地殺	天殺	災殺

'22	'21	'20	'19	'18
50	49	48	47	46
未	午	巳	辰	卯
天殺	災殺	劫殺	華蓋	六害

'17	'16	'15	'14	'13
45	44	43	42	41
寅	丑	子	亥	戌
驛馬	攀鞍	將星	亡神	月殺

```
운곡운기용기문둔갑 V1.2.1.2
```

살 성

세궁의 마궁(역마궁)-

세궁에 마궁은 세기가 역마살궁에 좌함이니, 일생 분주하다. 바쁘다.
역마적인 일을 한다. 직장(일터)이 멀다 등으로 해석할 수 있음이다. 부친
궁인 건궁에 좌함에서 부친의 성향도 그러하다. 자신의 유금이 약한 것
에서 몸매가 좋거나 마른 편이 될 것이다.

일간의 겁궁(겁살궁), 망궁(망신살궁)-

- 일간의 겁궁은 외부적으로 할 일이 많거나 처리할 일들이 많다(겁궁
  은 자신의 강성을 말하기에 고집이나 주관도 강하다).
- 일간의 망궁은 삶의 힘겨움을 혼자서 헤치며 나아가야 하는 것을 말
  한다(망궁은 삶에서 망신스러운 일을 겪는 것을 말한다. 이성, 인간
  관계의 망신이나 재물, 도덕적 비난 등이 된다).

관(남편)의 도궁, 년도, 욕살에서-

남편은 주색과 친근한 사람이 되기에 술을 좋아하거나 색을 즐기는 사
람이 된다. 또한, 도화는 외모는 비교적 괜찮은 것에서 인물은 없지 않다.
관의 화기가 왕성한 면에서 남편의 몸집은 클 것이다.

년간(정인)의 홍염살-

부친인 년간, 정인의 홍염살의 중첩에서 부친은 은근한 매력을 말함에
서 청룡과 더불어 보면 이성이나 주변인에게 인기 있는 사람이다. 오토가
승왕에서 마른 체격은 아닌 정도의 몸집은 있는 편이다.

년지의 겁궁(겁살궁), 망궁(망신살궁)-

겁궁에서 모친은 주관이나 고집이 있으며, 때론 강성도 보이는데, 일생
신액이나 언짢은 일을 많이 겪는다. 그러나 간궁인 산에 좌함에서 산의
묵직함과 점잖음이 있다.

망궁에서는 삶의 파란, 귀혼과 더불어 힘겨운 고비를 여러 번 겪는다

(곤궁편인도 겁궁, 망궁이라 겁궁, 망궁의 해석이 중첩된다).

세마에서 년지를 기준한 역마살이니 육의 수기와 더불어 삶이 분주하다. 부지런한 분임을 알 수 있다. 몸집은 곤궁의 편인이 승왕에서 마르지 않는 보편적 몸집이 된다.

월간의 도화살-

도화살은 인물의 매력을 말하고 나아가 술이나 색을 밝히는데, 여기에서 도화는 수기(水氣)로 그 강도는 일반 도화보다 강하다. 그러나 휴문과 천을귀인에서 술을 먹어도 점잖으니 주사는 하지 않는 손위 형제가 된다 (시간도 동일). 이 명국에선 천충이 진궁에 좌함에서 번개 같은 폭발적 성격을 보일 때도 있다.

월지의 도화살, 도궁-

월지의 도화는 년도화살로, 일지를 기준으로 한 도화보다 기세는 다소 큰 것에서 도궁과 더불어 보면 월지의 형제는 인물이 좋고 인기도 많음이 된다. 또한 도화, 도궁에 두문에서 술이나 분위기를 좋게 하는 두문의 점 잖음에서 은근 매력을 갖춘 것이 된다.

시간의 도화살-(월간과 동궁에서 동일함)

시지의 일마, 마궁-

일마, 마궁에서 일생 분주하거나 이동이 빈번하다. 잘 나다니는 자녀가 된다. 다만, 거공에서 그 작용은 반감된다.

소운

- 소운 26세는 건궁의 유금세기로, 복덕에서 결혼을 하게 된다.
- 소운 27세는 태궁의 청룡에서 아들을 출산한다.
- 소운 32세는 감궁의 겁재구금에서 육수를 생하기에 딸을 출산한다.
- 소운 42세는 이궁의 칠화관에서 년도에 도궁으로 집을 매입함에서
  도화의 문서로 길한 문서가 되어 집을 사는데, 이후 재건축으로 엄청
  가격이 오른다.

고급풀이

삼합과 육합, 진용, 신수비기

| 柱 辰 亥 午 丑 | 運 寅 丑 子 亥 戌 酉 甲 未 | 辰 亥 ⌐午⌐ 丑 |

元命局 (時局) , 夏至 中元 陰 三局   http://cafe.naver.com/48gog

時支	月支	日干
乙 四 ● 乙 二 鬼 景天九天絶景 門輔天乙命門 生居日馬 (56~59) 養空馬宮 (36~37)	辛 九 辛 七 官 死天九招禍杜 門英地搖害門 年桃 (78~86) 浴桃 宮 (16~22)	己 六 ○ 己 十 父 驚天玄攝生開 門芮武提氣門 祿亡劫 (65~70) 帶宮宮 (32~34)
月時干	戰局	年干
戊 五 戊 一 孫 杜天直太遊休 門沖符乙魂門 桃天 (60~64) 胎花乙 (35~35)	八三 丙 八三 財 太 陰 歲天日 (48~55) 劫馬亡 (38~45)	癸 一 癸 五 父 開天白靑絶死 門柱虎龍體門 旺염 (90~90) (5~9)
年支		
壬 十 壬 六 孫 傷天騰天驚 門任蛇符魂門 絶歲亡劫 (87~89) 墓馬宮宮 (10~15)	庚 七 ○ 庚 九 兄 生天太軒天傷 門蓬陰轅宜門 日天年桃 (71~77) 死劫乙亡宮 (23~31)	丁 二 ○ 丁 四 世 休天六咸福生 門心合池德門 病馬 (46~47) 裏宮 (1~4)

운곡윤기용기문둔갑 V1.2.1.2

卯	⏮ ◀ ▼ ▲ ⏭

	時	日	月	年
	子	申	午	丑
	將星	地殺	災殺	攀鞍
	六害	亡神	年殺	華蓋

71	61	51	41	31	21	11	1
丑	子	亥	戌	酉	申	未	午
攀鞍	將星	亡神	月殺	年殺	地殺	天殺	災殺

'22	'21	'20	'19	'18
50	49	48	47	46
未	午	巳	辰	卯
天殺	災殺	劫殺	華蓋	六害

'17	'16	'15	'14	'13
45	44	43	42	41
寅	丑	子	亥	戌
驛馬	攀鞍	將星	亡神	月殺

원명국

위 원명국에서 삼합은 중궁의 팔목재성으로 재물과 관귀에는 길함이다. 그러나 세약이라 큰 재물의 성취는 없음이다. 다만, 세약을 도우는 일간의 인성을 진용하면 삼합세기가 되기에 행정, 부동산에 길한 명국이 된다.

만약, 관귀가 무동이면 삼합재성에서 부모는 대흉하여 조실부모나 부모와 인연이 없을 것이다.

삼합 해묘미가 재성에서 남편은 하는 일에 정도의 성취를 이루게 된다.
삼합세기의 사, 유, 축은 시지, 편인(일간동궁)이 삼합세기가 되기에 아래 자식과 모친은 나에게 도움이 되고, 함께 또는 주변에 살게 되고, 친근하게 지내게 될 것이다.

시간도 태약하여 흉하나 나인 일간과 합에서 길신이니, 나에게 도움주는 효자가 되고, 일수의 시간이 자축합토에서 삼합으로 유금이니, 시지, 시간, 월간은 나와 인연 있는 삼합으로 세기에서 도움 되는 인연이 되고 그들도 유금의 기질에 정도의 성취를 이루는 인연이 된다.
월간과 월지는 일간(곤궁 편인)과 육합에서 형제는 나와 모친과는 화합이 잘 되는 형제가 된다. 다만, 월간보다 월지는 오미합화로 두문, 화해가 됨에서 맏이 형제보다는 소통이 안 되거나 왕래가 적을 것이다.

남편인 관도 일간과 합되어 좋게 보이나 오미합화로 두문, 화해에서 남편은 나에게 두문, 화해의 존재로 장벽에 근심걱정의 유발자로 소통대화가 안 되는 흉한 인연이 되어 세궁의 화금상전과 더불어 이별을 면치 못한다.

신수는 일반적 기존 기문은 지반을 통해서만 해단을 함인데, 이는 잘못된 이해와 배움에 기연한 것이며, 실제임상을 통해 확인된 것으로는 천반을 통하지 않고는 해단에 있어 절대 다른 해단이 한두 가지가 아니라는 점에서 천반해단은 신수에서 절대 중요한 신수의 백미가 된다.

柱 戌 酉 戌 午	運 午 巳 辰 卯 寅 丑 子 亥	戌 未 ｜戌｜ 申
2016年度 身數局(時局), 寒露 中元 陰 九 http://cafe.naver.com/48goq		11 8 11 9 = 三

	月時干	年支	年干	酉

| 庚九 昧
癸七 父
生天騰太絶死
門柱蛇乙體門
絶天 劫馬
基乙 宮宮 | 辛四 孫
戌二 父
傷天直天生景
門心符符氣門
日歲
胎馬劫 | 乙一 財
丙五 世
杜天九軒禍休
門蓬天轅害門
生天 劫
養馬 宮 |

時	日	月	年
卯	巳	寅	午
災殺	地殺	劫殺	年殺
年殺	亡神	地殺	將星

| 丙十 兄
丁六 財
休天太攝歸生
門芮陰提魂門
年
死亡 | 戰局
三八 鬼
壬三 八 鬼
天乙
歲天 日
馬乙 亡 | 己六 財
庚十 兄
景天九咸絶驚
門任地池命門
桃
浴宮 |

71	61	51	41	31	21	11	1
酉	申	未	午	巳	辰	卯	寅
將星	亡神	月殺	年殺	地殺	天殺	災殺	劫殺

| 戊五 ●
己一 財
開天六青遊開
門英合龍魂門
病桃 亡馬
衰花 宮宮 | 癸二 父
乙四 孫
驚天白招福杜
門輔虎搖德門
年亡 桃
旺桃 염宮 | 月時支 行年 日干
丁七 父
辛九 孫
死天玄太天傷
門沖武陰宜門
祿空日亡
帶亡劫宮 |

'25	'24	'23	'22	'21
60	59	58	57	56
辰	卯	寅	丑	子
天殺	災殺	劫殺	華蓋	六害

'20	'19	'18	'17	'16
55	54	53	52	51
亥	戌	酉	申	未
驛馬	攀鞍	將星	亡神	月殺

운곡윤기용기문둔갑 V1.2.1.2

위 신수국에서 기존의 풀이와 운곡의 신수비기에서의 풀이는 확연히 다름을 알 수 있는 하나의 실제 예문으로 신수비기를 통하지 않고는 전혀 다른 해단을 하게 된다는 것과 진용을 통하지 않고는 평생의 천직과 해단에 명정함을 기대할 수 없음을 분명히 밝히는 바이다.

진용과 신수비기

신수에 있는 세기의 왕쇠는 매우 중요한 것이니, 기존 기문에서는 이 신수의 세기는 약하게 보지만 운곡기문에서는 왕하다는 것을 알 수 있다.

따라서 신수는 세왕에 삼살이 좌함을 알 수 있음에서 육수재성은 진용이 되어 이를 취한다면 성취되는 신수가 되기에 금년 미혼자가 원하면, 여자를 만나게 되고, 재물을 원하는 이는 재물을 취할 수 있는 명국이 된다(육수는 오행은 水이니 전기, 전자, 통신이나 말/소리, 밤, 물을 통한 수입이 되고 이를 통한 만남이 된다).

달리 이 명국이 원명국이라면, 진용은 육수 정재에서 처복이 있는 명국이 되기에 본처를 내세워 일을 도모한다면 매우 길함에서 성취하는 인생이 된다. 또한, 태생지에서 서북간방으로 이주하여 삶을 이룬다면 보다 나은 장수와 재물, 처의 안녕이 되는 방위가 된다(업종도 수기와 연관되는 직업이 이롭다).

고로, 위의 신수국은 돈이나 여자를 취하려 한다면 성취하는 신수가 된다. 여기서 음력 8월은 1년 신수 12달 가운데 가장 큰 재물이 들어온 달인데 있어 지반이 중궁의 극을 받는 흉문괘의 십토 겁재에서 기존 기문학의 신수의 월운에서 본다면 가장 흉한 달로 재물과 여자, 나아가 형제나 친구 등 친근한 사람과도 그들의 흉함이나 등지는 일이 생겨야 한다.

하지만 실제는 정반대의 결과에서 기존 기문의 신수 풀이에서는 오답을 내리게 되는 실수를 범하는 달이 된다. 그렇다면 신수비기의 풀이는 어떤 이유에서 가장 길한 달이라는 것을 어렵지 않게 알 수 있는가 하면 먼저 신수가 세왕의 명국이라는 전제가 실린 것에서 천반의 육수재성은 재물이나 여성이 들어오는 달에서 길달이 된다. 그것에는 다양한 원리가 있음인데, 이는 중급편 신수비기를 통해 알 수 있다.

http://cafe.naver.com/48goq

柱 亥 寅 酉 亥		運 巳 辰 卯 寅 丑 子 亥 戌			亥 巳 酉 酉		

2017年度 身數局(時局) , 秋分 中元 陰 一

	年日干	月干	
	己十 丁六 世 驚天六天天驚 門英英乙宜門 絶日歲天 基馬馬乙	乙五 己一 兄 開天太招遊死 門芮陰搖魂門 桃 胎宮	辛二 ○ 乙四 父 休天騰攝歸生 門柱蛇提魂門 生天亡 義乙宮
	丁一 丙五 官 死天白太禍傷 門輔虎乙害門 死	戰局 四九 癸二七 財 太陰 桃年 花桃	年月支 時干 壬七 ○ 辛九 父 生天直青福開 門心符龍德門 天年日 浴馬亡
行年	丙六 ● 庚十 鬼 景天玄天生休 門沖武符氣門 病居흉 劫 衰空염宮	庚三 戊三 孫 杜天九軒絶景 門任地轅命門 空日歲 旺亡劫劫	時支 戊八 ○ 壬八 孫 傷天九咸絶杜 門蓬天池體門 祿馬 帶宮

운곡윤기용기문둔갑 V1.2.1.2

	時	日	月	年
午	子	丑	午	亥
	六害	華蓋	年殺	驛馬
	年殺	月殺	六害	地殺

71	61	51	41	31	21	11	1
丑	子	亥	戌	酉	申	未	午
華蓋	六害	驛馬	攀鞍	將星	亡神	月殺	年殺

`20	`19	`18	`17	`16
50	49	48	47	46
未	午	巳	辰	卯
月殺	年殺	地殺	天殺	災殺

`15	`14	`13	`12	`11
45	44	43	42	41
寅	丑	子	亥	戌
劫殺	華蓋	六害	驛馬	攀鞍

신수국

신수의 용신

신수에서 제일 중요한 포인트는 당년 신수에서 가장 필요한 용신을 찾는 것이다.

금년 신수는 약세는 아니지만, 신수에서 진용을 택한다면 취해지는 것은 취직, 승진. 직장인과 관직자, 미혼녀의 결혼 등은 길함이 되기에 이를 취할 수 있으며, 진용과 친근함은 나를 이롭게 하는 신수가 된다.

원국
비기

원국비기는 원명국만으로 모든 해단을 일목요연하게 밝힐 수 있는 비기로, 타고난 운명적 삶과 직업, 가정사와 자녀 문제뿐만 아니라 대외적 일들의 길·흉함에서 신수(소운 아님)별 특징적인 일과 신수에서의 월운, 하루일진, 하루 일진의 시간별 운세, 신수에서 길흉한 태생과 길흉방 나아가 문점의 다양한 질문을 원명국으로 점사까지 할 수 있다는 점에서 이의 원리는 톱니바퀴처럼 한 인간의 운명이 맞물려 있음을 밝힌 운명학 최고의 비기이다.

(여기서 예문은 그 원리를 드러내야 함에서 생략합니다.)

「기문둔갑 미래운명연구소」에서는

'책과 동영상'이 있으며, 한글해석이 깃든 '사주프로그램'과 "원국 비기 전문프로그램"이 있습니다.

특히, 기문학 해단에서 이 프로그램에 가입된 원리에 입각하지 않은 해석은 오류의 해단이 된다는 점을 실증에서 확인할 수 있습니다.

▶ 책(552쪽)/ 책(상·하 1779쪽)

▶ 동영상(임상803예문)

▶ 신수비기 100문(동영상)

▶ 원국비기 100문(동영상)

▶ 제2편 중급/고급편 통합-동영상

   (중급: 합과 살성 그리고 용신 / 고급: 진용과 신수비기)

▶ 개운법

'운곡 기문둔갑 상·하'는

기존-기문학의 오류를 넘어선 당대 최고의 운명서적으로, 임상경험의 실증을 바탕으로 804문의 다양한 직업별로 꾸며진 것에서 작금에 드러난 운명학 가운데, 가장 논리적인 운명학으로 기존 운명학의 단편적 해단의 한계를 벗어나 명정한 해단을 논법으로 제시하는 국내 최고의 운명학입니다.

'동영상강의'는 [영구재생]

804문의 실증된 임상 예문들을 바탕으로 전자펜으로 그리며 설명한 것에서, 일반 명리학의 왕기초인 음양오행과 갑을병정~자축인묘~사주 기둥 세우는 등부터 운명학 고수에 이르는 길까지의 모든 내용이 다 수록되어 있습니다.

영상은 책에서 언급하지 못한 부분을 더한 것에서 왕초보라도 반복해서 듣는다면 명리학 10년 공부를 단 몇 개월의 공부로 뛰어넘을 수 있음에서 최고의 운명 지침 영상이 될 것입니다.

....

'금비/신수비기' 100문의 완결은

다양한 예문을 통해 기존의 해단을 한층 더 깊게 통찰하기를 원한다면 적극 추천할 수 있는 비기로, 기존지반에서 얻을 수 없는 해석을 천반해단을 더함으로 더욱 명징한 신수에서의 해단이 될 것입니다.

그러나 기존 동영상을 습득한 것에서 이해도가 높기에 앞선 동영상을 열람 후 구입을 권합니다.

(& 6개월 열람 후 소멸로, 원리를 익힘에 충분한 시간이 됩니다. 이후 카페 신수비기방을 통해 다양한 예문을 접할 수 있습니다.)

제2편 중급/고급 통합-동영상은

제2편의 통합-동영상은 "803문 동영상"의 정립된 내용이 깃들어져 있는 알찬기술로 신수비까지의 모든 내용이 종합적으로 담겨져 있습니다.

(& 6개월 열람 후 소멸로, 원리를 익힘에 충분한 시간이 됩니다. 이후 카페 기문술사방과 신수비기방을 통해 다양한 예문을 접할 수 있습니다.)

....

원국비기~

원명국만으로 총체적인 인생 항로와 신수(소운 아님), 달운, 하루일진, 시간별 운세, 나아가 신수에서 길흉한 태생과 방위의 길흉 등을 알 수 있는 비기 중의 비기로 운곡 기문둔갑의 정수입니다.

(& 5개월 열람 후 소멸로, 원리를 익힘에 충분한 시간이 됩니다. 이후 카페 원국비기방을 통해 다양한 예문을 접할 수 있습니다.)

'新 사주프로그램'은

명리학, 기문둔갑, 당사주가 주된 것으로 정확한 운명의 한글해석과 신수에서의 한글해석도 같이 전공과 무관하게 열람할 수 있습니다.

개운법(출간예정)

원명국에서 개운의 첫째는 타고난 직업이 되고, 그다음은 9세까지의 거처에서 길방에 안착하는 향방에 있다(9세까지 출생지로 간주).

신수에서의 개운은 진용에 있으며, 진용의 길방, 길수와 길연(띠), 괘문성장이 된다.

【특강/ 개인지도】

카페 공지란을 통해 확인할 수 있습니다.

【상담】

일반적 모든 궁금증과 평생운, 신수, 월운, 하루 일진, 하루 일진의 시간별 운세까지 가능합니다. 기타 제왕절개 수술, 작명, 택일, 궁합 등의 인생 제반 문제-

특히, 타곳에서 접근하기 어려운 하루 일진과 시간별 운세는 점사 아닌, 원국비기로 사업가나 주식, 누군가 만남에서의 성사 승패와 이익과 불리함을 알 수 있다는 점에서 매우 유용할 것입니다.

-

미래운명연구소 ◈ NAVER 운곡기문둔갑 검색

홈페이지: http://cafe.naver.com/48goq

운곡: 010-9392-5222 / 010-4529-2769

-

1편 『운곡 기문둔갑 길라잡이』를 내면서

운곡은 본시 불법에 인연이 깊어 21세 한 겨울, 입산한 것을 인연으로 전국명산에 기도와 출가를 한답시고 나돌아 다닌 것이 어제 같은데, 세월은 말없이 흘러 어느새 삶의 무게를 느끼는 시점에 이르렀다.

20세 삼불의 현몽으로 운명학에 관심을 가진 것에서 여러 운명학을 통해 기문둔갑 운명학이 운명학 가운데 으뜸이라, 접한 시기에 시작한 기존 기문학의 학문적 오류를 발견하고는 오랜 임상을 통해 체득하여 찾아낸 운곡만의 기문이론을 세우게 되었다.

정말 기존 기문 인사명리학에 비하면 대발견이다.

전생에 공부를 했는지 몰라도 누구에게 들은 적도 없고, 배운 적도 없으며, 스승 없이 혼자만의 문리로 깨달은 운곡기문 인사명리는 기존의 운명술학 가운데 견줄 만한 운명술학이 있을까 싶다.

세상은 변하고 변하는 만큼 사람들의 의식수준과 지적수준도 예전과 달리 시간이 지날수록 이치와 논리가 결여된 학문에 있어서는 더 이상 관심을 끌지 못하고 외면되고 도태될 것이다.

기존 기문술학은 분명 논리적 오류를 안고 있는데도 학자로서의 자존심은 어디 두고 논리적 모순과 타협하는 것에 운곡은 결탁할 수 없었는지 어느 분야에서도 다르지 않겠지만, 학자라면 학자로서의 자존심이 운곡에겐 허락되지 않았기에 여기까지 온 것과 무관하지 않을 것이다.

　운곡이 이 논학을 세상에 내 놓을 생각은 애당초 머릿속엔 없었다. 재작년 병신년에 산에 들어가 다시는 세속에 나오지 않을 마음으로 자연인처럼 내가 진정 하고픈 불법공부로 일생을 마치려 한 것에서 깊은 첩첩산중에 토굴을 지었다.

　하지만 인연이 그렇지 못한 것에서 책을 내 놓게 되었는데, 이제 온라인상에서만이 아닌 서점을 통해 당당히 정말 최고를 찾는 운명학도님들에게 바르게 알려 시간과 금전손실은 물론, 우리한국에도 이렇게 명확하고 명철한 운명학이 있다는 사실을 알려야 한다는, 누구나 바르게 알아야 하는 현실적 투명성을 받들어 세상에 내놓게 되었다.

1편은 "운곡 기문둔갑 길라잡이"로
반드시 바르게 알아야 할 내용들과 운곡기문학이 기존과 이러한 특징적 이면을 통해 출중함이 있다는 것을 강조한 것이라면,

2편은 "중급과 고급 편"으로 기존 기문학과 엄청난 차이의 명정함을 보이는 합과 용신 그리고 진용(眞用)과 신수 보는 방법론인 신수비기를 영상 설명을 통해 명철함을 확인시켜 주는 직접적인 해단이 실린 내용이 된다.

1편과 2편을 알게 되면 운명해단에 있어 먼저는 자신의 운명을 조명함에 달리 다른 학문에 마음이 가지 않을 것이며, 또한 상대의 운명 노선을 파헤치는 것에서도 자신감에 보람을 느낄 것이다.

3편은 "원국비기"라는 운곡 기문둔갑의 정수이다.
이 논리는 원명국만으로 모든 해단을 할 수 있는 더 없는 운명학의 지존이라 해도 과언 아닌 운명학이다.

만일, 인연되는 이가 원리의 데이터를 부여해 앱으로 제작한다면 전 세계 어느 사람이나 자신의 생년월일시를 넣기만 하면 정확하고 다양한 여러 가지 해석을 알 수 있다는 명정함으로 인해 스마트폰 시대에서 각광은 물론 엄청난 수입창출도 가능한 신지식 운명기술로도 가능할 것이다.

아무쪼록 운곡/기문학과의 인연에 감사드리며, 기존 기문학을 올곧게 접하여 공부한 경우라면 단 한명도 예외 없이 운곡기문을 접함에서 느끼는 출중함을 인정하지 않을 수 없다는 점에서 초학인이 운곡/기문과의 인연은 좋은 인연이라 말할 수 있을 것이다.

戊戌년
새로운 황금돼지해를 맞이하는 시점에서
雲谷 올림

落花는 有意 落流水하였는데,
낙화　유의 낙유수

流水는 無情하여 送落花라.
유수　무정　　송낙화

떨어지는 꽃은 뜻(생각)이 있어 흐르는 물에 떨어졌는데,
흐르는 물은 정이 없어, 떨어진 꽃을 보내는구나.

풀 이

마음의 세계에 떨어진 만 가지 법은(落花),
선연이든 악연이든 인연에 뜻이 있어(有意),
시공의 마음세계에 다투어 드러나지만(落流水),
흐르는 물 같은 마음은(流水) 정이 없어(無情),
이세상과 저세상에서도 이를 붙들지 않는다(送落花).

: 법계에 드러난 크든 작든 그 어떤 물질적 정신적 형태와 모양,
느낌이나 생각까지도 낙화(落花)로 비유한 것에서, 이 모든 것들
(落花)은 인연이 있거나 인연을 좇아서 드리워진 유의(有意)로,
중생이 사는 마음세계와 심중(心中)에 드러나고 드리워진 것을
마음세계에 떨어진 것의 비유로 낙유수(落流水)라 하고,

하지만, 마음세계에 떨어진 온갖 법은 시간(세월) 가운데 변화무
쌍하게 흐르는 마음으로 세상과 마음을 미련 없이 흘러가는 유
수(流水)로 그려내어, 정 없는 무정(無情)함을 말함에서 일체 온갖
법의 희유탄식(기쁘고 즐거운 것들과 슬프고 괴로운 것들)에 흐르는
마음은 잡지도 담아주지도 않는다는 송낙화(送落花)의 가르침을
시화로 그려진 선시를 운곡이 풀어본 것이다.

이 선시가 우리에게 주는 가르침은 마음의 그림자에 불과한 온
갖 현상과 상념은 유수처럼 흐르는 마음에 떨어진 낙화로 잡을
수도 간직할 수도 없기에 집착과 애착을 저버리는 초연함을 보이
라는 것이다.

왜_ 마음은 정(情)이 없어 낙화(萬法)를 마음에 담아두지 않는가
하면, 마음은 본래로 지극한 맑음과 밝음으로 충만함에서
얻을 것도 구할 것도, 더할 것도 없으므로 적정(寂淨)에서의 광명
(識)이기에 곧, 열반(涅槃)으로 완전한 행복자리에 놓여있기 때문
이다.

지옥과 천상의 육도세계는

우리 중생의 악하고 선한 마음의 그림자가 피어난 세계로,
마음의 악함에서는 그 악함의 과보로 그 악을 내보인 마음이 내
보인 악한 마음을 거두어들이고 삼키는 정화작용의 과정에서 괴
로움을 맞이하는 세계가 되고, 마음의 선함에서는 그 선함의 과
보로 그 선을 내보인 마음이 내보인 선한 마음을 거두어들이고
삼키는 정화의 과정에서 즐거움을 맞이하는 세계가 된다.

이는 법성의 본래적 태생의 마음이 청정함에서 우주 법계의 생리
적이고 생태적 현상으로의 연기 작용이 되기에 현상적 거시세계
의 우주와 미시세계의 마음까지 본래의 청정을 물들이고 더럽힐
수 없는 것에서 정화작용에서의 현상이 된다.

따라서 악은 드러내지 말고, 선은 드러내되 했다는 마음의 상을
가지지 말아야 지옥도 천상도 없는 집착과 애착할 것이 없는 무
위자연의 안락한 열반의 공적한 환희의 세계를 맞이할 수 있기
때문이다.

열반이 더없는 기쁨으로 완전한 행복인 것은
본성인 마음이 본래로 지극한 맑음에서의 밝음(광명)에서인데,
지극한 맑음에 광명은 형언할 수 없는 영롱한 광명이 된다.

* 법계(法界)는 보이고 들리며 느껴지고 생각하는 모든 형태와 형
상 그리고 심상(心相)을 말함이며, 적정의 마음_ 그 본성은 완전한
환희(행복)라는 유수(流水)의 무정(無情)함에 정(定)된 정(情) 있음이
된다.

운곡 기문둔갑 길라잡이

펴 낸 날   2019년 1월 30일

지 은 이   운곡 윤기용
펴 낸 이   최지숙
편집주간   이기성
편집팀장   이윤숙
기획편집   이민선, 최유윤, 정은지
표지디자인   이윤숙
책임마케팅   임용섭, 강보현
펴 낸 곳   도서출판 생각나눔
출판등록   제 2008-000008호
주   소   서울시 마포구 동교로 18길 41, 한경빌딩 2층
전   화   02-325-5100
팩   스   02-325-5101
홈페이지   www. 생각나눔.kr
이 메 일   bookmain@think-book.com

• 책값은 표지 뒷면에 표기되어 있습니다.
  ISBN 978-89-6489-944-1 (14180)
  ISBN 978-89-6489-943-4 (세트)

• 이 도서의 국립중앙도서관 출판 시 도서목록(CIP)은 서지정보유통지원시스템 홈페이지
  (http://seoji.nl.go.kr)와 국가자료공동목록시스템(http://www.nl.go.kr/kolisnet)에서
  이용하실 수 있습니다(CIP제어번호: CIP2019000829).